高等院校旅游专业系列教材

旅游企业财务管理

主　编　范英杰
副主编　谢　彦

南开大学出版社
天　津

图书在版编目(CIP)数据

旅游企业财务管理 / 范英杰主编．—天津：南开大学出版社，2011.12（2020.5重印）
高等院校旅游专业系列教材
ISBN 978-7-310-03804-6

Ⅰ.①旅… Ⅱ.①范… Ⅲ.①旅游业—企业管理：财务管理—高等学校—教材 Ⅳ.①F590.66

中国版本图书馆 CIP 数据核字(2011)第233832号

版权所有　侵权必究

南开大学出版社出版发行
出版人：陈　敬
地址：天津市南开区卫津路 94 号　邮政编码：300071
营销部电话：(022)23508339　23500755
营销部传真：(022)23508542　邮购部电话：(022)23502200

＊

天津午阳印刷股份有限公司印刷
全国各地新华书店经销

＊

2011 年 12 月第 1 版　2020 年 5 月第 4 次印刷
787×960毫米　16开·15.875印张　291千字
定价：34.00 元

如遇图书印装质量问题，请与本社营销部联系调换，电话：(022)23507125

前　言

随着我国经济的迅速发展,旅游业作为一种新兴产业在社会经济体系中已经占据了越来越重要的地位。财务管理作为企业经营管理活动的核心,日益成为旅游企业提高竞争力的关键。

旅游企业财务管理是基于旅游企业生产经营过程中客观存在的财务活动和财务关系而产生的从价值层面所进行的综合管理。本书首先介绍了旅游企业财务管理基础,包括旅游企业财务管理内容、目标等;其次介绍了旅游企业财务管理的基本观念,包括货币时间价值与风险分析等;最后在此基础上围绕旅游企业资金运动对旅游企业的筹资管理、投资管理、营运资金管理、利润分配管理以及财务分析等内容作了较为详细的阐述。

本书在编写中贯彻了理论与实践相结合的原则,继承了财务管理的基本理论,吸收了国内外企业财务管理的经验与研究成果,同时注重与旅游企业经营特点紧密结合。每章前面都附有清晰的"学习目标",以引导学生明确学习本章应达到的目标;后面附有根据旅游企业特点编辑的"小组讨论案例",便于学生加深对所学知识的理解和运用。同时,每章都设置了复习思考题,便于学生学完本章后进行总结和提高。

本书由范英杰主编,谢彦为副主编,参加编写的还有王宁、张燕红。其中,第一章由范英杰编写;第二章、第七章由谢彦编写;第三章、第四章由王宁编写;第五章、第六章由张燕红编写。全书由范英杰统稿。本书在编写过程中参考了有关教材及文献资料,在此向这些作者致以诚挚的谢意。由于编者水平有限,书中难免有各种纰漏,恳请读者及同仁批评、指正。

本书既可以作为高等院校旅游管理专业财务管理课程的教学用书,又可用于旅游企业管理人员业务参考及培训用书。

编写组

2011 年 7 月

目 录

第一章 旅游企业财务管理基础 ··· 1

 第一节 旅游企业概述 ··· 1
  一、旅游企业的概念与性质 ··· 1
  二、旅游企业的类型 ··· 3
  三、旅游企业管理 ··· 5
 第二节 旅游企业财务管理的概念和内容 ······························· 7
  一、旅游企业财务管理概念 ··· 7
  二、旅游企业财务活动 ··· 7
  三、旅游企业财务关系 ··· 9
 第三节 旅游企业财务管理的目标 ······································· 16
  一、财务管理目标概念与特征 ······································· 16
  二、旅游企业总体的财务管理目标 ································· 16
  三、旅游企业具体的财务管理目标 ································· 19
 第四节 旅游企业财务管理的环境 ······································· 20
  一、财务管理环境概念和分类 ······································· 20
  二、财务管理的宏观环境 ··· 21
  三、财务管理的微观环境 ··· 29
 本章思考题 ·· 31

第二章 旅游企业财务管理价值观念 ·· 32

 第一节 货币时间价值 ··· 32
  一、货币时间价值概念 ··· 32
  二、复利终值与现值 ··· 33
  三、年金终值与现值 ··· 33
  四、时间价值计算中的特殊问题 ··································· 38

第二节 风险与报酬 ································ 39
　一、风险概念 ···································· 39
　二、风险分类 ···································· 40
　三、风险衡量 ···································· 41
　四、风险与收益的关系 ···························· 44
小组讨论案例 ·· 45
本章思考题 ·· 46

第三章　旅游企业筹资管理 ························ 47

第一节　旅游企业筹资概论 ························ 47
　一、旅游企业筹资的概念 ·························· 47
　二、旅游企业筹资的目的 ·························· 47
　三、旅游企业筹资原则 ···························· 49
　四、旅游企业筹资渠道 ···························· 50
　五、旅游企业的筹资方式 ·························· 52
第二节　旅游企业资金的筹集 ······················ 53
　一、股票筹资 ···································· 53
　二、吸收直接投资 ································ 64
　三、负债筹资 ···································· 69
第三节　资本成本与资本结构 ······················ 72
　一、资本成本的概念和作用 ························ 72
　二、资本成本的计算 ······························ 74
　三、资本结构的概念和种类 ························ 80
　四、资本结构决策 ································ 81
第四节　旅游企业筹资风险 ························ 86
　一、筹资风险的含义 ······························ 86
　二、筹资风险的种类 ······························ 86
　三、筹资风险的分析 ······························ 87
　四、筹资风险的规避 ······························ 88
小组讨论案例 ·· 91
本章思考题 ·· 93

第四章　旅游企业投资管理 ························ 94

第一节　旅游企业投资概述 ························ 94

一、旅游企业投资的意义 …………………………………………… 94
　　　二、旅游企业投资的原则 …………………………………………… 95
　　　三、旅游企业投资的分类 …………………………………………… 96
　第二节　旅游企业项目投资 ………………………………………………… 98
　　　一、项目投资概述 …………………………………………………… 98
　　　二、项目投资评价的基础——现金流量 …………………………… 98
　　　三、项目投资评价的基本方法 …………………………………… 102
　第三节　旅游企业证券投资 ……………………………………………… 110
　　　一、债券投资 ……………………………………………………… 110
　　　二、股票投资 ……………………………………………………… 113
　第四节　旅游企业投资风险分析 ………………………………………… 117
　　　一、投资风险的概述 ……………………………………………… 117
　　　二、投资风险的衡量 ……………………………………………… 118
　　　三、投资的风险价值 ……………………………………………… 120
　小组讨论案例 ……………………………………………………………… 122
　本章思考题 ………………………………………………………………… 124

第五章　旅游企业营运资金的管理 ………………………………………… 125
　第一节　旅游企业营运资金概述 ………………………………………… 125
　　　一、旅游企业营运资金的概念 …………………………………… 125
　　　二、旅游企业营运资金的构成和特点 …………………………… 126
　　　三、旅游企业营运资金管理的意义 ……………………………… 127
　第二节　旅游企业现金管理 ……………………………………………… 127
　　　一、现金的概念 …………………………………………………… 127
　　　二、持有现金的目的 ……………………………………………… 128
　　　三、现金管理的目的 ……………………………………………… 128
　　　四、现金管理的方法 ……………………………………………… 128
　　　五、现金的日常管理 ……………………………………………… 134
　　　六、现金的分析与考核 …………………………………………… 135
　第三节　旅游企业应收账款的管理 ……………………………………… 135
　　　一、应收账款的概念 ……………………………………………… 135
　　　二、应收账款的成本 ……………………………………………… 136
　　　三、信用政策 ……………………………………………………… 137
　　　四、应收账款的日常管理 ………………………………………… 142

第四节　旅游企业存货管理 …………………………………………… 145
一、存货的概念及内容 ……………………………………………… 145
二、旅游企业存货的目的 …………………………………………… 146
三、旅游企业存货的成本 …………………………………………… 146
四、存货管理的关键控制 …………………………………………… 147
五、确定订货数量与订货时点——**存货管理模型与方法** ……… 148
六、存货分类管理方法——ABC 控制法 …………………………… 150

第五节　旅游企业流动负债的管理 …………………………………… 151
一、流动负债的概念及特点 ………………………………………… 151
二、流动负债筹资的方式 …………………………………………… 151
三、短期负债筹资方式的优缺点比较 ……………………………… 155

小组讨论案例 ……………………………………………………………… 156
本章思考题 ………………………………………………………………… 156

第六章　旅游企业损益管理 …………………………………………… 157

第一节　旅游企业营业收入管理 ……………………………………… 157
一、旅游企业营业收入的概念及特征 ……………………………… 157
二、旅游企业营业收入的分类 ……………………………………… 157
三、旅游企业营业收入的确认 ……………………………………… 160
四、旅游企业营业收入的意义 ……………………………………… 162
五、旅游企业营业收入的日常管理 ………………………………… 163
六、旅游企业价格管理 ……………………………………………… 164

第二节　旅游企业税金管理 …………………………………………… 173
一、税金的概念和作用 ……………………………………………… 173
二、旅游企业税金的种类 …………………………………………… 173
三、旅游企业税金的管理任务和日常管理 ………………………… 183

第三节　旅游企业成本费用管理 ……………………………………… 186
一、旅游企业成本费用的概念及分类 ……………………………… 186
二、旅游企业成本费用管理原则 …………………………………… 189
三、旅游企业成本费用控制 ………………………………………… 190
四、旅游企业成本费用考核 ………………………………………… 195

第四节　旅游企业利润管理 …………………………………………… 197
一、利润的概念 ……………………………………………………… 197
二、旅游企业利润管理的动因 ……………………………………… 197

三、旅游企业利润日常管理 ………………………………… 198
　　四、旅游企业利润分配 ……………………………………… 199
　　五、旅游企业利润管理的作用 ……………………………… 201
小组讨论案例 …………………………………………………… 203
本章思考题 ……………………………………………………… 205

第七章　旅游企业财务分析 …………………………………… 206

第一节　旅游企业财务分析概述 ……………………………… 206
　　一、旅游企业财务分析的作用 ……………………………… 206
　　二、旅游企业财务分析的目的 ……………………………… 207
　　三、旅游企业财务分析的种类 ……………………………… 207
　　四、旅游企业财务分析的方法 ……………………………… 208
　　五、旅游企业财务分析的基础 ……………………………… 210
第二节　旅游企业偿债能力分析 ……………………………… 214
　　一、短期偿债能力分析 ……………………………………… 214
　　二、长期偿债能力分析 ……………………………………… 219
第三节　旅游企业营运能力分析 ……………………………… 224
　　一、应收账款周转率或周转天数 …………………………… 224
　　二、存货周转率或周转天数 ………………………………… 225
　　三、流动资产周转率或周转天数 …………………………… 226
　　四、固定资产周转率或周转天数 …………………………… 227
　　五、总资产周转率或周转天数 ……………………………… 228
第四节　旅游企业获利能力分析 ……………………………… 229
　　一、销售毛利率与销售净利率 ……………………………… 229
　　二、总资产报酬率 …………………………………………… 230
　　三、净资产收益率 …………………………………………… 231
　　四、成本费用净利率 ………………………………………… 231
　　五、每股收益与每股现金流量 ……………………………… 232
　　六、每股股利与股利支付率 ………………………………… 233
　　七、每股净资产 ……………………………………………… 234
　　八、市盈率 …………………………………………………… 235
第五节　旅游企业财务状况的综合分析 ……………………… 236
　　一、沃尔评分法 ……………………………………………… 236
　　二、杜邦分析法 ……………………………………………… 238

小组讨论案例……………………………………………………………… 241
本章思考题……………………………………………………………… 244

第一章 旅游企业财务管理基础

学习目的
- 认识旅游企业的性质与类型
- 掌握旅游企业财务管理的基本内容
- 理解旅游企业财务管理的目标

第一节 旅游企业概述

一、旅游企业的概念与性质

(一)企业的概念和特征

企业是通过向社会提供产品或劳务,获取经济利益的独立的经济实体。从经济角度看,企业是从事商品生产和经营活动的盈利性经营实体;从法律角度看,企业是自主经营、自负盈亏,依法享有独立的民事权利,承担民事责任的法人组织;从社会角度看,企业是社会环境中生存和发展的有机体,是由企业员工组成的团体组织,是社会系统的组成部分,要承担一定的社会责任和义务。

现代企业作为商品生产者和商品经营者,在不同的社会制度下,尽管具有不同的社会性质,但是一般都具有以下共同特征:

1. 企业是以市场为导向、以营利为主要目的,专门从事商品生产和经营活动的经济组织

企业是社会物质财富的创造者,基本职能是向社会提供各种所需要的商品和服务,盈利是企业的最主要的和最终的追求。在以社会化大生产为基础的市场经济条件下,企业所从事的经营活动是服务社会的,只有满足社会需求,得到消费者认同,企业才会被社会所接受。因此,企业应当以市场为导向,以消费为中心,在满足社会需要的过程中实现长期的利润最大化。

2. 企业是自主经营、自负盈亏、独立核算、自我发展的独立的经济实体

真正的企业必须是独立的、自负盈亏的经济组织。首先,企业的独立性表现在企业产权的独立上,企业应当有明确的法人财产界定,可以独立行使对企业财产的支配、使用和处置权;其次,企业的独立性表现在企业经营上的独立性,企业必须具有独立的经营决策权和管理权,可以根据市场环境和企业内部条件的变化,自主灵活地开展企业经营管理活动;最后,企业的独立性还表现在独立核算、自负盈亏等方面。

3. 企业是依法设立、依法经营的经济实体

企业是一个法人组织,也就是说,企业是依法成立并能独立行使法定权利和承担法定义务的社会组织。法人资格和地位是企业独立性的法律保证,是独立经营和独立核算的先决条件。企业作为法人组织,首先表现在企业的设立必须得到政府有关部门的批准,并按规定的业务范围经营;其次,企业必须拥有法定的资金、资产,能独立行使财产支配权;再次,企业能独立承担财产责任,企业对拥有的资产具有法人所有权,即可以自由支配其资产,在企业发生亏损时则以其资产进行补偿,当这些资产不足以补偿亏损时,企业就会被宣告破产;最后,企业能以自己的名义参加诉讼活动,企业正常的生产经营活动受法律的保护,同时企业也必须为自己的全部行为承担法律责任。

现代企业有多种不同的类型,有的是从事物质资料生产的企业,如制造业、与采掘相关的企业;有的是从事商品流通的企业,如商业、贸易企业;有的是从事金融和保险业务的企业,如银行、保险公司;还有许多从事信息、咨询和劳务服务的企业,如旅游企业等。

(二)旅游企业及性质

由以上企业类型可以看出,旅游企业属于工商类企业,是第三产业的组成部分,它是利用旅游资源和旅游设施,为旅游者提供观赏和愉悦性的产品和经历,从事相关旅游经营活动的营利性的、相对独立的经济实体,包括旅行社、饭店、旅游交通、旅游购物等与景点开发所形成的互补的服务企业。

作为企业,旅游企业除了具有一般企业的盈利性质、自负盈亏等特征外,其本身还有旅游企业自身的一些性质。

1. 旅游业具有综合性。旅游业是集吃、住、行、游、购、娱等服务为一体的综合性大产业,其综合性是由旅游活动的综合性决定的。这种综合性的特点,同一个旅游目的地对旅游业必须实行全行业管理。

2. 旅游业具有经济性。发展旅游业的根本目的是为了取得经济效益,旅游业本身就是由旅行社业、以饭店为代表的住宿业和交通客运业等众多的以盈利为目的并进行独立核算的经济组织构成的。因此,经济性是旅游业最根本的属性,是旅游业的核心和实质。

3. 旅游业具有服务性。旅游业为旅游者提供的劳务是一种可以用于交换的特殊商品,这种特殊商品同一般商品一样具有使用价值,而生产这种特殊商品的过程就是服务。

4. 旅游业具有敏感性。由于旅游活动本身受国内外政治、经济、文化、外交以及汇率变动、恐怖事件、自然灾害、疾病流行等多种因素的影响,旅游企业经营活动往往具有较强的敏感性。

5. 旅游业具有外向性。现代旅游业是一种跨地区、跨国界的广泛的人际交往活动,具有明显的外向性或涉外性。

6. 旅游业具有季节性。一个国家或地区的旅游产业的季节性同该国或地区的旅游活动密切相关,而且是由旅游活动的季节性所决定的。但是,游览人文旅游资源一般不受季节的限制。

二、旅游企业的类型

旅游企业涉及为旅游者提供吃、住、行、游、购、娱等全方位的产品与服务,根据投资主体可以分为国有、集体、私营、联营、有限责任、股份合作、股份有限、其他内资、外商投资、港澳台投资等多种类型,也可根据经营规模划分为大型企业、中型企业和小型企业等。本书主要按与旅游活动的密切程度划分为直接旅游业、间接旅游企业、旅游配套企业三大类。直接旅游企业是直接和专门经营旅游业务的企业,如旅行社、旅游景区、酒店宾馆、旅游汽车公司等,它们是旅游企业的主体。间接旅游企业是指那些除为旅游者服务外,同时也为社会其他部门和人员服务的企业,如友谊商店、歌舞厅、影剧院、公共交通运输等企业。旅游配套企业是为旅游企业提供配套产品和服务的相关企业,如装饰公司、食品饮料和旅游商品的生产企业、建筑企业,以及为旅游企业提供设备和供应服务的其他企业等。本书的旅游企业财务管理主要讲述直接和专门经营旅游业务的旅行社企业和餐饮住宿企业。

(一)旅行社企业

旅行社是指有营利目的,从事旅游业务的企业。旅行社也是一个典型的中介服务型企业,它是从事招徕、接待旅行者,组织旅游活动的企业。旅行社的职能包括以下几个方面:

1. 生产和组合职能

旅行社的生产职能是指旅行社设计、开发和组合旅游产品的功能。旅行社根据其对旅游市场需求的判断或者根据旅游者及其他希望购买旅游产品的企业、单位的要求,设计和开发出各种包价旅游产品和组合旅游产品,并向相关的企业或部门购买各种服务,并将这些服务按照产品设计要求组合成具有不同特色和功能的旅游产品。旅行社出售的是一件完整的旅游产品,其他相关部门提供的服务只是旅行社产品中的"生产原料",而非产品本身。因此,旅行社具有生产职能。

2. 销售职能

旅行社不仅是其自身产品的主要销售渠道,而且是许多其他旅游企业及相关企业的重要销售渠道。旅行社在满足旅游者需求,拓宽各种旅游产品销售渠道和增加旅行社及其他旅游企业、单位的产品销售量方面发挥着重要作用:它一方面能够满足旅游者的需求;另一方面能够使旅游产品更顺利地进入消费领域。所以,旅行社具有销售职能。

3. 协调职能

旅游活动涉及吃、住、行、游、购、娱六个方面,旅游产品的质量对其他旅游企业及相关企业、部门产品质量的依赖程度很高。所以,旅行社必须协调同有关企业和部门的关系,在确保各方利益的前提下,衔接和落实整个旅游活动过程中的各个环节。旅行社的产品质量和旅游者对旅行社及其产品是否满意,在很大程度上取决于旅行社的协调能力。

(二)餐饮住宿企业

餐饮住宿企业是满足旅游者在旅行和逗留过程中必需的基本需要,它们有多种不同的称谓,但基本可分为餐馆和饭店两大类,餐馆主要是单纯向旅游者、旅行者或当地居民提供餐饮服务的企业,而饭店是指主要向旅游者、旅行者甚至当地居民提供住宿服务并同时提供餐饮和其他服务的企业。

随着旅游者和旅行者需求趋势的发展和变化,现代的饭店在功能上不断扩展,成为旅游业的重要支柱,饭店是旅游业发展的物质基础,为旅游者提供在旅游活动中的食、住、娱的场所。同时,饭店还为人们提供了保健、社交、会议、消遣与购物的场所,在很大程度上为旅游者提供所需要的综合性服务。饭店所提供的产品是多种产品的组合,这些产品既有有形产品,又有无形产品;既有一次性消费产品,又有多次性、连续性消费产品。现代饭店的特征体现在以下几个方面:

1. 涉外性

涉外性表明了现代饭店不仅要接待各类国内旅游者,而且要接待各类国际旅游者。饭店服务管理人员不仅要懂得饭店所在地政府的方针、政策,而且要了解和熟悉国际惯例、风俗习惯及国与国之间交流往来的政策;不仅要提供符合本国、本地区旅游者所需的饭店产品,而且要提供满足各类国际旅游者的服务与管理。

2.商业性

商业性表明现代饭店是一个经济实体,是一个必须产生经济效益才能生存的企业。这要求饭店的经营管理必须符合市场规律,必须迎合市场的需求和满足市场的需要;要以顾客、市场为导向;要考虑饭店产品的产、供、销,不断改进服务产品的质量,提高市场竞争力;要遵循经济规律,搞好经济核算,控制成本,提高利润;要面对市场,敢于竞争,善于竞争。

三、旅游企业管理

1.旅游企业管理的内涵

旅游企业管理就是旅游企业最大化利用自身的资源以实现企业目标的活动。旅游企业管理者在了解市场的前提下,遵循一定的理论和原则,运用各种管理方法,对旅游企业所拥有的有形与无形等资源进行综合有效的决策、计划、组织、指挥、控制、协调,使各项资源要素得以合理配置,实现企业预期的战略目标。

2.旅游企业管理的内容

法国古典管理理论的创始人、被称为"现代经营管理理论之父"的法约尔,他在1916年出版的《工业管理和一般管理》一书中首次指出:"管理活动,指的是计划、组织、指挥、协调、控制。"旅游企业管理同样是一个复杂的管理过程,内容也涉及诸多方面,具体有如下几个方面:

(1)旅游企业战略管理

旅游企业经营,实际上是一系列战略决策的结果,通过战略管理,旅游企业可以正确选择自己的目标、路径与策略,从而更好地构建自己的竞争优势,以谋求企业的持续发展。旅游企业战略管理的过程,既是旅游企业知己知彼、运筹帷幄的过程,又是旅游企业理清思路、明确方向的过程,也是旅游企业整合资源、完善提升的过程。旅游企业战略管理需要解决的基本问题是,战略目标正确且具有挑战性,战略思路清晰且具有可行性,战略控制高效且具有推动性。旅游企业战略管理一般包括:①旅游企业战略环境分析,包括政策、行业态势与竞争等;②旅游企业的战略定位与决策,包括旅游企业使命构想、旅游企业战略目标决策和旅游企业战略思路与定位等;③旅游企业品牌建设战略,包括旅游企业品牌定位、旅游企业顾客价值的创造和旅游企业品牌传播等;④旅游企业职能管理战略,包括旅游企业制度与组织变革战略、旅游企业财务与资本经营战略和旅游企业人才利用与开发战略等;⑤旅游企业战略实施控制体系,包括旅游企业战略实施的控制主体、旅游企业战略实施的控制机制和旅游企业战略实施的评价体系。

(2)旅游企业营销管理与公共关系管理

旅游市场营销管理与公共关系管理就是旅游企业为实现其营销目标,结合自身的资源,围绕旅游消费者进行的一系列管理活动。一般包括:①旅游企业市场调研与分析,包括对市场环境、消费者行为竞争形势等方面的判断与研究;②旅游企业整体营销计划的确定,包括 4P 营销基本要素的把握;③旅游企业营销策划技术的运用与方案的设计和 CIS 理念的导入等;④旅游企业产品的市场开拓、销售渠道、销售方式的选择;⑤旅游企业顾客关系管理;⑥旅游企业公共形象树立与公共关系的维系。

(3)旅游企业人力资源管理

人力资源管理是对人力资源进行有效开发、合理配置、充分利用和科学管理的制度、法令、程序和方法的总和。它贯穿于人力资源的整个管理过程,包括人力资源的预测与规划,工作分析与设计,人力资源的维护与成本核算,人员的甄选录用、合理配置和使用,还包括对人员的智力开发、教育培训、调动人的工作积极性、提高人的科学文化素质和思想道德觉悟等。旅游企业人力资源管理主要包括:①旅游企业人员定编定岗与招聘管理;②旅游企业员工职业生涯设计与素质要求;③旅游企业员工的绩效考核与薪酬设计;④旅游企业人力资源的激励与培训开发;⑤旅游企业人力资源的有效利用与保护。

(4)旅游企业全面质量管理

全面质量管理(Total Quality Management,TQM),是指在社会的推动下,企业中所有部门、所有组织、所有人员都以产品质量为核心,建立起一套科学、严密、高效的质量保证体系,控制生产或服务过程中影响质量的因素,以优质的工作最经济的办法提供满足用户需要的产品的全部活动。全面质量管理是以全员参与为基础,目的在于通过顾客满意和本组织所有成员及社会受益而取得长期成功。旅游企业全面质量管理主要包括:①旅游企业业务流程与相关标准的设计,包括程序、管理和服务等方面;②旅游企业质量管理计划的制定;③旅游企业质量管理体系与措施的建立;④旅游企业全面质量管理意识的树立与培养。

(5)旅游企业文化体系管理

在现代企业管理中,企业文化已成为企业管理中的一个要素。企业文化是指在一定的社会经济条件下通过社会实践所形成的并为全体成员遵循的共同意识、价值观念、职业道德、行为规范和准则的总和(Schein,1984),是一个企业或一个组织在自身发展过程中形成的以价值为核心的独特的文化管理模式。企业通过文化引导营造良好的企业文化氛围和协调企业组织管理与人际关系,以促进优秀企业的形成和发展,从而实现企业的经营目标,旅游企业文化体系的构建能确保企业持续、稳定、高效地运作与发展,旅游企业文化体系管理主要包括:①旅游企业文化价值观的建立,企业价值观是以企业优良产品和优质服务为物质载体,通过企业长期经营实践形成一个具有鲜明的企业特征,努力追求企业最高目标和促进最高目标实现的精神动力。企业价值观主要体现在企业理念、企业精神,并贯穿于企业宗旨和企业目标、道德规范和行为准则之中,是企业文化体系中的一个核心内容;②建设旅游企业文化的基本框架,旅游企业文化建设是一个循序渐进、逐步积累的过程,需要从表层文化向中层文化、内核文化推进,也是一项以人为本的系统工程。③旅游企业文化建设措施与方法,一般通过酝酿规划、组织实施和评价检查等措施和方法来完成。

(6)旅游企业财务管理

旅游企业财务管理一般包括:①旅游企业筹资管理,包括筹资的渠道和途径、筹资结构、筹资成本等;②旅游企业投资管理,包括投资类型、投资风险、投资方法等;③旅游企业利润分配管理,包括利润分配原则、利润分配程序、利润分配方法等。

第二节 旅游企业财务管理的概念和内容

一、旅游企业财务管理概念

旅游企业财务就是旅游企业在生产过程中的资金运动,它体现旅游企业同各方面的经济关系。旅游企业资金运动的经济内容包括资金的筹集、投放、耗费、收入和分配,旅游企业在资金运动中与各有关方面发生的经济关系,就是财务关系。所以财务管理是运用价值形式,在一定的整体目标下,组织和协调公司财务活动、处理财务关系的一项管理活动。财务管理的对象是资金的循环和周转,公司资金的循环和周转以财务活动为基础,以财务管理目标为出发点和归宿,因此,财务管理的内容包括筹资、投资和股利分配。

旅游企业财务管理是指对旅游企业财务活动及由此引起的财务关系的管理,旅游企业财务管理专门探讨旅游企业"生财、聚财、用财之道",研究旅游企业如何筹集资金和合理分配及运用资金,如何以尽可能少的资金取得较大的经济效益。

二、旅游企业财务活动

旅游企业财务活动是公司资金的流转运动。资金是社会再生产过程中物资价值的货币体现。公司要从事生产经营活动首先必须有一定数量的资金,这些资金随着公司的生产经营活动不断循环使用,也就会不断产生资金的流入和流

出,这便形成旅游企业的财务活动。旅游企业财务活动包括以下四个方面:

1. 筹资活动

旅游企业想从事经营,首先必须筹集一定数量的资金。筹资是实物商品运动的前提,是资金运动的起点。筹资活动要解决的问题是如何取得旅游企业所需要的资金,包括向谁、在什么时候、筹集多少资金。筹资决策和投资、股利分配有密切关系,筹资的数量多少要考虑投资需要,在利润分配时加大保留盈余可减少外部筹资。资金的筹集包括债务资金筹集和权益资金筹集,可以通过发行股票、发行债券、吸收直接投资等方式筹集,表现为公司资金的流入。公司偿还本金、支付利息和股利以及各种筹资费用,则表现为公司资金的流出。这种因筹资产生的资金流转,便构成了公司的筹资活动。筹资活动关键是决定各种资金来源在总资金中所占的比重,即确定资本结构,使筹资风险和筹资成本相配合,筹资活动对股东财富的影响十分复杂,使用债务要支付利息,是减少价值的因素。但是,由于债务利息可以税前扣除,债务成本比权益成本低,利用债务筹资可以增加股东财富。与此同时,债务增加会提高旅游企业的破产风险,不利于股东财富的增加。因此,旅游企业必须对它们进行权衡,确定适宜的负债/权益比,降低平均的资本成本,以利于增加股东财富。筹资是指筹集资金。例如,旅游企业发行股票、发行债券、取得借款、赊购、租赁等都属于筹资。

2. 投资活动

旅游企业筹资的目的是为了投资,投资是指以收回现金并取得收益为目的而发生的现金流出。旅游企业取得资金后,必须将资金投入使用,以谋求取得最大的经济效益,否则,筹资就失去了目的和依据。投资活动包括资本资产投资和营运资产投资。资本投资的目的大多是为了增加产量、提高产品性能、降低成本,或者减少流动资产占用。投资支出是一项重要的现金流出,除非它有助于增加收入、降低成本或减少营运资金,否则会减少股东财富。对投资项目得失的评价,要在投资项目实施前完成。营运资本投资是周转使用的,以尽可能少的营运资本支持同样的经营现金流,节约资本成本支出,有利于增加股东财富。

投资提供了经营活动赚取利润的条件,投资与利润有投入和产出的关系。利润与投资的比率称为投资资本回报率,反映旅游企业的盈利能力,是决定股价高低的关键因素。

3. 经营活动

在旅游企业日常经营过程中,需要采购商品,支付工资和管理费用,从而产生现金流出;当旅游企业提供劳务时,便会产生现金流入。经营活动产生的现金对于价值创造有决定意义,从长远来看经营活动产生的现金是旅游企业盈利的基础。经营活动产生的现金取决于销售收入和成本费用两个因素,收入是增加股东财富的因素,成本费用是减少股东财富的因素,两者的差额是利润。推动股价上升的利润因素,不仅是当前的利润,还包括预期增长率。销售和利润的增长率取决于旅游企业的外部环境、内部条件和竞争战略。

4. 分配活动

旅游企业在经营过程中产生的利润,要按照规定的程序进行分配,有多少作为股利发放给股东,有多少留在公司作为再投资。当旅游企业向股东支付现金股利时,会发生现金流出。过高的股利支付率,影响旅游企业再投资的能力,会使未来收益减少,造成股价下跌;过低的股利支付率,可能引起股东不满,股价也会下跌。股利决策受多种因素的影响,包括税法对股利和出售股票收益的不同处理、未来公司的投资机会、各种资金来源及其成本、股东对当期收入和未来收入的相对偏好等。公司根据具体情况确定最佳的股利政策,是财务决策的一项重要内容。如果旅游企业有投资资本回报率超过资本成本的投资机会,多余现金用于再投资有利于增加股东财富,否则就应把钱还给股东。

三、旅游企业财务关系

(一)旅游企业性质

现代旅游企业理论又称旅游企业的契约理论(the contractual theory of the firm),由科斯(Coase)开辟先河。该理论是过去20年间主流经济学中发展最为迅速、最富有成果的领域之一,它与博弈论、信息经济学、激励机制设计理论及新制度经济学相互交叉,大大丰富了微观经济学的内容,改进了人们对市场机制及旅游企业组织制度运行的认识。

现代旅游企业理论的核心观点是,旅游企业是一系列(不完全)契约(合同)的有机组合(nexus of incomplete contracts),是人们之间交易产权的一种方式。它把旅游企业看作一种人与人之间的交易关系,认为旅游企业行为是所有旅游企业成员及旅游企业与旅游企业之间博弈的结果。这里旅游企业成员的目标函数都是约束条件下的个人效用最大化。

具体来说,现代旅游企业理论要解决三个问题:一是旅游企业为什么存在?旅游企业的本质是什么?如何界定旅游企业与市场的边界?二是什么是旅游企业所有权(Ownership)或委托权(Principalship,定义为剩余索取权和控制权)的最优安排?旅游企业内谁应该是委托人(Principal)?谁应该是代理人(Agent)?三是委托人与代理人之间的契约如何安排?委托人如何监督和控制代理人?基于上述问题的现代旅游企业理论产生了两个主要分支——交易成本理论和代理理论。交易成本理论重点研究旅游企业与市场的关系,代理理论侧重于研究旅游企业内部组织结构与旅游企业具体成员之间的代理关系。两者都强调了旅游企业的契约性、契约的不完全性以及由此导致的旅游企业所有权的重要性。

以科斯为代表的旅游企业理论从全新的视角对旅游企业的最基本的问题进行了探讨,帮助人们从旅游企业的最根本的问题——旅游企业性质入手,探索旅游企业的本质。运用现代旅游企业理论对旅游企业性质的本质进行深入的研究,指导旅游企业按照经济规律进行生产经营活动,并有利于进一步探索我国旅游企业,尤其是国有旅游企业公司化改造的过程。近年来,旅游企业理论提出了旅游企业是利益相关者的理念。1984年弗里曼出版的《战略管理:利益相关者管理的分析方法》一书,明确提出了利益相关者管理理论。利益相关者管理理论是指旅游企业的经营管理者为综合平衡各个利益相关者的利益要求而进行的管理活动。与传统的股东至上主义相比较,该理论认为任何一个公司的发展都离不开各利益相关者的投入或参与,旅游企业追求的是利益相关者的整体利益,而不仅仅是某些主体的利益。这些利益相关者包括旅游企业的股东、债权人、雇员、消费者、供应商等交易伙伴,也包括政府部门、本地居民、本地社区、媒体、环保主义等集团,甚至包括自然环境、人类后代等受到旅游企业经营活动直接或间接影响的客体。这些利益相关者与旅游企业的生存和发展密切相关,他们有的分担了旅游企业的经营风险,有的为旅游企业的经营活动付出了代价,有的对旅游企业进行监督和制约,旅游企业的经营决策必须考虑他们的利益或接受他们的约束。

(二)旅游企业的利益相关者和财务关系

旅游企业的利益相关者包括股东、旅游企业员工、债权人、供应商、零售商、消费者、竞争者、政府以及社会活动团体等,在资金的筹集、投放使用、收入和分配中,会与各个利益主体发生各方面的广泛联系,从而形成以下各种财务关系,财务关系的存在要求把处理和协调各种财务关系作为现代理财的重要原则。

1.旅游企业与国家之间的财务关系

国家作为社会管理者,担负着维护社会正常秩序、保卫国家安全、组织和管理社会活动等任务,为旅游企业生产经营活动提供公平竞争的经营环境和公共设施等条件,为此所发挥的"社会费用",须从受益旅游企业的生产费用中扣除,因此,国家以收缴各种税费的形式,与旅游企业之间产生财务关系。旅游企业应照章纳税是一种强制性分配关系,旅游企业要按税法的规定依法纳税以保证国家财政收入的实现,满足社会各方面的需要。根据《中华人民共和国营业税暂行条例实施细则》的规定,旅游业主要需要缴纳营业税、城市维护建设税、教育费附加和旅游企业所得税等。根据《中华人民共和国营业税暂行条例实施细则》的规定,营业税的计税依据是以旅游业务的营业收入额作为计税营业额,按照5%税率征收营业税。教育费附加的计税依据是纳税人实际缴纳营业税的税额,附加率为3％。城市维护建设税的计税依据是纳税人实际缴纳的营业税税额,税率分别为7％、5％、1％。根据《中华人民共和国旅游企业所得税暂行条例实施细则》(财法字[1994]第3号发布)的规定,旅游企业所得税的征税对象是以其旅游资源和服务设施为条件,为旅游者在旅行游览中提供各种服务而取得的收入和其他所得,税率为33％。

2. 旅游企业与出资者之间的财务关系

旅游企业与出资者之间的财务关系体现为,出资者向旅游企业投入资金,旅游企业向其支付投资报酬所形成的经济关系。旅游企业的所有者要按照投资合同、协议、章程的约定履行出资义务以便及时形成旅游企业的资本,参与或监督旅游企业经营、参与旅游企业剩余权益分配,并承担一定的风险;管理旅游企业利用资本进行营运,对出资者有承担资本保值、增值的责任,实现利润后,应该按照出资比例或合同、章程的规定,向其所有者支付报酬。一般而言,所有者的出资不同,他们各自对旅游企业承担的责任也不同,相应对旅游企业享有的权利和利益也不相同。

因此,旅游企业与所有者之间的关系是风险与共和以资本保值、增值为核心的剩余权益分配关系,体现着一种经营权与所有权关系。旅游企业的所有者向旅游企业投入资金,旅游企业向其所有者支付投资报酬所形成的经济关系。旅游企业所有者主要有以下四类:(1)国家;(2)法人单位;(3)个人;(4)外商。旅游企业的所有者要按照投资合同、协议、章程的约定履行出资义务,以便及时形成旅游企业的资本金。旅游企业利用资本金进行经营,实现利润后,应按出资比例或合同、章程的规定,向其所有者分配利润。旅游企业同其所有者之间的财务关系,体现着所有权的性质,反映着经营权和所有权的关系。

3. 旅游企业与债权人之间的财务关系

旅游企业与债权人的财务关系是指旅游企业向债权人借入资金,并按借款合同的规定按时支付利息和归还本金所形成的经济关系。旅游企业除利用资本金进行经营活动外,还要借入一定数量的资金,以便降低旅游企业资金成本,扩大旅游企业经营规模。旅游企业的债权人主要有:(1)债券持有人;(2)贷款机构;(3)商业信用提供者;(4)其他出借资金给旅游企业的单位或个人。旅游企业利用债权人的资金后,要按约定的利息率,及时向债权人支付利息,债务到期时,要合理调度资金,按时向债权人归还本金。旅游企业同其债权人的关系体现的是债务与债权的关系。

4. 旅游企业与债务人之间的财务关系

旅游企业与债务人之间的财务关系是指旅游企业将其资金以购买债券、提供借款或商业信用等形式出借给其他单位所形成的经济关系。旅游企业将资金借出后,有权要求其债务人按约定的条件支付利息和归还本金。旅游企业同其债务人的关系体现的是债权与债务关系。

5.旅游企业内部各单位之间的财务关系

旅游企业内部各单位之间的财务关系主要是指在旅游企业实行内部经济核算制的条件下,各单位之间相互提供的商品和劳务要进行计价结算形成的资金结算关系,本质上是旅游企业内部相对独立经济利益关系的体现,因此协调好这种关系,有利于实现内部各单位之间经济利益的均衡,从而最大限度地发挥旅游企业整体的综合效益。

6.旅游企业与职工之间的财务关系

职工是旅游企业的劳动者,他们凭借自己的劳动参与旅游企业的分配。旅游企业按照按劳分配原则,用旅游企业的收入向职工支付工资和津贴,用其利润向职工支付奖金、提供公益金等,这种利益分配关系就是旅游企业同职工之间的财务关系,它体现了职工个人和集体在劳动成果上的分配关系。正确地处理好这种关系,可以有效地调动广大职工开展经营管理与服务的积极性与创造性,为旅游企业的发展增加新的推动力。旅游企业与职工之间的财务关系,体现了职工和旅游企业在劳动成果上的分配关系。

(三)旅游企业财务关系的冲突和协调

股东和债权人都为旅游企业提供了财务资源,但是他们处在旅游企业之外,只有经营者即管理当局在旅游企业直接从事管理工作。股东、经营者和债权人之间构成了旅游企业最重要的财务关系。旅游企业是所有者即股东的旅游企业,财务管理的目标也就是股东的目标。股东委托经营者代表他们管理旅游企业,为实现他们的目标而努力,但经营者与股东的目标并不完全一致。债权人把资金借给旅游企业,并不是为了"股东财富最大化",与股东的目标也不一致。公司必须协调这三方面的利益冲突,才能实现"股东财富最大化"的目标。

同时,旅游企业还需要处理好企业盈利与社会责任之间的关系。

1.股东与经营者利益的冲突与协调

(1)经营者的目标

在股东和经营者分离以后,股东的目标是使旅游企业财富最大化,千方百计要求经营者以最大的努力去完成这个目标。经营者也是最大合理效用的追求者,其具体行为目标与委托人不一致。他们的目标是:

①增加报酬,包括物质和非物质的报酬,如工资、奖金,提高荣誉和社会地位等。

②增加闲暇时间,包括较少的工作时间、工作时间里较多的空闲和有效工作时间中较小的劳动强度等。

上述两个目标之间有矛盾,增加闲暇时间可能减少当前或将来的报酬,努力增加报酬会牺牲闲暇时间。

③避免风险。经营者努力工作可能得不到应有的报酬,他们的行为和结果之间有不确定性,经营者总是力图避免这种风险,希望付出一份劳动便得到一份报酬。

(2)经营者对股东目标的背离

经营者的目标和股东不完全一致,经营者有可能为了自身的目标而背离股东的利益。这种背离表现在两个方面:

①道德风险。经营者为了自己的目标,不是尽最大努力去实现旅游企业财务管理的目标。他们没有必要为提高股价而冒险,股价上涨的好处将归于股东,如若失败,他们的"身价"将下跌。他们不做什么错事,只是不十分卖力,以增加自己的闲暇时间。这样做,不构成法律和行政责任问题,只是道德问题,股东很难追究他们的责任。

②逆向选择。经营者为了自己的目标而背离股东的目标。例如,装修豪华的办公室,购置高档汽车等;以工作需要为借口乱花股东的钱;蓄意压低股票价格,以自己的名义借款买回,导致股东财富受损。

(3)防止经营者背离股东目标的方法

为了防止经营者背离股东的目标,一般有两种方式:

①监督。经营者背离股东的目标,其条件是双方的信息不对称,主要是经营者了解的信息比股东多。避免"道德风险"和"逆向选择"的出路是股东获取更多的信息,对经营者进行监督,在经营者背离股东目标时,减少其各种形式的报酬,甚至解雇他们。

但是,全面监督在实际上是行不通的。股东是分散的或者远离经营者,得不到充分的信息;经营者比股东有更大的信息优势,比股东更清楚什么是对旅游企业更有利的方案;全面监督管理行为的代价是高昂的,很可能超过它所带来的收益。因此,股东支付审计费聘请注册会计师,往往限于审计财务报表,而不是全面审查所有管理行为人。股东对于情况的了解和对经营者的监督总是必要的,但受到监督成本的限制,不可能事事都监督。监督可以减少经营者违背股东意愿的行为,但不能解决全部问题。

②激励。防止经营者背离股东利益的另一种方式是采用激励计划,使经营者分享旅游企业增加的财富,鼓励他们采取符合股东最大利益的行动。例如,旅游企业盈利率或股票价格提高后,给经营者以现金、股票期权奖励。支付报酬的方式和数量的大小,有多种选择。报酬过低,不足以激励经营者,股东不能获得最大利益;报酬过高,股东付出的激励成本过大,也不能实现自己的最大利益。

因此，激励可以减少经营者违背股东意愿的行为，但也不能解决全部问题。

通常股东同时采取监督和激励两种方式来协调自己和经营者的目标。尽管如此仍不可能使经营者完全按股东的意愿行动，经营者仍然可能采取一些对自己有利而不符合股东最大利益的决策，并由此给股东带来一定的损失。监督成本、激励成本和偏离股东目标的损失之间此消彼长，相互制约。股东要权衡轻重，力求找出能使三项之和最小的解决办法，它就是最佳的解决办法。

2.股东与债权人

当公司向债权人借入资金后，两者也形成一种委托代理关系。债权人把资金借给旅游企业，其目标是到期收回本金，并获得约定的利息收入；公司借款的目的是扩大经营，投入有风险的生产经营项目，两者的目标并不一致。债权人事先知道借出资金是有风险的，并把这种风险的相应报酬纳入利率。通常要考虑的因素包括：公司现有资产的风险、预计公司新增资产的风险、公司现有的负债比率、公司未来的资本结构等。但是，借款合同一旦成为事实，资金划到旅游企业，债权人就失去了控制权，股东可以通过经营者为了自身利益而伤害债权人的利益，其常用方式是：

第一，股东不经债权人的同意，投资于比债权人预期风险更高的新项目。如果高风险的计划侥幸成功，超额的利润归股东独享；如果计划不幸失败，公司无力偿债，债权人与股东将共同承担由此造成的损失。《中华人民共和国旅游企业破产法》（以下简称《破产法》）规定，债权人先于股东分配破产财产，但多数情况下，破产财产不足以偿债。所以，对债权人来说，超额利润肯定拿不到，发生的损失却有可能要分担。

第二，股东为了提高公司的利润，不征得债权人的同意而指使管理当局发行新债，致使旧债券的价值下降，使旧债权人蒙受损失。旧债券价值下降的原因是发新债后公司负债比率加大，公司破产的可能性增加，如果旅游企业破产，旧债权人和新债权人要共同分配破产后的财产，使旧债券的风险增加、价值下降。尤其是不能转让的债券或其他借款，债权人没有出售债权来摆脱困境的出路，处境更加不利。

债权人为了防止其利益被损害，除了寻求立法保护，如破产时优先接管、优先于股东分配剩余财产等外，通常采取以下措施：

第一，在借款合同中加入限制性条款，如规定资金的用途、规定不得发行新债或限制发行新债的数额等。

第二，发现公司有损害其债权意图时，拒绝进一步合作，不再提供新的借款或提前收回借款。

3.旅游企业目标与社会责任

旅游企业的目标和社会的目标在许多方面是一致的。旅游企业在追求自己的目标时，自然会使社会受益。例如，旅游企业为了生存，必须提供符合顾客需要的产品，满足社会的需求；旅游企业为了发展，要扩大规模，自然会增加职工人数，解决社会的就业问题；旅游企业为了获利，必须提高劳动生产率，改进产品质量，改善服务，从而提高社会生产效率和公众的生活质量。旅游企业的目标和社会的目标也有不一致的地方。例如，旅游企业为了获利，可能提供伪劣产品、可能不顾员工的健康和利益、可能造成环境污染、可能损害其他旅游企业的利益等。

一般说来，旅游企业只要依法经营，在谋求自己利益的同时就会使公众受益。但是，法律不可能解决所有问题，况且目前我国的法制尚不健全，旅游企业有可能在合法的情况下从事不利于社会的事情。因此，旅游企业还要受到商业道德的约束，要接受政府有关部门的行政监督，以及社会公众的舆论监督，进一步协调旅游企业和社会的矛盾，构建和谐社会。上海豫园旅游商城股份有限公司《2010年度社会责任报告书》指出，企业的社会责任是企业在创造利润、对股东利益负责的同时，还要承担利益相关者和社会的责任，以实现企业与经济社会可持续发展的协调关系。社会责任包括遵守商业道德、生产安全、职业道德、保护劳动者的合法权益、节约资源、注重环境保护等。旅游企业至少应该履行以下基本社会责任：

(1)环境责任。企业的经营活动必然对生产经营所在地区的自然生态环境产生影响。旅游企业必须充分认识其经营行为对当地环境可能造成的危害，应主动承担环保责任，履行环保义务，采取切实有效的措施，尽力降低对环境的污染，减少对资源环境的破坏，实现自然资源的可持续利用。

(2)法律责任。要实现旅游业的可持续发展，旅游企业的经营活动必须严格执行我国法律法规的相关条款，不偷税漏税，按国家的相关规定执行最低工资标准，为员工提供法定保险，保障员工健康与安全等。

(3)伦理责任。与企业法律责任不同，企业伦理是未上升为法律层面但企业应该履行的义务，它包括广泛的企业行为规范和标准，以及对消费者、员工、股东、供应商、竞争者、政府和社区应承担的义务。旅游企业要提升自己的形象，必须提倡公平竞争、诚实经营、优质服务，同时还要尊重和保障员工权益。

(4)经济责任。旅游企业要为社会提供更多的就业机会，在正确处理好企业与投资者间的关系，保持良好的经营业绩和竞争力，创造和积累企业利润，为企业的未来发展积累财力的同时，还应为社会提供多样化的产品和服务，促进社会财富的增长。

第三节　旅游企业财务管理的目标

一、财务管理目标概念与特征

1. 财务管理目标概念

财务管理目标概念又称理财目标,是指旅游企业进行财务活动所要达到的根本目的,是评价旅游企业财务活动是否合理的标准,决定着财务管理的基本方向。

旅游企业财务管理目标是旅游企业组织财务活动、处理财务关系所要达到的根本目的,它决定着旅游企业财务管理的基本方向,是旅游企业财务管理工作的出发点。

2. 财务管理目标的特征

旅游企业财务管理目标具有以下特征:

(1)财务管理目标具有相对稳定性。随着宏观经济体制和旅游企业经营方式的变化,随着人们认识的发展和深化,财务管理目标也可能发生变化。但是,宏观经济体制和旅游企业经营方式的变化是渐进的,只有发展到一定阶段以后才会产生质变;人们的认识在达到一个新的高度以后,也需要有一个达成共识、为人所普遍接受的过程。因此,财务管理目标作为人们对客观规律性的一种概括,总的说来是相对稳定的。

(2)财务管理目标具有可操作性。财务管理目标是实行财务目标管理的前提,它要能够起到组织动员的作用,要能够据以制定经济指标并进行分解,实现职工的自我控制,进行科学的绩效评估,这样,财务管理目标就必须具有可操作性。具体包括:可以计量、可以追溯、可以控制。

(3)财务管理目标具有层次性。财务管理目标是旅游企业财务管理这个系统顺利运行的前提条件,同时它本身也是一个系统。各种各样的理财目标构成了一个网络,这个网络反映着各个目标之间的内在联系。财务管理目标之所以有层次性,是由旅游企业财务管理内容和方法的多样性以及它们相互关系的层次性决定的。

二、旅游企业总体的财务管理目标

随着市场经济体制的逐步完善,财务管理理论也在不断地丰富和发展,其中财务管理的目标,也在不断推陈出新。财务管理目标的确定取决于企业价值导向,企业价值导向的发展演绎着财务管理目标的发展。企业价值导向的发展基本上经历了三个历史阶段:第一阶段在20世纪30年代经济大萧条以前,企业的价值导向是"股东至尊",企业的一切组织活动围绕着股东利益开展,作为企业价值导向的体现,此阶段的财务管理目标也以股东利益为主提出,如利润最大化、股东价值最大化等。第二阶段是20世纪30年代到80年代后期,是企业价值导向的一个争论阶段,由于30年代经济大萧条,人们开始对"股东至尊"的价值导向产生质疑,人们开始关注除股东利益以外的相关利益,并对此问题进行了争论与探索。第三阶段是20世纪80年代中后期,在美国由于"敌意收购"及其对企业利益相关者所带来的消极影响,使股东利益最大化受到了挑战,许多主张股东利益最大化的理论经济学家和法学家们纷纷改变自己的立场转向利益相关者的观点,与此对应,财务管理目标也经历了从以股东价值为导向转向以相关利益者为导向的演变过程。到目前为止,也先后出现了利润最大化原则、股东财富最大化原则、企业价值最大化原则和相关者利益最大化四种观点。

1. 利润最大化

利润最大化目标认为,利润代表了企业新创造的财富,利润越多说明企业的财务增加的越多,越接近企业的目标,但利润最大化目标存在以下缺点:

(1)没有考虑利润的取得时间。例如,今年获利100万元和明年获利100万元,哪一个更符合旅游企业的目标?若不考虑货币的时间价值,就难以作出正确判断。(2)没有考虑所获利润和投入资本额的关系。例如,同样获得100万元利润,一个旅游企业投入资本500万元,另一个旅游企业投入600万元,哪一个更符合旅游企业的目标?若不与投入的资本额联系起来,就难以作出正确判断。(3)没有考虑获取利润和所承担风险的关系。例如,同样投入500万元,本年获利100万元,一个旅游企业获利已全部转化为现金,另一个旅游企业获利则全部是应收账款,并可能发生坏账损失,哪一个更符合旅游企业的目标?若不考虑风险大小,就难以作出正确判断。

2. 股东财富最大化

股东财富最大化是指通过财务上的合理经营,为股东创造最多的财富,实现旅游企业财务管理目标。股东财富可以用股东权益的市场价值来衡量。股东财富的增加可以用股东权益的市场价值与股东投资资本的差额来衡量,它被称为"权益的市场增加值"。权益的市场增加值是旅游企业为股东创造的价值。在上市公司中,股东财富是由其所拥有的股票数量和股票市场价格两方面来决定,在股票数量一定时,股票价格达到最高,股东财富也就达到最大。与利润最大化相比,股东财富最大化的主要优点是:(1)考虑了风险因素,因为通常股价会对风险作出较敏感的反应。(2)在一定程度上能避免企业追求短期行为,因为不仅目前的利润会影响股票价格,预期未来的利润同样会对股价产生重要影响。(3)对上市公司而言,股东财富最大化目标比较容易量化,便于考核和奖惩。然而,该目标仍存在如下不足:(1)适用范围存在限制。该目标只适用于上市公司,不适用于非上市公司,因此不具有普遍的代表性。(2)不符合可控性原则。股票价格的高低受各种因素的影响,如国家政策的调整、国内外经济形势的变化、股民的心理等,这些因素对旅游企业管理当局而言是不可能完全加以控制的。(3)不符合理财主体假设。理财主体假设认为,旅游企业的财务管理工作应限制在每一个经营上和财务上具有独立性的单位组织内,而股东财富最大化将股东这一理财主体与旅游企业这一理财主体相混同,不符合理财主体假设。(4)不符合证券市场的发展。证券市场既是股东筹资和投资的场所,也是债权人进行投资的重要场所,同时还是经理人市场形成的重要条件,股东财富最大化片面强调站在股东立场的资本市场的重要,不利于证券市场的全面发展。这种观点认为:股东财富最大化或旅游企业价值最大化是财务管理的目标。

3. 企业价值最大化

企业价值就是企业的市场价值,是企业所能创造的预计未来现金流量的现值。企业价值最大化的财务管理目标,反映了企业潜在的或预期的获利能力和成长能力,其优点主要表现在:(1)企业价值最大化是指采用最优的财务结构,充分考虑资金的时间价值以及风险与报酬的关系,使旅游企业价值达到最大。(2)该目标反映了对企业资产保值增值的要求;(3)该目标有利于克服管理上的片面性和短期行为;(4)该目标全面考虑了旅游企业利益相关者和社会责任对旅游企业财务管理目标的影响。但该目标也有许多问题需要我们去探索:(1)企业价值计量方面存在问题。首先,把不同理财主体的自由现金流混合折现不具有可比性。其次,把不同时点的现金流折现不具有说服力。(2)不易为管理当局理解和掌握。企业价值最大化实际上是几个具体财务管理目标的综合体,包括股东财富最大化、债权人财富最大化和其他各种利益财富最大化,这些具体目标的衡量有不同的评价指标,使财务管理人员无所适从。(3)没有考虑股权资本成本。在现代社会,股权资本和债权资本一样,不是免费取得的,如果不能获得最低的投资报酬,股东们就会转移资本投向。

4. 相关者利益最大化

相关者利益最大化目标是以共同所有权理论、托管理论和公司社会责任理论为基础,基本思想就是在保证企业长期稳定发展的基础上,强调在企业价值增值中满足以股东为首的各利益群体的利益。旅游企业是一个利益相关者的企业,不仅要创造与股东之间的利益协调关系,努力培养长期投资的股东关心职工利益,创造优美和谐的工作环境,不断加强与债权人的联系,培养可靠的资金供应者,要关心客户的利益,讲求信誉,注重旅游企业形象,所以旅游企业要满足不同利益相关者的要求。以相关者利益最大化作为财务管理目标,具有以下优点:(1)有利于企业长期稳定发展;(2)体现了合作共赢的价值理念,有利于实现企业经济效益和社会效益的统一;(3)目标本身是一个多元化、多层次的目标体系,较好地兼顾了各利益主体的利益。

三、旅游企业具体的财务管理目标

1. 旅游企业筹资管理的目标

旅游企业筹资管理的目标应服从企业财务管理的总目标并取决于筹资管理的具体内容。资金作为一种稀缺性的资源,其筹集的方式与规模直接受到市场供求关系的影响,因而,企业在筹集资金的过程中,必须考虑成本和风险的因素,也就是说,企业在资本市场或资金市场筹集所需资金时,所付成本越低,风险越小,则企业市场价值越大。虽然在不同时期,不同的项目、不同的动机和不同的筹资方式对企业筹资的成本、风险所形成的压力是不同的,但市场机制的作用会使企业具体项目的资金筹集成本与风险的关系在协调和均衡的基础达成一致。简言之,企业筹资管理的具体目标就是在满足生产经营需要的情况下,以较低的筹资成本和较小的筹资风险,获取较多的资金。

2. 旅游企业投资管理的目标

近年来,我国旅游业呈现出良好的发展态势,现在已成为国民经济新的增长点。根据相关资料显示,中国旅游业的增长速度超出了人们的预测,中国正在成为亚洲第一、全球第五的主要旅游目的地。旅游企业投资也正在快速增长,旅游企业投资的目标主要是以较低的投资风险和投资投放获取同样多的投资收益,或较多的投资收益。

3. 旅游企业营运资金管理的目标

营运资金管理是对企业流动资产及流动负债的管理,旅游企业要维持正常的运转就必须要拥有适量的营运资金,因此,营运资金管理是企业财务管理的重要组成部分。旅游企业营运资金一般具有周转时间短、数量具有波动性、来源具有多样性等特点,所以对于营运资金管理的主要目标就是合理使用资金,加速资金周转,不断提高资金利用效果。

4. 旅游企业利润分配

利润是旅游企业在一定时期内生产经营活动的最终财务成果,是用货币形式反映旅游企业生产经营活动的效率和效益的最终体现。旅游企业利润水平的高低不仅反映旅游企业的盈利水平,而且反映旅游企业在市场中的生存和竞争能力。按照我国《公司法》的规定,旅游企业取得的利润总额应当按照国家规定作相应的调整,首先按照税法缴纳所得税;旅游企业缴纳所得税后的利润一般按照下列顺序进行分配:第一,支付被没收的财产损失,支付各项税收的滞纳金和罚款。第二,弥补旅游企业以前年度的年度亏损。第三,提取盈余公积金。第四,向投资者分配利润。旅游企业的利润分配管理就是要合理确定利润的留分比例及分配形式,提高潜在收益能力。

第四节 旅游企业财务管理的环境

一、财务管理环境概念和分类

1. 概念

企业的财务管理环境又称理财环境,是对企业财务活动产生影响并对财务管理系统有影响作用的一切系统的总和。财务管理环境是企业财务决策难以改变的外部约束条件,企业财务决策更多地是适应它们的要求和变化。财务管理环境涉及的范围很广,既有宏观环境,也有微观环境。

2. 分类

(1) 按照范围进行分类

财务管理环境可以分为宏观财务管理环境和微观财务管理环境。所谓宏观财务管理环境主要是指企业理财所面临的法律环境、金融市场环境、经济环境和社会环境等。微观财务管理环境是指企业的组织形式以及企业的生产、销售和采购方式等。我国的经济体制改革由政策调整转向企业制度创新的过程中,建立了适应市场经济的产权清晰、权责明确、政企分开、管理科学的现代企业制度。企业的生产经营方式也由生产经营型向资本运营型转变,在这种方式下,财务管理处于企业经营管理的中心,在微观财务管理环境下,企业不仅要获得最大利润,而且要争取企业价值有所增加。

(2) 按照与企业的关系进行分类

财务管理环境可分为外部环境和内部环境。所谓财务管理的外部环境是指对企业财务活动和财务管理产生影响作用的企业外部的各种条件。财务管理的内部环境主要是指财务管理体制、企业内部财务管理制度等。财务管理体制的核心在于财务控制权的集中与下放,形成集权式财务管理体制和分权式财务管理体制。企业内部财务管理制度是指企业财务管理工作的内部法规,依据《企业财务通则》和国家分行业财务制度,结合企业自身特点和管理要求制定。

本书主要按照财务管理的环境范围进行分类展开论述。

二、财务管理的宏观环境

(一)法律环境

财务管理的法律环境是指企业和外部发生经济关系时所应遵守的各种法律、法规和规章。企业在其经营活动中,要和国家、其他企业或社会组织、企业职工或其他公民,以及国外的经济组织或个人发生经济关系。国家管理这些经济活动和经济关系的手段包括行政手段、经济手段和法律手段三种。在市场经济条件下,行政手段逐步减少,而经济手段,特别是法律手段日益增多,越来越多的经济关系和经济活动的准则用法律的形式固定下来。同时,众多的经济手段和必要的行政手段的使用,也必须逐步做到有法可依,从而转化为法律手段的具体形式,真正实现国民经济管理的法制化。

企业的理财活动,无论是筹资、投资还是利润分配,都要和企业外部发生经济关系。在处理这些经济关系时,应当遵守有关的法律规范。

1. 企业组织法律规范

企业组织必须依法成立。组建不同的企业,要依照不同的法律规范,包括《中华人民共和国公司法》(以下简称《公司法》)、《中华人民共和国外资企业法》、《中华人民共和国中外合资经营企业法》、《中华人民共和国中外合作经营企业法》、《中华人民共和国个人独资企业法》、《中华人民共和国合伙企业法》等。这些法律规范既是企业的组织法,又是企业的行为法。

例如,《公司法》对公司企业的设立条件、设立程序、组织机构、组织变更和终止的条件与程序等都作了规定,包括股东人数、法定资本的最低限额、资本的筹集方式等。只有按其规定的条件和程序建立的企业,才能称为"公司"。《公司法》还对公司生产经营的主要方面做出了规定,包括股票的发行和交易、债券的发行和转让、利润的分配等。公司一旦成立,其主要的活动,包括财务管理活动,都要按照《公司法》的规定来进行。因此,《公司法》是公司企业财务管理最重要的强制性规范,公司的理财活动不能违反该法律,公司的自主权不能超出该法律的限制。

其他企业也要按照相应的企业法进行理财活动。从财务管理来看,非公司企业与公司企业有很大不同。非公司企业的所有者,包括独资企业的业主和合伙企业的普通合伙人,要承担无限责任。他们享有企业的盈利(或承担损失),一旦经营失败必须抵押其个人的财产,以满足债权人的要求。公司企业的股东承担有限责任,经营失败时其经济责任以出资额为限,无论股份有限公司还是有限责任公司都是如此。

2.税收法律规范

税法是税收法律制度的总称,是调整税收征纳关系的法律规范,税收既有调节社会总供给与总需求、经济结构、维护国家主权和利益等宏观作用,又有保护企业经济实体地位、促进公平竞争、改善经营管理和提高经济效益等微观作用。国家税种的设置、税率的高低、征收范围、减免规定、优惠政策等都会影响企业的财务活动。任何企业都有法定的纳税义务。有关税收的立法分为三类:所得税的法规、流转税的法规、其他地方税的法规。

税负是企业的一种费用,会增加企业的现金流出,对企业理财有重要影响。企业无不希望在不违反税法的前提下减少税务负担。税收对财务管理的影响具体表现为:(1)影响企业融资决策。按照国际惯例和我国现行企业所得税法,企业借款利息不高于金融机构同类同期贷款利息的部分,可在所得税前予以扣除,债券利息也可计入财务费用,作为利润总额的扣减项,这样就减少了企业的应纳税所得额,其他筹资方式则无此优势,如发行股票筹集的资本,其支付的股利必须在所得税后的净利润中列支。(2)影响企业投资决策。企业的投资从广义上讲,不仅包括股票、债券等的对外投资,也包括对固定资产、流动资产的投资,还包括企业设立分公司和子公司的投资,企业投资建立不同形式的企业、不同规模的企业、投资于不同的行业。投资经营不同业务的企业,都面临着不同的税收政策,例如,对企业设立的地点和行业的影响,我国现行的企业所得税法规定了对投资于特定地区(如经济特区、技术经济开发区、老少边穷地区等)和特定行业(如高新技术产业、第三产业、"三废"综合治理企业等)以及劳动就业服务、福利生产企业等的优惠政策,在企业设立之初可以考虑依照国家政策导向,获得税收优惠。(3)影响企业现金流量。税收有强制性、无偿性和固定性三个特征,企业作为法人,向税务机关纳税是其应尽的义务,企业应按税法的有关规定及时以货币资金上缴,否则,会因受到经济处罚导致企业形象降低,交税要增加企业现金流出量,这要求企业在纳税期限临近时筹足税款,采用合法的方法使纳税递延以及编制现金预算时要尽可能准确预测税金费用。(4)影响企业利润。税收体现着国家与企业对所创造的纯收入的分配关系。税费的变动与利润的变动呈反向关系,在一定时期内企业承担的税赋增加,则利润必然减少,税率的变更对利润有直接影响,现实税率的上升或下降会使企业利润减少或增加;预计税率的变更会影响利润的预测值,尽管税率变更不经常发生,但在我国税收体系尚未健全的情况下,财务人员作适当的长远预测是必要的。

除上述法律规范外,与企业财务管理有关的其他经济法律规范还有许多,包括各种证券法律规范、结算法律规范、合同法律规范等。财务人员要熟悉这些法律规范,在守法的前提下完成财务管理的职能,实现企业的财务目标。

(二)金融市场环境

广义的金融市场,是指一切资本流动的场所,包括实物资本和货币资本的流动。广义金融市场的交易对象包括货币借贷、票据承兑和贴现、有价证券的买卖、黄金和外汇买卖、办理国内外保险、生产资料的产权交换等。狭义的金融市场一般是指有价证券市场,即股票与债券的发行和买卖市场。

1. 金融市场与企业理财

(1)金融市场是企业投资和筹资的场所

金融市场上有许多筹集资金的方式,并且比较灵活。企业需要资金时,可以到金融市场选择适合自己需要的方式筹资。企业有了剩余的资金,也可以灵活选择投资方式,为其资金寻找出路。

(2)企业通过金融市场使长短期资金互相转化

企业持有的股票和债券是长期投资,在金融市场上随时可以转手变现,成为短期资金;远期票据通过贴现,变为现金;大额可转让定期存单,可以在金融市场卖出,成为短期资金。与此相反,短期资金也可以在金融市场上转变为股票、债券等长期资产。

(3)金融市场为企业理财提供有意义的信息

金融市场的利率变动,反映资金的供求状况;有价证券市场的行市反映投资人对企业的经营状况和盈利水平的评价。它们是企业经营和投资的重要依据。

2. 金融性资产的特点

金融性资产是指现金或有价证券等可以进入金融市场交易的资产。它们具有以下属性:

(1)流动性

流动性是指金融性资产能够在短期内不受损失地变为现金的属性。流动性高的金融性资产的特征是:容易变现且市场价格波动小。

(2)收益性

收益性是指某项金融性资产投资收益率的高低。

(3)风险性

风险性是指某种金融性资产不能恢复其原投资价格的可能性。金融性资产的风险主要有违约风险和市场风险。违约风险是指由于证券的发行人破产而导致永远不能偿还的风险;市场风险是指由于投资的金融性资产的市场价格波动而产生的风险。

上述三种属性相互联系、互相制约。流动性和收益性成反比,收益性和风险性成正比。现金的流动性最高,但持有现金不能获得收益。股票的收益性好,但风险大;政府债券的收益性不如股票,但其风险小。企业在投资时,期望流动性高、风险小而收益高,但实际上很难找到这种机会。

3. 金融市场的分类和组成

(1) 金融市场的分类

①按交易期限划分为短期资金市场和长期资金市场。短期资金市场是指期限不超过一年的资金交易市场,因为短期有价证券易于变成货币或作为货币使用,所以也叫货币市场。长期资金市场是指期限在一年以上的股票和债券交易市场,因为发行股票和债券主要用于固定资产等资本货物的购置,所以也叫资本市场。

②按交割时间划分为现货市场和期货市场。现货市场是指买卖双方成交后,当场或几天之内买方付款、卖方交出证券的交易市场。期货市场是指买卖双方成交后,在双方约定的未来某一特定的时日才交割的交易市场。

③按交易性质分为发行市场和流通市场。发行市场是指从事新证券和票据等金融工具买卖的转让市场,也叫初级市场或一级市场。流通市场是指从事已上市的旧证券或票据等金融工具买卖的转让市场,也叫次级市场或二级市场。

④按交易的直接对象分为同业拆借市场、国债市场、企业债券市场、股票市场、金融期货市场等。

(2) 金融市场的组成

金融市场由主体、客体和参加人组成。主体是指银行和非银行金融机构,它们是金融市场的中介机构,是连接筹资人和投资人的桥梁。客体是指金融市场上的买卖对象,如商业票据、政府债券、公司股票等各种信用工具。金融市场的参加人是指客体的供给者和需求者,如企业、事业单位、政府部门、城乡居民等。

4. 我国主要的金融机构

遍布全国的金融机构,其业务范围、职能和服务对象等不同。

(1) 中国人民银行

中国人民银行是我国的中央银行,它代表政府管理全国的金融机构和金融活动,经理国库。其主要职责是制定和实施货币政策,保持货币币值稳定;维护支付和清算系统的正常运行;持有、管理、经营国家外汇储备和黄金储备;代理国库和其他与政府有关的金融业务;代表政府从事有关的国际金融活动。

(2) 政策性银行

政策性银行,是指由政府设立,以贯彻国家产业政策、区域发展政策为目的,不以营利为目的的金融机构。政策性银行与商业银行相比,其特点在于:不面向公众吸收存款,而以财政拨款和发行政策性金融债券为主要资金来源;其资本主要由政府拨付;不以营利为目的,经营时主要考虑国家的整体利益和社会效益;

其服务领域主要是对国民经济发展和社会稳定有重要意义而商业银行出于营利目的不愿筹资的领域;一般不普遍设立分支机构,其业务由商业银行代理。但是,政策性银行的资金并非财政资金,也必须有偿使用,对贷款也要进行严格审查并要求还本付息、周转使用。

我国目前有三家政策性银行:国家开发银行、中国进出口银行、中国农业发展银行。

(3)商业银行

商业银行是以经营存款、放款、办理转账结算为主要业务,以营利为主要经营目标的金融企业。商业银行的建立和运行,受《中华人民共和国商业银行法》规范。

我国的商业银行可以分成两类:①国有独资商业银行,是由国家专业银行演变而来的。它们过去分别在工商业、农业、外汇业务和固定资产贷款领域中提供服务,近些年来其业务交叉进行,传统分工已经淡化。②股份制商业银行,是1987年以后发展起来的。这些银行的股权结构各异,以企业法人股和财政入股为主,个别银行有个人股权。股份制商业银行完全按商业银行的模式运作,服务比较灵活,业务发展很快。

(4)非银行金融机构

目前,我国主要的非银行金融机构有:①保险公司,主要经营保险业务,包括财产保险、责任保险、保证保险和人身保险。目前,我国保险公司的资金运用被严格限制在银行存款、政府债券、金融债券和投资基金范围内。②信托投资公司,主要是以受托人的身份代人理财。其主要业务有经营资金和财产委托、代理资产保管、金融租赁、经济咨询以及投资等。③证券机构,是指从事证券业务的机构,包括证券公司、证券交易所和登记结算公司等。④财务公司,通常类似于投资银行。我国的财务公司是由企业集团内部各成员单位入股,向社会募集中长期资金,为企业技术进步服务的金融股份有限公司。它的业务被限定在本集团内,不得从企业集团之外吸收存款,也不得对非集团单位和个人贷款。⑤金融租赁公司,是指办理融资租赁业务的公司组织。其主要业务有动产和不动产的租赁、转租赁、回租租赁。

5. 金融市场上利率的决定因素

在金融市场上,利率是资金使用权的价格。一般说来,金融市场上资金的购买价格,可用下式表示:

利率＝纯粹利率＋通货膨胀附加率＋风险附加率

(1)纯粹利率

纯粹利率是指无通货膨胀、无风险情况下的平均利率。例如,在没有通货膨胀时,国库券的利率可以视为纯粹利率。纯粹利率的高低,受平均利润率、资金供求关系和国家调节的影响。

首先,利息是利润的一部分,所以利息率依存利润率,并受平均利润率的制约。一般说来,利息率随平均利润率的提高而提高。利息率的最高限不能超过平均利润率,否则企业无利可图,不会借入款项;利息率的最低界限大于零,不能等于或小于零,否则提供资金的人不会拿出资金。至于利息率占平均利润率的比重,则决定于金融业和工商业之间的博弈结果。

其次,在平均利润率不变的情况下,金融市场上的供求关系决定市场利率水平。在经济高涨时,资金需求量上升,若供应量不变则利率上升;在经济衰退时正好相反。

最后,政府为防止经济过热,通过中央银行减少货币供应量,则资金供应减少,利率上升;政府为刺激经济发展,增加货币发行,则情况相反。

(2)通货膨胀附加率

通货膨胀使货币贬值,投资者的真实报酬下降。因此投资者在把资金交给借款人时,会在纯粹利息率的水平上再加上通货膨胀附加率,以弥补通货膨胀造成的购买力损失。因此,每次发行国库券的利息率随预期的通货膨胀率变化,它近似等于纯粹利息率加预期通货膨胀率。

(3)风险附加率

投资者除了关心通货膨胀率以外,还关心资金使用者能否保证他们收回本金并取得一定的收益。这种风险越大,投资人要求的收益率越高。实证研究表明,公司长期债券的风险大于国库券,要求的收益率也高于国库券;普通股票的风险大于公司债券,要求的收益率也高于公司债券;小公司普通股票的风险大于大公司普通股票,要求的收益率也大于大公司普通股票。风险越大,要求的收益率越高,风险和收益之间存在对应关系。风险附加率是投资者要求的除纯粹利率和通货膨胀附加率之外的风险补偿。

6.金融市场对财务管理的影响

金融市场是商品经济发展和信用形式多样化的必然产物,金融市场在财务管理中具有重要的作用:

(1)为企业筹资和投资提供场所

金融市场能够为资本所有者提供多种投资渠道,为资本筹集者提供多种可供选择的筹资方式。在现实经济生活中,资本所有者在为闲置资本寻找出路时,要求兼顾其安全性、流动性和盈利性,而资本需求者在筹资时,也要求在降低资本成本的同时,满足在数量和时间上的需要。要实现资本所有者和筹集者的满意结合,需要创造一个理想的场所,而金融市场上有多种融资形式和金融工具可供双方选择。因此,通过金融市场,资本供应者能够灵活地调整其闲置资本,实现其投资目的;资本需求者也能够从众多筹资方式中选择最有利的方式,实现其筹资目的。

(2)促进企业资本灵活转换

金融市场各种形式的金融交易,形成了纵横交错的融资活动。通过融资活动可以实现资本的相互转换,包括时间上长短期资本的相互转换、空间上不同区域间资本的相互转换以及数量上大额资本和小额资本的相互转换。例如,股票、债券的发行能够将储蓄资本转换为生产资本,将流动的短期资本转换为相对固定的长期资本,将不同地区的资本转换为某一地区的资本;远期票据的贴现能够使将来收入转化为现期收入,这种多种方式的相互转换能够调剂资本供求,促进资本流通。

(3)引导资本流向和流量,提高资本效率

金融市场通过利率的上下波动和人们投资收益的变化,能够引导资本流向最需要的地方,从利润率低的部门流向利润率高的部门,从而实现资本在各地区、各部门、各单位的合理流动,实现社会资源的优化配置。

(4)为企业树立财务形象,金融市场是企业树立财务形象的最好场所

企业有良好的经营业绩和财务状况,证券价格就会稳定增长,这是对企业财务形象的最客观的评价。

(5)为财务管理提供有用的信息

企业进行筹资、投资决策时,可以利用金融市场提供的有关信息,如股市行情,从宏观看反映了国家的总体经济状况和政策情况,从微观看反映了企业的经营状况、盈利水平和发展前景,有利于投资者对企业财务状况作出基本评价。此外,利率的变动反映了资本的供求状况。

(三)经济环境

这里所说的经济环境是指企业进行财务活动的宏观经济状况。

1. 经济发展

经济发展的速度,对企业理财有重大影响。近几年,我国经济增长比较快。企业为了跟上这种发展并在其行业中维持它的地位,至少要有同样的增长速度。企业要相应增加厂房、机器、存货、工人、专业人员等。这种增长,需要大规模地筹集资金,需要借入巨额款项或增发股票。

经济发展的波动,即有时繁荣有时衰退,对企业理财有极大影响。这种波动,最先影响的是企业销售额。销售额下降会阻碍企业现金的流转,例如,产成品积压不能变现,需要筹资以维持运营。销售增加会引起企业经营失调,例如存货枯竭,需筹资以扩大经营规模。财务人员对这种波动要有所准备,筹措并分配

足够的资金,用以调整生产经营。

2. 通货膨胀

通货膨胀不仅对消费者不利,也给企业理财带来很大困难。企业面对通货膨胀,为了实现期望的报酬率,必须加强收入和成本管理。同时,使用套期保值等办法减少损失,如提前购买设备和存货、买进现货卖出期货等。

3. 利息率波动

银行贷款利率的波动,以及与此相关的股票和债券价格的波动,既给企业以机会,也是企业面临的挑战。

在为过剩资金选择投资方案时,利用这种机会可以获得营业以外的额外收益。例如,在购入长期债券后,由于市场利率下降,按固定利率计息的债券价格上涨,企业可以出售债券获得较预期更多的现金流入。当然,如果出现相反的情况,企业会蒙受损失。

在选择筹资来源时,情况与此类似。在预期利率将持续上升时,以当前较低的利率发行长期债券,可以节省资本成本。当然,如果后来事实上利率下降了,企业要承担比市场利率更高的资本成本。

4. 政府的经济政策

我国政府具有较强的调控宏观经济的职能,国民经济的发展规划、国家的产业政策、经济体制改革的措施、政府的行政法规等对企业的财务活动都有重大影响。

国家对某些地区、行业、经济行为的优惠、鼓励和倾斜构成政府政策的主要内容。从反面来看,政府政策也是对另外一些地区、行业和经济行为的限制。企业在财务决策时,要认真研究政府政策,按照政策导向行事,才能扬长避短。

问题的复杂性在于政府政策会因经济状况的变化而调整。企业在财务决策时为这种变化留有余地,甚至预见其变化的趋势,对企业理财大有好处。

5. 竞争

竞争广泛存在于市场经济之中,任何企业都不可回避。企业之间、各产品之间、现有产品和新产品之间的竞争,涉及设备、技术、人才、营销、管理等各个方面。竞争能促使企业用更好的方法来生产更好的产品,对经济发展起推动作用。但对企业来说,竞争既是机会,也是威胁。为了改善竞争地位,企业往往需要大规模投资,成功之后企业盈利增加,但若投资失败则竞争地位更为不利。

竞争是"商业战争",可检验企业的综合实力,经济增长、通货膨胀和利率波动带来的财务问题,以及企业的相应对策都会在竞争中体现出来。

三、财务管理的微观环境

财务管理的微观环境也包括许多内容,如企业类型、市场状况、生产情况、材料采购情况等。下面概括介绍对财务管理有重要影响的几个方面。

(一)企业类型

不同类型的企业组织形式及其对财务管理的影响。通常有三类企业:独资企业、合伙企业和公司企业。

1. 独资企业

独资企业是指由一个人出资,归个人所有和控制的企业。独资企业具有结构简单、容易开办、利润独享等优点。

2. 合伙企业

由两个以上的业主共同出资、共同拥有、共同经营的企业叫合伙企业。合伙企业具有开办容易、信用较佳的优点,但也存在责任无限、权利分散、决策缓慢等缺点。

3. 公司

公司是法人,是有权用自己的名义从事经营、与他人订立合同、向法院起诉或被法院起诉的法律实体。公司的最大优点是公司的所有者——股东只承担有限责任,股东对公司债务的责任以其投资额为限。公司的另一个优点是比较容易筹集资金,可以通过发行股票、债券等形式迅速地筹集到大量资金,这使公司比独资企业和合伙企业有更大发展的可能性。

不同的企业组织形式对企业理财有重要影响。如果是独资企业,理财比较简单,主要利用的是业主自己的资金和供应商提供的商业信用。因为信用有限,其利用借款筹资的能力亦相当有限,银行和其他人都不太愿意借钱给独资企业。独资企业的业主抽回资金,也比较简单,无任何法律限制。合伙企业的资金来源和信用比独资企业要好,但收益分配也更加复杂。因此,合伙企业的财务管理比独资企业复杂得多。公司引起的财务问题最多,企业不仅要争取获得最大利润,而且要争取使企业价值增加;公司的资金来源多种多样,筹资方式也很多,需要进行认真的分析和选择;盈余分配也不像独资企业和合伙企业那样简单,要考虑企业内部和外部的许多因素。

(二)市场环境

在商品经济中,每个企业都面临着不同的市场环境,这都会影响和制约企业的理财行为。构成市场环境的要素主要有两项:一是参加市场交易的生产者及消费者的数量;二是参加市场交易的商品的差异程度。一般而言,参加交易的生产者和消费者的数量越多,竞争越大;反之,竞争越小。而参加交易的商品的差

异程度越小,竞争程度越大;商品的差异程度越大,竞争程度就越小。企业所处的市场环境,通常有下列四种:

1. 完全垄断市场

完全垄断市场又称纯粹垄断市场或独占市场,是指整个行业只有一个销售者或竞争者,它可以决定商品的供应数量和价格。这类市场实际上不存在竞争。

2. 完全竞争市场

完全竞争市场又称纯粹竞争市场,是指竞争不受任何因素的阻碍和干扰,完全由买卖双方自由竞争的市场。在这种市场上,生产者和消费者的数量都很多,但都不能控制市场价格,只能接受现行的市场价格。

3. 不完全竞争市场

不完全竞争市场是指存在一定程度控制力的竞争市场。在这类市场上有许多商品生产者,但不同生产厂家的产品存在一定的差异(如质量、牌号等)。这样,消费者在购买时要有所选择,使得有些厂家(如名牌产品的生产企业)可以在一定程度上控制和影响市场。

4. 寡头垄断市场

寡头垄断市场是指由少数几家生产者控制的市场,这几家企业通常控制该种产品销售量的70%~80%。剩下的较少部分由其他许多企业经营。

企业所处的市场环境,对财务管理有重要影响。处于完全垄断市场上的企业,销售一般都不成问题,价格波动也不会很大,企业的利润稳中有升,不会产生太大的波动,因而风险较小,可利用较多的债务来筹集资金;而处于完全竞争市场上的企业,销售价格完全由市场来决定,被市场所左右,价格容易出现上下波动,企业利润也会出现上下波动,因而不宜过多地采用负债方式去筹集资金;处于不完全竞争市场和寡头垄断市场上的企业,关键是要使自己的产品超越其他企业的产品,突出特色,创出品牌,这就需要在研究与开发上投入大量资金,研制出新的优质产品,并做好广告,搞好售后服务,给予优惠的信用条件等,为此财务人员要筹集足够的资金,用于研究与开发和产品推销。

(三)采购环境

采购环境又称物资来源环境,对企业理财有重要影响。按不同的标准可对采购环境做不同的分类。

1. 采购环境按物资来源是否稳定,可分为稳定的采购环境和波动的采购环境。前者对企业所需资源有比较稳定的来源,后者则不稳定,有时采购不到。企业如果处于稳定的采购环境中,可少储存存货,减少存货占用的资金;反之,则必须增加存货的保险储备,以防存货不足影响生产,这就要求财务人员把较多的资金投资于存货的保险储备。

2. 采购环境按价格变动情况,可分为价格上涨的采购环境和价格下降的采购环境。在物价上涨的情况下,企业应尽量提前进货,以防物价进一步上涨而遭受损失,这就要求在存货上投入较多的资金;反之,在物价下降的情况下,应尽量随使用随采购,以便从价格下降中得到好处,也可在存货上尽量少占用资金。

(四)生产环境

不同的生产企业和服务企业具有不同的生产环境,这些生产环境对财务管理有着重要影响。例如,企业的生产是高技术型的,那就有比较多的固定资产而只有少数的生产工人。这类企业在固定资产上占用的资金比较多,而工薪费用较少,这就要求企业财务人员必须筹集到足够的长期资金以满足固定资产投资。反之,如果企业生产是劳动密集型的,则可较多地利用短期资金。再如,生产轮船、飞机的企业,生产周期较长,企业要比较多地利用长期资金;反之,生产食品的企业,生产周期很短,可以比较多地利用短期资金。

本章思考题

1. 财务管理的主要内容是什么?它们之间有何联系?
2. 什么是财务关系?公司财务活动中存在哪些财务关系?如何协调股东与管理者之间的关系?
3. 宏观和微观环境对公司财务管理有何影响?
4. 利率是什么?它有哪些表现形式?受到哪些方面的影响?

第二章 旅游企业财务管理价值观念

学习目的
- 了解旅游企业财务的基本价值观念
- 掌握货币时间价值的计算方法
- 理解旅游企业财务管理中的风险类型及计算

第一节 货币时间价值

一、货币时间价值概念

所谓货币的时间价值是指货币经历一定时间的投资和再投资所增加的价值。在经济生活中，人们会发现今天的一元钱，在经过一段时间后，数量上并不相同，后者总是大于前者。假设将100元钱存入银行，年利率是2.5%，一年后连本带利为102.5元。其中2.5元是银行使用存入现金（一年）付给投资者的报酬。这种报酬叫做货币时间价值，即货币在周转使用中随着时间的推移而发生的价值增值。这种价值增值量的规定性与时间长短成正比。

货币时间价值有两种表现形式：一是绝对数，即利息额；二是相对数，即利率。上述时间价值可以表示为2.5%。货币时间价值所代表的利率，是在不考虑通货膨胀和风险条件下的社会平均利润率。在日常生活中，由于政府债券的风险很小（接近于零），因此，当通货膨胀率很低时，人们为方便起见，也常常习惯将政府债券利率视同为货币时间价值。

由于市场竞争的结果，市场中各部门的投资利润率趋于平均化。而每个投资者的投资目的都是使自己的投资尽快增值，这就必然要求投资报酬率高于社会平均利润率，否则不如把钱存在银行或购买国债，以取得社会平均利润率。因此，货币时间价值成为评价投资方案的基本标准，只有当投资报酬率高于货币时间价值时，该项目才可能被接受，否则必须放弃此项目。

二、复利终值与现值

(一)复利终值

货币时间价值是按照复利计算的,复利不同于单利,它是指在一定时间(如一年)按一定利率将本金所生的利息加本金再计息,即"利滚利"。

复利终值是指一定量的本金按复利计算若干期后的本利和。其计算公式为:

$$F = P(1+i)^n$$

其中:P 为复利现值;

i 为利息率;

n 为计息期数;

F 为复利终值。

在上述公式中,$(1+i)^n$ 叫复利终值系数,$(1+i)^n$ 可以写成$(F/P,i,n)$,可以直接查阅"1元终值复利表"。复利终值的计算公式也可以写成:

$$F = P(F/P,i,n)$$

【例1】 某旅游企业向银行借款100万元,年利率为5%,期限为5年,问5年后应偿还的本利和是多少?

$$\begin{aligned} F &= P(1+i)^n = P(F/P,i,n) \\ &= 100 \times (1+5\%)^5 = 100 \times 1(F/P,5\%,5) \\ &= 100 \times 1.276 = 127.6(万元) \end{aligned}$$

(二)复利现值

复利现值是复利终值的逆运算,它是指今后某一规定时间收到或付出一笔款项,按折现率(i)所计算的货币的现在价值。其计算公式为:

$$P = F(1+i)^{-n}$$

在上述公式中,$(1+i)^{-n}$ 叫复利终值系数,$(1+i)^{-n}$ 可以写成$(P/F,i,n)$,可以直接查阅"1元现值复利表"。复利现值的计算公式也可以写成:

$$P = F(P/F,i,n)$$

【例2】 某旅游企业做一投资项目,该投资项目预计6年后可获得收益1 000万元,按年利率(折现率)10%计算,问这笔收益的现值是多少?

$$\begin{aligned} P &= F(1+i)^{-n} = F(P/F,i,n) \\ &= 1000 \times (1+10\%)^{-6} = 1000 \times 1(P/F,10\%,6) \\ &= 1000 \times 0.564 = 564(万元) \end{aligned}$$

三、年金终值与现值

年金是指等额、定期的系列收支。如分期付款赊销、发放养老金、分期支付工程款、每年相同的销售收入等。

按收付的次数和支付的时间划分,年金有以下几类:普通年金、先付年金、递延年金、永续年金。

(一)普通年金终值和现值

普通年金又称后付年金,是指各期期末收付的年金。

普通年金终值是指一定时期内每期期末等额收付款项的复利终值之和。普通年金的终值的计算可用图 2-1 加以说明。

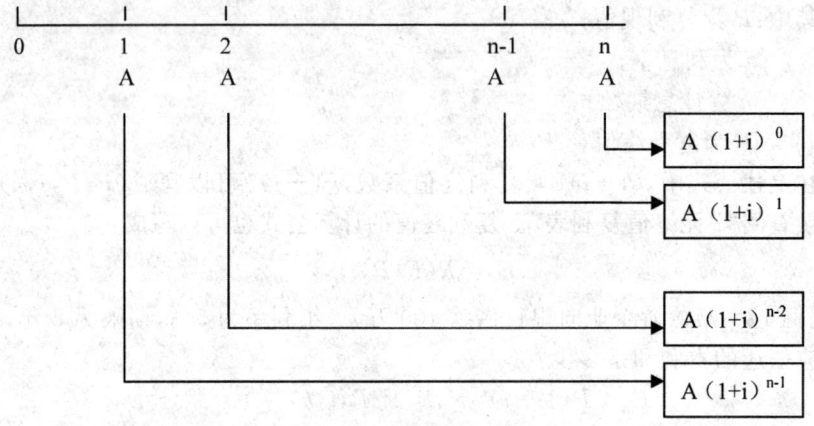

图 2-1 普通年金终值的计算

设:A 为年金数额;

i 为利息率;

n 为计息期数;

F 为年金终值。

由上图可知,普通年金终值的计算公式为:

$$F = A + A(1+i) + \cdots + A(1+i)^{n-1}$$

式中的 $\dfrac{(1+i)^n - 1}{i}$ 叫做普通年金终值系数,可直接查阅"1元普通年金终值系数表",也可以写成 $(F/A, i, n)$。

【例3】 某旅游公司拟在 5 年后还清 10 000 元债务,从现在起每年等额存入银行一笔款项。假设银行存款利率10%,每年需要存入多少元?(偿债基金)

$$A = F \cdot (A/F, i, n) = 10\,000 \times \frac{1}{(F/A, 10\%, 5)} = 10\,000 \times \frac{1}{6.105} = 1\,638(元)$$

普通年金现值是指一定时期内每期期末等额收付款项的现值之和,又叫后付年金现值。普通年金现值的计算公式可用图 2-2 加以说明。

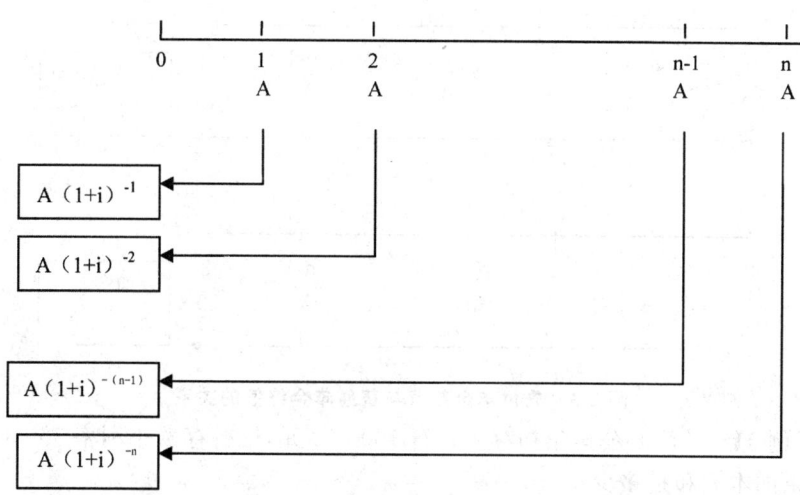

图 2-2 普通年金现值的计算

式中的 $\dfrac{1-(1+i)^{-n}}{i}$ 叫做复利年金终值系数,可直接查阅"1 元年金终值系数表",也可以写成 $(P/A,i,n)$。

【例 4】 假设某旅游公司以 10% 的利率借款 20 000 元,投资于某个寿命为 10 年的项目,每年至少要收回多少现金才是有利的?(投资回收)

$$A = P(A/P,i,n) = 20\,000 \times \dfrac{1}{(P/A,10\%,10)} = 20\,000 \times \dfrac{1}{6.1446} = 3\,254(元)$$

(二)先付年金终值和现值

先付年金是指在每期期初支付的年金。先付年金与普通年金的区别仅在于付款时间的不同。由于普通年金是最常用的,所以,先付现金终值和现值的计算公式是在按照普通年金的终值和现值的计算公式的基础上进行调整。

n 期先付年金终值和 n 期普通年金的关系可用图 2-3 加以说明。

由图 2-3 可以看出,n 期先付年金与 n 期普通年金的付款次数相同,但是由于付款时间不同,n 期先付年金终值系数与普通年金终值系数相比,期数加 1,而系数减 1。先付年金终值的计算公式为:

$$F = A(1+i) + (1+i)^2 + \cdots + A(1+i)^n$$
$$= A\dfrac{(1+i)^{n+1}-1}{i} - 1 = A[(F/A,i,n+1)-1]$$

式中的 $\dfrac{(1+i)^{n+1}-1}{i} - 1$ 叫做先付年金终值系数,可直接查阅"1 元年金终值系数表",也可以写成 $[(F/A,i,n+1)-1]$。

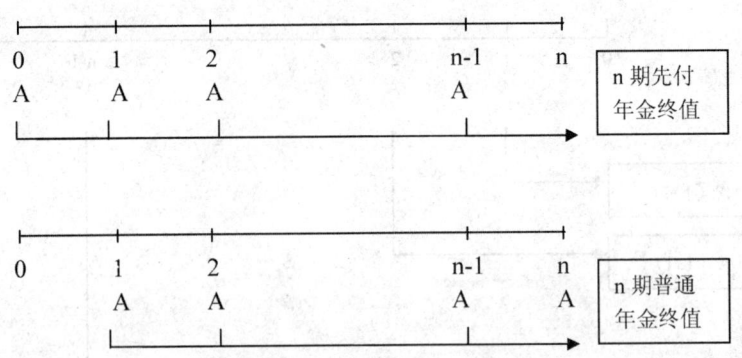

图 2-3 先付年金终值与普通年金终值的关系

【例 5】 某旅游公司年初存入银行 100 000 元,银行存款年利率 3%,问第 5 年年末的本利和是多少?

$$F = 100\ 000[(F/A, 3\%, 5)(1+3\%)]$$
$$= 100\ 000 \times 5.309 \times 1.03 = 546\ 800(元)$$
$$F = A[(F/A, 3\%, 5+1) - 1]$$
$$= 100\ 000 \times (6.468 - 1) = 546\ 800(元)$$

n 期先付年金现值和 n 期普通年金现值的关系可用图 2-4 加以说明。

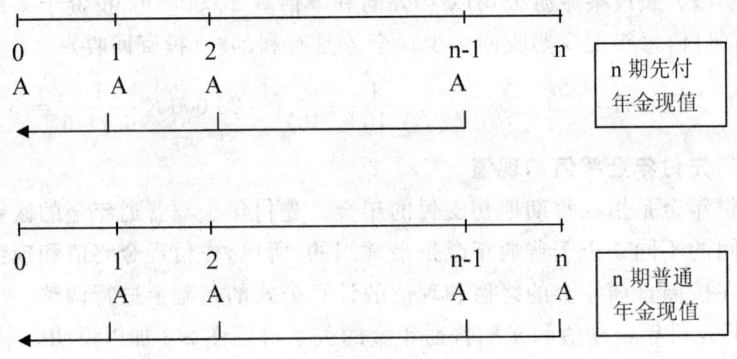

图 2-4 先付年金现值与普通年金现值的关系

由图 2-4 可以看出,n 期先付年金现值与 n 期普通年金现值的付款次数相同,但是由于付款时间不同,先付年金现值系数与普通年金现值系数相比,期数减 1,而系数加 1,先付年金现值的计算公式为:

$$P = A + A(1+i)^{-1} + \cdots + A(1+i)^{-(n-1)}$$
$$= A\frac{1-(1+i)^{-(n-1)}}{i} + 1 = A[(P/A, i, n-1) + 1]$$

式中的 $\frac{1-(1+i)^{-(n-1)}}{i}+1$ 叫做先付年金终值系数,可直接查阅"1元年金现值系数表",也可以写成 $[(P/A,i,n-1)+1]$。

【例6】 某旅游企业6年分期付款购物,每年年初付200元,设银行利率为10%,该项分期付款相当于一次性付款多少?

$$P = A \times [(P/A,i,n-1)+1]$$
$$= 200 \times [(P/A,10\%,5)+1]$$
$$= 200 \times (3.791+1) = 958.2(元)$$

(三)递延年金现值

递延年金是指第一次支付发生在第二期或第二期以后的年金,一般用 m 表示递延期数,表示 m 期没有发生过,第一次支付在 $m+1$ 期期末。如图2-5说明。

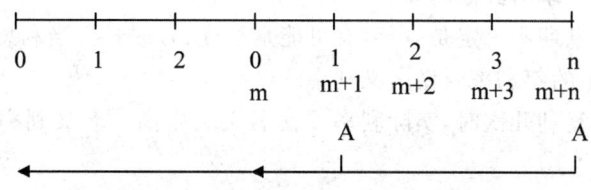

图2-5 递延年金现值的计算

如图2-5所示,递延年金的终值大小,与递延期无关,故其计算方法与普通年金终值的计算方法相同。

递延年金的现值计算方法有两种:

方法一,把递延年金视为 n 期普通年金,求出递延期末的现值,然后再将此现值调整到第一期期初。

方法二,假设递延期中也进行支付,先求出 $(m+n)$ 期的年金现值,然后,扣除实际并未支付的递延期 (m) 的年金现值,即可得出结果。

【例7】 某旅游企业向银行借入一笔款项1 000万元,银行贷款的年利息率为8%,银行规定前3年不用还本付息,但从第4年起每年年末偿还本息。

第一种方法,两个年金相减:

$$P = 1\,000(P/A,i,7) - 1\,000(P/A,i,3)$$
$$= 1\,000 \times (5.206 - 2.577) = 1\,000 \times 2.629 = 2\,629(万元)$$

第二种方法,先年金后复利:

$$P = P_3(P/F,i,3) = 1\,000(P/A,i,4)(P/F,i,3)$$
$$= 1\,000 \times 3.312 \times 0.794 = 2\,629(万元)$$

(四)永续年金现值

永续年金是指无限期支付的年金,现实中的存本取息,即为这种情况。永续年金没有终止的时间,也就没有终值。

永续年金的现值的计算公式为:

$$P = \frac{A}{i}$$

【例8】 拟建立一项永久性的奖学金,每年计划颁发 10 000 元奖学金。若利率为 10%,现在应存入多少钱?

$$P = \frac{10\ 000}{10\%} = 100\ 000(元)$$

四、时间价值计算中的特殊问题

(一)名义利率与实际利率

复利的计息期不一定是一年,有可能是季度、月或日。当利息在一年内要复利几次时,给出的年利率叫做名义利率。

当一年内复利几次时,实际利率要比名义利率高。名义利率与实际利率的关系是:

$$K = \left(1 + \frac{i}{m}\right)^m - 1$$

式中:K 为期利率;

i 为年利率;

m 为每年的计息次数。

【例9】 设利率为 18%,比较下列情况下的实际利率。

每年计息 1 次:$K = (1 + 18\%)^1 - 1 = 18\%$

每年计息 2 次:$K = \left(1 + \frac{18\%}{2}\right)^2 - 1 = 18.81\%$

(二)贴现率的计算

【例10】 某旅游公司于第一年年初借款 20 000 元,每年年末还本付息 4 000元,连续 9 年还清。问借款利率为多少?

$$P = 20\ 000 = 4\ 000(P/A, i, 9)$$

$$(P/A, i, 9) = 5$$

此时,采用内插法求值,如下:

查 $n=9$ 的普通年金系数表,在 $n=9$ 这行上无法找到,于是找大于和小 5 的临界系数值,即 5.3282 和 4.9164,相应临界利率分别为 12% 和 14%。

$$\frac{i - 12\%}{14\% - 12\%} = \frac{5 - 5.3284}{4.9164 - 5.3282} \quad i = 13.59\%$$

第二节 风险与报酬

一、风险概念

风险是指在一定条件下和一定时期内可能发生的各种结果的变动程度。

1. 风险是事件本身的不确定性,具有客观性

在现代财务管理活动中,风险几乎无处不在,无时不有。离开了风险因素就无法正确评价企业收益的高低。从财务管理角度看,风险是对特定主体的收益产生多种结果的可能性,即对"预期"收益率的不确定性。例如,无论企业还是个人投资于国库券,其收益的不确定性较小;如果是投资于股票,则收益的不确定性大得多。

2. 这种风险是"一定条件下的"风险

对于特定的投资主体,在什么时间、买哪一种或哪几种股票,各买多少,风险是不一样的。这些问题一旦定下来,风险大小你就无法改变了。这就是说,特定投资的风险大小是客观的,你是否去冒风险以及冒多大风险,是可以选择的,是主观决定的。

3. 风险的大小随时间延续而变化,是"一定时期内"的风险

例如,对一个项目的投资成本,我们事先预计可能不很准确,越接近完成则预计越准确。随着时间的延续,时间的不确定性在缩小,事件完成时,其结果也就完全肯定了。因此,"风险"总是"一定时期内"的风险。

4. 在实务领域对风险和不确定性不作区分,都视为"风险"

严格来说,风险和不确定性有区别。风险是指事前可以知道所有可能的结果,以及每种后果的概率。不确定性是指事前不知道所有可能结果,或虽然知道可能结果,但是不知道它们出现的概率。例如,在一个新区找矿,事先知道只有找到和找不到两种后果,但不知道两种后果的可能性各占多少,属于"不确定性"问题,而非风险问题。但是,在面临实际问题时,两者很难区分,风险问题的概率往往很难准确知道,对于确定性问题也可以估计一个概率,因此在实务领域对风险和不确定性不做区分,都视为"风险"问题对待,把风险理解为可测定概率的不确定性。

5. 风险可能给投资人带来超出预期的收益,也可能带来超出预期的损失

一般来说,投资人对意外损失的关切,比意外收益要强烈得多。因此人们研

究风险时侧重减少损失,主要从不利的方面考察风险,经常把风险看成不利事件发生的可能性。从财务管理的角度来说,风险主要是指无法达到预期报酬的可能性。

二、风险分类

项目的风险表现为该项目现金流动的不确定性;项目的特有风险可以通过投资分散化来降低;项目的系统风险不能通过多种经营分散,是企业必须承担的风险。

1.可分散风险

可分散风险又称为非系统风险、公司特有风险,是指某些因素对个别公司造成经济损失的可能性。例如,一些个别公司的管理能力、劳资纠纷、新产品试制失败、高层领导离职等因素引起的特殊事件造成的经济损失。由于这些事件是随机发生的,它们可以通过投资多样化而消除。又如,可以做某一投资组合,其中包含多家公司,则发生在一家公司的不利事件可以被另一家公司的有利事件所抵消。公司特有风险包括经营风险和财务风险。

(1)经营风险:是指企业因经营上的不确定性带来的风险。企业的经营风险表现为两个方面:第一个方面是由于市场变动(数量和价格)引起,从而导致资产收益率的不确定。例如,产品需求,市场对企业产品的需求越稳定,经营风险就越小,反之经营风险就越大;产品售价,产品售价变动不大,则经营风险就越小,否则经营风险就变大;产品成本,产品成本变动大的,经营风险就大,反之经营风险就小;调整价格的能力,当产品成本变动时,如果企业调整价格能力较强,经营风险就小,反之经营风险就大。第二个方面是由于固定成本的杠杆作用,使资产收益率变化较大。在企业全部成本中,固定成本所占比重较大时,单位产品分摊的固定成本就多,若产品量发生变动,单位产品分摊的固定成本会随之变动,最后导致利润更大幅度的变动,经营风险就越大;反之,经营风险就小。

(2)财务风险:是指因借款而增加的风险,借款利息率固定有杠杆作用,使权益净利率变动比资产收益率变动更大。企业举债经营,全部资金中除权益资金外还有一部分借入资金,这就对企业权益资金的盈利能力造成影响;同时,借入资金需要还本付息,一旦无力偿还到期债务,企业便会陷入财务困境甚至破产。当企业息税前资金利润率高于借入资金利息率时,使用借入资金获得的利润除了补偿利息外还有剩余,因而使权益资金净利率提高;反之,当企业息税前资金利润率低于借入资金利息率时,使用借入资金获得的利润还不够支付利息,需要动用权益资金的一部分利润来支付利息,因而使权益资金净利率下降。如果企业发生严重亏损,财务状况恶化,丧失支付能力,就会出现无法还本付息甚至导致破产的危险。

2. 不可分散风险

不可分散风险又称为系统风险、市场风险,是指影响所有公司的因素引起的风险,如战争、通货膨胀、经济衰退、高利率等。这类风险涉及所有的投资对象,是所有公司所面临的风险,不能通过多元化投资来分散,对于投资者来说,这才是真正的风险。例如,一个投资人投资股票,无论买哪一种股票,他都要承担市场风险,经济衰退时各种股票的价格都要不同程度地下跌。

三、风险衡量

风险的衡量需要使用概率和统计的方法。在经济活动中,某一事件在相同的条件下可能发生也可能不发生,这类事件称为随机事件。概率就是用来表示随机事件发生可能性大小的数值。

1. 概率

用来表示随机事件发生可能性大小的数值。假设有 n 种不同结果,每种结果发生的概率为 $P_i(0 \leqslant P_i \leqslant 1)$,所有结果的概率之和应等于1,则有:

$$0 \leqslant P_i \leqslant 1 \qquad \sum P_i = 1$$

概率分布有两种类型:一种是离散型分布,另一种是连续型分布。如果随机变量只取有限个值,并且对应于这些值有确定的概率,则称随机变量是离散型分布。实际上,经济情况远不止几种,有无数的可能情况会出现,如果对每种情况都赋予一个概率,并测定其报酬率,则可用连续型分布描述。

2. 风险集中程度:期望值

随机变量的各个取值,以相应的概率为权数的加权平均数,称为随机变量的预期值(数学期望或均值),它反映随机变量取值的平均化。

$$期望值(\overline{K}) = \sum_{i=1}^{n}(P_i \cdot K_i)$$

式中:$\overline{K}$ 为期望报酬率;

K_i 为第 i 种可能结果的报酬率;

P_i 为第 i 种可能结果的概率;

n 为可能结果的个数。

【例11】 某旅游公司打算进行 A、B 两个旅游景点的开发项目,开发后两个景点的预期收益率及可能的概率分布情况如下表,试计算两个项目的期望收益率。

经济情况	该种经济情况发生的概率(P_i)	报酬率(K_i)	
		项目 A	项目 B
繁荣	0.20	50%	35%
一般	0.60	20%	15%
衰退	0.20	−30%	0%

根据公式计算项目 A 和项目 B 的期望报酬率分别为：

项目 A 的期望报酬率 = 50%×0.20+20%×0.60+(−30%)×0.20=16%

项目 B 的期望报酬率 = 35%×0.20+15%×0.60+0%×0.20=16%

从计算结果看出，两家公司的期望报酬率都是 16%，但风险并不一定相同。为了定量地衡量风险大小，还要使用统计学中衡量概率分布离散程度的指标。

3. 风险分散程度：标准离差

标准离差是各种报酬率偏离期望报酬率的综合差异，是反映风险离散程度的一种量度。标准离差也叫均方差，是方差的平方根，其计算公式为：

$$标准离差\ \delta = \sqrt{\sum_{i=1}^{n}(K_i - \overline{K})^2 \cdot P_i}$$

式中：$\overline{K}$ 为期望报酬率；

K_i 为第 i 种可能结果的报酬率；

P_i 为第 i 种可能结果的概率；

n 为可能结果的个数。

标准离差是以绝对数衡量决策方案的风险，在期望值相同的情况下，标准离差越大，风险越大；反之，标准离差越小，风险越小。

【例 12】 以上例数据为例，分别计算项目 A 和 B 的方差和标准离差为：

项目 A 的方差为：

$$\delta^2 = 0.2 \times (50\% - 16\%)^2 + 0.6 \times (20\% - 16\%)^2$$
$$+ 0.2 \times (-30\% - 16\%)^2 = 6.64\%$$

项目 A 的标准离差为：

$$\delta = \sqrt{6.64\%} = 2.58\%$$

项目 B 的方差为：

$$\delta^2 = 0.2 \times (35\% - 16\%)^2 + 0.6 \times (15\% - 16\%)^2$$
$$+ 0.2 \times (0\% - 16\%)^2 = 1.24\%$$

项目 B 的标准离差为：

$$\delta = \sqrt{1.24\%} = 1.11\%$$

以上计算结果表明,项目 A 的风险要高于项目 B。

4. 标准离差率

标准离差率,又称为变化系数,是期望值与标准离差的比率。其计算公式为:

$$标准离差率 \; q = \frac{标准离差(\delta)}{期望值(\overline{K})} \times 100\%$$

标准离差率是一个相对指标,它以相对数反映决策方案的风险程度。方差和标准差作为绝对数,只适用于期望值相同的决策方案风险程度的比较;对于期望值不同的决策方案,用标准离差率来评价比较风险程度,标准离差率越大,风险越大;反之,标准离差率越小,风险越小。

【例 13】 在上例中,项目 A 的标准离差率为:

$$q = \frac{2.58\%}{16\%} \times 100\% = 16.13\%$$

项目 B 的标准离差率为:

$$q = \frac{1.11\%}{16\%} \times 100\% = 6.94\%$$

在本例中,两家公司的期望报酬率相等,可直接根据标准离差来比较风险,但是如果期望报酬率不相等,则必须用标准离差率才能比较风险程度的大小。

【例 14】 以上例数据为例,假定项目 A 的期望报酬率为 40%,而项目 B 的期望报酬率仍是 16%,哪个项目的风险大?

项目 A 的标准离差率为:

$$q = \frac{2.58\%}{40\%} \times 100\% = 6.45\%$$

项目 B 的标准离差率为:

$$q = \frac{1.11\%}{16\%} \times 100\% = 6.94\%$$

以上计算结果表明,在上述假定条件下,项目 B 的风险要大于项目 A。

5. 风险收益率

风险收益率是指投资者由于冒着风险进行投资而获得的超过无风险收益率的额外收益率。与无风险收益率相比,风险收益率具有两个基本特征:一是收益的不确定性;二是风险收益只与风险相关。一般而言,投资者所冒的风险越大,所要求的风险收益也越大,即风险收益的大小与所冒风险的大小成正比。风险收益率与风险之间的函数关系如下:

风险收益率 = f(风险程度)

从上面分析可以看出,标准离差率可以正确评价投资的风险程度,但是无法将风险与收益结合起来进行分析。因此,我们需要一个指标将风险的程度转化为收益率指标,这就是风险价值系数。

风险价值系数是将标准离差率转化为风险收益的一种系数,它们之间的关系可以用公式表示:

$$R_r = b \cdot q$$

式中:R_r 为风险收益率;
　　　b 为风险价值系数;
　　　q 为标准离差率。

至于风险价值系数的确定,在实际工作中有几种方法,如:可根据相关项目的投资收益率和标准离差率,以及同期的无风险收益率的历史数据进行分析,也可由企业主管投资人员聘请有关专家评定。另外,还可以由专业的咨询公司按不同行业定期发布,供投资者参考使用。

考虑了风险收益率以后,某项风险投资的必要收益率可以用以下公式确定:

$$R = R_f + R_r = R_f + b \cdot q$$

式中:R_f 为无风险收益率;
　　　R 为必要投资收益率。

【例15】 以上例数据为例,假定根据专家评定,旅游行业同类项目的风险价值系数是10%,同期无风险收益率为3%,计算两个项目必要风险收益率和必要投资收益率。

项目 A 必要风险收益率 $R_r = b \cdot q = 10\% \times 16.13\% = 1.61\%$

项目 A 必要投资收益率 $R = R_f + b \cdot q = 3\% + 1.61\% = 4.61\%$

项目 B 必要风险收益率 $= R_r = b \cdot q = 10\% \times 6.94\% = 0.69\%$

项目 B 必要投资收益率 $= R = R_f + b \cdot q = 3\% + 0.69\% = 3.69\%$

从以上结果可以看出,考虑风险因素后,项目 A 的风险要高于项目 B 的风险,因此项目 A 的必要投资收益率要高于项目 B 的必要投资收益率。

四、风险与收益的关系

1. 个别项目的风险和收益可以转换,可以选择高风险、高报酬的方案,也可以选择低风险、低报酬的方案。

2. 市场的力量使收益率趋于平均化,没有实际利润特别高的项目。利润高,则竞争激烈,使利润下降,因此高报酬的项目必然风险大。

3. 额外的风险需要额外的报酬来补偿。

$$期望报酬率 = 无风险报酬率 + 风险报酬率$$

小组讨论案例

一、案例资料

长城酒店有限公司是一家经营连锁快捷酒店的集团公司,公司目前在全国范围内的10个大中城市建立了25家连锁快捷酒店,今年,长城公司准备在青岛建立第26家品牌的样板店。设想中的长城第26家酒店将选择在原有五户居民房的基础上改造成一座七层的集客房、餐饮、娱乐、会议于一体的综合性三星档次的快捷酒店,改造后的酒店将拥有90余间套的各类客房、280余个餐位的中式餐厅和西式酒廊;拥有10余个风格各异的棋牌包厢,一个可容纳50~80人的多功能厅,一间较大型会议室,两间小型会议室。酒店主楼高七层,其中,一层为酒店大堂和宴会大厅;二层为棋牌室、包厢及多功能厅;三至七层为各类客房及会议室,其中,设计单人房16间,标双房67间,特色套房7间。酒店经由专业的酒店设计专家设计、指导,将力求突出体现建筑装修风格独特,追求古典与现代完美统一和中西方文化的交错融合,努力将其打造成别具一格的温情休闲酒店。

长城酒店有限公司为兴建此项目作了大量的市场调查和投资规划。长城酒店有限公司选择在东部沿海城市青岛投资旅游业,因为这里是春夏两季的"旅游热线"。早在2005年长城公司在此创立了神龙度假村有限公司,建立了一座现代化的酒店,可以提供完备的住宿及娱乐服务,投资非常成功。随后几年,由于便利的地铁交通以及巨大的市场潜力,本地区很快便成为"黄金地段",吸引了许多商务人员。今年夏季,长城公司提出了再建一座现代化高级宾馆的设想。

接下来,长城公司估算了完成这样一项工程的成本。根据分析,酒店的运营期预计为10年,建造酒店估算成本为39 000万元,装修酒店的成本估为21 600万元。另外,公司估计新酒店盈利的潜能会吸引投资进入这个不断发展的行业,因此,该项目最低资本投资额度可能会提高。

长城公司预测了这一工程的利润。根据公司以往的经验,在入住率为100%的情况下,估计酒店每月的营业收入可达3 840万元,年度运营成本为20 790万元(其中固定成本为12 180万元,变动成本为8 610万元)。

长城公司认为在估算利润时,年均75%的入住率是现实可行的,而50%的入住率是最坏的可能。所得税率估计为25%。若该项目运营后有偿还能力,则银行可以贷款,长城公司同银行商讨了筹借利率暂定为10%。

二、思考与讨论的问题

1. 如果长城公司该项目投资完成后,酒店的实际运营收入及成本与在入住率为 100% 的情况下预测值相同,考虑时间价值因素后,该项目的投资是否可行?

2. 如果长城公司该项目投资完成后,酒店的实际入住率只达到 75% 或 50% 时,考虑时间价值因素和投资的风险因素后,该项目的投资是否会盈利?

3. 当市场情况发生变化,运营期将缩短为 5 年,其他量值不变时,考虑时间价值及风险因素后,预测投资之后的盈利将为多少?

4. 如果该项目估算的投资总成本提高了 5%,在这种情况下,其他量值不变时,考虑时间价值及风险因素后,该投资能否盈利?

本章思考题

1. 如何理解时间价值的概念?
2. 什么是复利?与单利的区别是什么?
3. 什么是普通年金?普通年金与先付年金的区别是什么?
4. 什么是递延年金?
5. 什么是永续年金?
6. 如何理解风险的概念?
7. 何谓风险报酬?如何理解风险与报酬的关系?
8. 什么是可分散风险?与不可分散风险的区别是什么?
9. 什么是标准离差?与标准离差率的区别是什么?
10. 什么是风险收益率?与必要投资报酬率的区别是什么?

第三章 旅游企业筹资管理

学习目的
- ●了解旅游企业筹资的概念、目的、原则、渠道以及筹资的方式
- ●理解资本成本的概念和作用,资本结构的概念和种类
- ●掌握资本成本的计算以及最优资本决策的运用
- ●掌握筹资风险的分析方法和规避途径

第一节 旅游企业筹资概论

一、旅游企业筹资的概念

旅游企业通过发行有价证券、借款、租赁、赊购等方式而使资金得以融通的活动即筹资。资金筹集是旅游企业生存与发展的前提条件,筹资决策是旅游企业财务管理的重要内容之一,主要解决的问题是如何融通到旅游企业所需要的资金,包括为什么、向谁、什么时候、筹集多少、如何筹集等。筹资活动影响着旅游企业设立、生存、发展和财务管理目标的实现,是旅游企业一切活动的起点。

二、旅游企业筹资的目的

资金是旅游企业进行生产经营活动必需的资源要素,无论处在哪个生命周期阶段的旅游企业都存在不同强度、不同数量、不同时间的资金需求。旅游企业筹资需求的具体情况不同,其目的也有差异。概括起来,旅游企业筹资的目的主要有以下几个方面。

(一)筹集资本金

资本金是旅游企业在公司登记机关依法登记的全体股东或者发起人实缴或

者认缴的出资额,即注册资本,它是所有者权益最基本的组成部分。按照我国《企业财务通则》的规定,企业设立时必须有法定资本金。法定资本金是指国家规定的设立企业必须筹集的最低资本金限额。我国《公司法》规定:股份有限公司注册资本的最低限额为人民币500万元,普通有限责任公司注册资本的最低限额为人民币3万元,一人有限责任公司注册资本的最低限额为人民币10万元。

依据国务院颁布的《旅行社管理条例》第七条,旅行社的注册资本应当符合下列要求:国际旅行社,注册资本不得少于150万元人民币;国内旅行社,注册资本不得少于30万元人民币。

第八条,申请设立旅行社,应当按照下列标准向旅游行政管理部门交纳质量保证金:国际旅行社经营入境旅游业务的,交纳60万元人民币;经营出境旅游业务的,交纳100万元人民币。国内旅行社,交纳10万元人民币。

对于资本金的确认,目前国际上主要有三种方式:一是法定资本金制(实收资本金制),即企业设立时必须确定资本金总额并一次性缴足;二是授权资本金制度,即允许实收资本与注册资本不相等,资本金可以分批缴纳;三是折中资本金制度,即确定资本金总额和第一期缴资的数额。我国股份有限公司和普通有限责任公司采用折中资本金制,即首次出资额不得低于注册资本的20%,也不得低于法定资本金限额,其余部分由股东自公司成立之日起两年内缴足,其中投资公司可以在五年内缴足。一人有限责任公司采用法定资本金制,即股东一次足额缴纳公司章程规定的出资额。

(二)扩大企业规模

旅游企业成立后,在其持续的生产经营过程中,除了维持简单再生产外,还需要进行扩大再生产,以促进旅游企业发展。例如,开发新旅游产品、构建网上客房预订系统、对外投资开设新企业、员工培训等,往往都需要筹集一定数量的资金。为此,筹资就成为旅游企业扩大再生产和不断发展的重要条件。

(三)优化资本结构

即使资金充足,为了优化资本结构,旅游企业也可能进行筹资。资本结构是旅游企业各种资金的构成及比例关系,主要是指债务资金与权益资金的比例构成,其合理性直接关系到经营者、所有者、债权人等各相关利益者的利益。一般而言,债务资金比权益资金的成本要低,选择负债筹资可以降低资本成本,获取财务杠杆利益,增加所有者收益;但如果负债比例过高,会增加财务风险。因此,旅游企业应根据具体情况,通过适度地调节债务资金的比例,以实现资本结构优化。

(四)偿还债务

负债经营可以降低资本成本,获取财务杠杆利益,但需要按期偿付本息。当旅游企业没有足够的现金支付债务本息时,可以举借新债或筹集权益资金偿债,以维护企业的信用。但权益资金成本相对较高,用权益资金偿债会减少所有者的收益;为偿债而引起的被动负债被频繁使用,可能使企业的财务状况陷入恶化,尤其是在旅游企业没有明显的盈利前景时,债权人因为要承担更大的风险,会要求更高的收益,甚至拒绝借款,因此要合理使用负债筹资。

(五)其他目的

旅游企业可能还会因为提高企业知名度、调整控制权的集中程度等目的而进行筹资。发行股票,尤其是公开上市交易的股票,必须经过严格审查,企业的资产、负债、业务经营范围、经营成果等都必须公开。这实际上是给公司做免费广告,有助于提高公司的知名度。但发行股票会稀释公司的控制权,旅游企业可以用留存收益来回购公司股票,进而使控制权相对集中。

三、旅游企业筹资原则

旅游企业要根据组织内外部环境状况和战略目标,制定筹资方案,做出筹资决策,在满足组织对资金需求的情况下,提高筹资的效益和质量,以实现企业价值最大化目标。因此,旅游企业的筹资活动应该遵循以下基本原则。

(一)把满足旅游企业的经营与投资的最低需要作为筹集资金的依据,控制资金投放时间

旅游企业的资金筹集,绝不是多多益善、盲目的筹集。资金筹集的过多往往会影响资金的利用效果,甚至会造成积压、闲置、浪费和加大成本费用。资金筹集过少,又会影响饭店、旅行社等旅游企业的经营服务活动和投资项目的正常进行。因此,筹集资金应以满足经营与投资的最低需要作为筹集资金的依据。这个需要,一方面是指建立在经济效益高,而且是投资项目十分必要的基础上所需要的资金;另一方面是指建立在充分利用现有资金基础上所需要的资金,否则,必然会造成新的更大的浪费。

在选择投资方案之后,旅游企业要根据一定的科学方法确定资金的需求量。所筹集资金的数额,应当是既能满足投资方案的需求,又不能产生闲置。另外,要根据投资方案的进度要求合理安排资金的投放时机,尤其是投资期较长的项目,分时段投放资金,可以更方便监控资金的使用效率。

(二)做好投资方向和项目的可行性研究,并做出科学决策

旅游企业筹资往往是为了满足投资的资金需要,投资方向的选择和项目的经济、社会、技术等的可行性研究决定了筹资的数量、时间和方式的选择。所以

在筹资活动开始前,必须先论证投资方向的合理性和项目的可行性,提供投资方案并做出科学决策。

(三)选择综合效益高的筹资方式

在确定了资金的需求量后,旅游企业要安排合适的筹资方式,以实现筹资活动的目的。不同筹资方式在性质、成本、风险、获取的便利程度、筹资规模等方面表现不同。为实现资金筹集的经济性,旅游企业要对各种资金来源和筹资方式的资本成本和风险进行比较,选择成本相对低而风险相对小的筹资方式或筹资组合。此外,还需要考虑到具体的投资项目对资金需要的时间紧迫性要求。所以,旅游企业在选择筹资方式时,成本和风险不是用来考察筹资方式的唯一要素,出现急需资金的情况时,应该优先考虑投资对资金需要的时间要求。如果因资金不到位,而拖延了工程周期,最终会影响项目的未来收益。

(四)合理安排资本结构,适度控制负债资金比例,努力减少筹资风险

资本结构是旅游企业各种资金的比例构成,主要是指债务资金与权益资金的比例构成。其合理性直接关系到投资者、债权人、公司管理者和员工等各方相关利益者的利益。而筹资风险主要是由于使用负债资金而有可能出现不能偿还债务的风险。一般而言,债务资金比权益资金的成本要低,选择负债筹资可以降低资本成本,获取财务杠杆利益,增加所有者收益;但如果负债比例过高,会增加财务风险。因此,旅游企业应根据具体情况,通过适度地调节债务资金的比例,以实现资本结构优化。

(五)依法筹资,兼顾各方相关利益者的合法权益

旅游企业的筹资活动要遵守国家法律法规的相关规定,比如《公司法》、《证券法》、《合同法》、《股票发行和交易管理暂行条例》、《企业债券管理条例》、《上市公司收购管理办法》、《上市公司股东持股变动信息披露管理办法》、《企业财务通则》等一系列法律法规制度,以保障各方利益相关者的权益。

四、旅游企业筹资渠道

筹资渠道是指旅游企业取得资金的来源或途径。通常分为内部筹资渠道和外部筹资渠道两部分。

(一)内部筹资渠道

旅游企业内部的资金来源主要包括留存收益、计提折旧等形成的自有资金,是旅游企业的"自动化"筹资渠道。

(二)外部筹资渠道

1.政府财政资金

政府财政资金是国有旅游企业的重要资金来源之一。财政资金的供应有财

政直接投资拨款、税前还贷、税收减免和有偿贷款等形式。其中有偿贷款是政府把财政资金直接贷放或通过银行贷放给有关旅游企业使用,并收取一定的利息或资金占用费。财政性贷款利息较低,可以长期使用,但政策性很强,通常只投放给符合国家产业政策和能源、交通、通信等基础产业。旅游业是我国调整产业结构的重点对象之一,2000~2004年期间,国家累计投入67.2亿元国债资金支持各地的旅游基础设施建设,受惠项目达600多个,涉及全国31个省、市、自治区的250多个重点旅游景区。

2. 银行信贷资金

银行信贷资金是指商业或政策性银行金融机构向旅游企业提供的借贷资金。银行信贷资金有稳定、充沛的资金保障,贷款方式灵活,是目前我国旅游企业重要的资金来源之一。

3. 非银行金融机构资金

非银行金融机构资金是指保险公司、信托投资公司、租赁公司和企业集团财务公司等非银行金融机构向旅游企业提供的各种金融服务,包括信贷资金投放、企业证券承销和物质融通。此外依法设立的民间金融组织,比如典当组织也可向旅游企业提供贷款。这种筹资渠道的财力比银行信贷资金要小,但它的资金供应方式更灵活,并可提供其他方面的服务,因此具有十分广阔的发展前景。

4. 其他法人资金

其他法人资金是指其他企业法人或具有法人资格的事业组织向旅游企业提供的借贷资金或权益资金。在市场经济条件下,由于法人间的互相投资和商业信用的存在,使其他法人资金成为旅游企业资金的重要来源。近年来,我国旅游业发展迅速,民营企业以其灵活的经营机制和雄厚的资金实力等优势,成为旅游企业资金筹集的重要对象。比如浙江千岛湖向拥有50亿元资产的万向集团筹集5亿元资金进行旅游业的开发;桐庐县旅游总公司向浙江金都实业有限责任公司整体转让持有的浙江富春江旅游股份有限公司49.6%的国有股权,筹集到9 000万元资金。

5. 民间资金

民间资金一般是个人资金。居民和职工个人的节余资金作为"游离"于银行和非银行机构之外的社会资金,也可以被旅游企业利用,成为旅游企业资金的补充渠道。旅游企业可以通过直接筹资方式取得,比如发行股票、债券等。

6. 境外资金

在我国实践中,对境外资金的判断一直混合采用"设立地标准"和"资本来源地标准"。所谓"设立地标准",即在中国注册设立,符合中国法律规定的外商投资者为中国法人,反之就是境外投资者。"资本来源地标准"是根据公司设立资金的来源来判断是否属于外国投资者。本书采用"资本来源地标准",与我国商务部对境外资金的统计概念一致,即将来自中国本土(大陆)之外的资金视为外资,包括我国港澳台地区的资金。

境外资金是我国旅游企业重要的资金来源,可以通过向外国银行、外国政府及国际金融机构贷款、发行国际债券、吸收外国企业的直接投资等方式取得。据有关部门统计,近20多年来,我国涉外旅游饭店的数量增长了50多倍,我国旅游饭店业利用外资额达200多亿美元。近年来,我国旅游企业通过吸收外资,与外国合作伙伴结成战略联盟来提高企业竞争能力。比如中青旅将旗下的中青旅电子商务有限公司40%的股份出售给国际度假交换公司(Resort Condominiums International,RCI),成立了中青旅－胜腾旅游服务公司。中青旅与RCI结盟的目的是为了抢占我国潜力巨大的出境旅游市场。

五、旅游企业的筹资方式

筹资方式是指旅游企业筹集资金所采用的具体形式,体现了资金的属性。一般来说,我国旅游企业筹资方式主要有:(1)吸收直接投资;(2)发行股票;(3)发行债券;(4)银行或非银行金融机构借款;(5)商业信用;(6)租赁;(7)留存收益等。

按照资本的来源渠道、资本的性质、占用时间长短等标准可以将筹资方式做不同的分类。

1. 按照资本的来源渠道,分为内部筹资和外部筹资

内部筹资是指旅游企业通过留存收益、计提折旧等方式取得资金。按照我国《公司法》的规定,留存收益包括盈余公积和未分配利润。企业的留存收益实际上是普通股股东的再投资,但由于资金来源于企业内部,不会发生筹资费用,使得留存收益的成本要低于普通股筹资。而使用计提折旧除了没有筹资费用外,不需要对外支付股息和利息,其成本更是远低于外部筹资。因此,在实务中,内部筹资是旅游企业首选的一种筹资方式。

外部筹资是指旅游企业吸收其他经济主体的资金来满足需要。旅游企业在进行外部筹资时,因受到筹资环境中各种因素的综合影响,具体的实现方式也不尽相同。一般说来,分为外部直接筹资和外部间接筹资。外部直接筹资是指旅游企业进行的首次上市募集资金(IPO)、增发等股权筹资和发行债券筹资;外部间接筹资是指旅游企业向银行、非银行金融机构贷款等债务筹资活动。一般而言,外部筹资除了要对外支付利息或者股息,还要发生或多或少的筹资费用,其成本往往要高于内部筹资。

2.按照资本的性质,分为权益筹资和负债筹资

权益筹资是指旅游企业通过吸收直接投资、发行股票和使用留存收益等方式取得股权资本。通过权益筹资所获得的资金属于旅游企业所有者,并供旅游企业长期使用,是旅游企业的永久性资本,包括资本金、资本公积、盈余公积和未分配利润等。

负债筹资是指旅游企业向债权人借入资金。债务资金的所有权仍属于债权人所有,旅游企业只是在借款合同期内享有使用权和经营权,并负有还本付息的义务。债务资金主要通过借款、发行债券、商业信用、租赁等方式筹集。

3.按照占用资本的时间长短,分为长期资金筹资和短期资金筹资

长期资金是指旅游企业占用时间在一年以上的资金。旅游企业一般在购置固定资产、取得无形资产、进行对外长期投资时,需要筹集长期资金。旅游企业筹集长期资金通常可以采用吸收直接投资、发行股票和留存收益等权益筹资方式,以及长期借款、发行债券、融资租赁等负债筹资方式。

短期资金是指旅游企业占用时间在一年以内的资金。旅游企业在发生暂时性的资金周转困难时,需要筹集短期资金。旅游企业短期资金通常采用短期借款、商业信用和经营租赁等负债筹资方式来筹集。

4.按照筹资是否通过金融中介机构,分为直接筹资和间接筹资

直接筹资是指旅游企业不通过金融中介机构,直接向资金所有者商议并取得资金。直接筹资的范围比较广,筹资能力更强,主要有吸收直接投资、发行股票、发行债券、商业信用等方式。

间接筹资是指旅游企业通过金融中介机构筹集资金,而不与资金所有者商议。间接筹资手续简单、效率高,但筹资范围比较窄,筹资能力相对弱,主要有借款和租赁等方式。

第二节 旅游企业资金的筹集

旅游企业资金的筹集方式多种多样,最常用的方式主要有股票筹资、吸收直接投资和负债筹资等。

一、股票筹资

(一)股票的概述

股票是指股份有限公司为筹措权益资本而发行的有价证券,是持股人拥有

公司股份的所有权凭证。

股票持有者是公司股东,股东按其股本在公司股本总额中所占比重拥有相应的权利,并承担必要的义务。有限责任公司股东的出资凭证,不能称为"股票",而是出资证明书,有些国家也称为"股单"。

公司设立时,由章程规定并经主管当局核准可以发行的股本总额是公司的核定股份。如果公司需要发行比核定股份更多的股票,必须修改章程,并再次经主管当局核准。核定股份总额中由股东认股、缴款并已发放的股票称为已发行股票,尚未发行的称为未发行股票。由于某些原因由公司重新购回或持有的已发行股票称为库藏股;已经发行且确实由股东持有的股票,称为发行在外股票。它们之间的关系可以表示如下:

$$核定股票份数 = 已发行股票份数 + 未发行股票份数$$

$$已发行股票份数 = 发行在外股票份数 + 库藏股票份数 \quad (3-1)$$

1. 股票的特点

(1)收益性和风险性

股票的收益不固定,具有一定的风险性。由于投资于股票既可以领取股息,又可以享受红利,还可以通过买卖交易赚取差价,所以股票投资一般具有较高的投资收益率,同时也具有较高的风险。股东可以从发行公司获得一定的股息或红利收入,并可能通过低买高卖获得价差收入。但股利政策和股票价格受到很多因素的影响,股东收益表现出较大的不确定性,甚至使投资者利益受损。正因为股票投资风险性较高,所以其收益也较高。

(2)无期性

股票不还本,没有确定期限。无期性是指股票投资者一旦购买某一公司股票,不能在中途随意向公司要求退股抽回资金。如果公司解散,股东可按自己的股份得到部分或全部的公司清算后的净资产。股票投资者能否获得预期收益,完全取决于公司的经营业绩,如果破产可能连本金都保不住。

(3)流通性

流通性是指股票可以在资本市场上自由转让,还可以作为负债筹资的抵押品。股票是一种可转让、变现能力强的融资工具。

(4)有限责任性

股东仅以所持有股份为限,对公司债务承担有限责任。如果公司破产,股东其他个人财产不因破产而受清算。

2. 股票的种类

不同的投资者对于风险的承受能力是不同的。为了满足不同的需要,公司往往发行各种风险程度不一的有价证券。因此,采用一定的标准和方法将股票进行适当的分类是必要的。

(1)股票按股东的权利和义务来划分,分为普通股和优先股

普通股是指股份有限公司发行的代表着股东享有平等的权利、义务,不加特别限制,股利不固定的股票。它是股票最基本的形式之一,也是发行量最大、最重要的股票形式。

优先股是指公司在分派股利和剩余资产过程中,顺序优先于普通股的股票。优先股股东不享有经营者选举权,也不享有重大决策权或决策权受限。但我国《公司法》规定,如公司连续3年不支付优先股股利时,优先股股东可以出席或委托代理人出席股东会并行使投票表决权。优先股一方面不需要偿还本金,是公司权益资本的一种筹集方式;另一方面按固定利率支付股利,又具有债券性质,因此将它归为混合型证券。

(2)股票按是否记名来划分,分为记名股票和无记名股票

记名股票是指在股票票面上记载股东姓名或名称的股票,同时,公司的股东名册上还须记载股东的姓名、住所、持股份数、股票编号和取得股份的日期等资料。记名股票的转让必须办理过户手续,变更股票票面上的记名和股东名册上的资料。公司章程一般规定记名股票不得转让给对抗公司。

无记名股票是指在股票票面上不记载股东姓名的股票。无记名股票的转让,由股东将该股票交付给受让人后即发生转让的效力,较之记名股票更为方便流通,因而,无记名股票更为普遍。无记名股票属于向社会公众发行的股票,按照我国《股票发行与交易管理暂行条例》的规定,无记名股票发行数不少于拟发行股本总数的25%。

我国《公司法》规定:公司向发起人、法人发行的股票应为记名股票;向社会公众发行股票可以是记名股票也可以是无记名股票。

(3)股票按照有无面值划分,分为有面值股票和无面值股票

股票票面上注明一定金额的股票为有面值股票。如票面上标明100元、500元等。股票发行时,如不标明股票票面的金额,只载明所占公司股本总额的比例或股份份数的股票称为无面值股票。根据我国《公司法》的规定,公司不得发行无面值股票。

(4)股票按投资主体划分,分为国家股、法人股和社会公众股

国家股是指有权代表国家的部门或机构以国有资产投资于旅游企业所形成的股份。国家为国有旅游企业所有者,但不参与直接经营。

法人股是指企业法人单位,或具有法人资格的事业单位和社会团体以其依法可以支配的资产投资于公司非上市流通股权所形成的股份。法人股股东可以参与其投资的旅游企业的经营活动。

社会公众股是指我国境内个人和机构以其合法财产投资于公司可上市流通股权所形成的股份。

目前,我国深沪两市中国家股、法人股和社会公众股大体各占1/3。

(5)股票按发行对象和上市地区划分,可分为A股、B股、H股、N股和S股等

A股是指供我国大陆地区个人或法人买卖的,以人民币标明票面金额并以人民币认购和交易的股票。

B股、H股、N股和S股是指专供外国和我国港澳台地区投资者买卖的,以人民币标明票面金额但以外币认购和交易的股票。其中,B股在上海、深圳上市;H股在香港上市;N股在纽约上市;S股在新加坡上市。目前,我国境内居民也可以投资B股。

(二)股票的发行

股票发行是指股份有限公司为了筹集股本,在一级市场按照法律规定的条件和程序,向投资者发行股票的活动。

1. 股票发行的目的

股份公司发行股票的目的是多种多样的,概括起来可以分为两类:一是为筹集资金而发行股票,这是股份公司发行股票的最基本和最主要的目的;二是股份公司出于其他特殊目的而发行股票。

(1)为筹集资金而发行新股

股份公司通过发行股票可以获得长期稳定的经营资金,有利于公司持续经营。股份公司设立之初,常以发行新股的方式来筹集公司的原始权益资本。股份公司成立以后,会因为扩大经营范围和规模,提高公司竞争力的需要而发行新股筹集资金。

(2)为其他目的而发行新股

①并购与反并购。公司扩张有两条途径:一是依靠内部积累不断扩张,二是兼并或收购其他公司。后者能更快实现公司扩张的目的。并购公司常常通过发行新股来换购目标公司股票,或用发行新股募集的资金购买目标公司的方式进行并购,而目标公司为解除被接管的威胁,也常以发行新股的方式实施反并购。

②股票的分割。股票的分割又称为拆股,公司经营成功,成长迅速,往往引起股价迅速上涨,当股价上涨到一定程度,可以将原有股票按一定比例进行分割,以降低股票的价格。主要有两方面原因:一是股票的面值降低,便于购买和转让,以吸引更多的大众投资者,进而可能提高股票的市场价格;二是股票的适当价格有利于公司价值的极大化。

公司发行新股,除了上述目的外,还存在其他一些目的。例如,向股东派发

股票股利；将公司发行的可转换债券转换为股票；将公司资产重估增值部分转化为资本金；为了达到上市公司的条件；为了发行更多的债券而发行新股票等。

2. 股票的发行方式

(1)按股票发行的目的，分为设立发行和增资发行

①设立发行。设立发行是指股份有限公司为设立而发行新股。股份有限公司的设立，可以采取发起设立或者募集设立的方式。所谓发起设立，是指由发起人认购公司应发行的全部股份而设立公司。发起人以书面形式认购公司章程规定的股份，并按所认领股份的票面价额交纳全部股款。所谓募集设立，是指由发起人认购公司应发行股份的一部分，其余股份向社会公开募集或者向特定对象募集而设立公司。我国《公司法》规定：募集设立时，发起人认购的股份不得少于公司股份总数的35%；但法律、行政法规另有规定的，从其规定。

②增资发行。增资发行是指已成立的股份有限公司为筹措资金而发行新股。常用的增资发行方法有股东分摊、第三者分摊和公开招股三种形式。股东分摊又称配股，是指股东按原来持股数占公司总股份的比例，以新股优先认购权对新发行的股票进行分摊认购。以配股方式筹资是最流行的增资方式，其筹资的确定性极高，但筹资范围较小。第三者分摊和公开招股分别指以非公开发行和公开发行方式进行增资活动。

(2)按股票发行推销是否面向社会大众，分为公开发行和非公开发行

①公开发行。公开发行又称公募发行，是指向不特定对象或向累计超过200人的特定对象发行证券。它具有扩大发行对象，增加资金筹集量，提高股票流动性和公司知名度等优势，但手续繁杂，发行成本高。按发行有无中介机构参与，公开发行又可分为直接发行和间接发行。直接发行是指发行公司不通过投资银行或证券公司等中介机构，自行办理发行事宜，并承担发行风险的发行方式。而间接发行是指发行公司不直接参与股票发行，而是委托投资银行或证券公司等中介机构代理发行的方式。

②非公开发行。非公开发行又称私募发行，是指发行新股时，向累计不超过200人的特定对象发行证券。其特定对象主要是指与发行公司有特殊关系的自然人或法人，比如公司董事、职工、与公司有资本协议关系的其他公司或银行。这种发行方式筹备时间短、费用低、手续简单，但股票发行范围小，流通性差，较适用于未具信誉的公司。我国股份有限公司采用发起设立方式即属于非公开发行。

3. 股票发行价格

股票发行价格是股份公司在募集公司股本或增资发行新股时所确定的股票价格，是股票在一级市场的发售价格，并非二级市场上的交易价格。发行公司要

在全面评估公司净资产、未来盈利能力和股票市场的基本情况等各种因素的基础上确定发行价格。如市场整体价格水平及其变动趋势、本行业上市公司市盈率水平、市场平均市盈率等。以募集设立方式设立公司首次发行的股票价格,由发起人决议。公司增资发行新股的股票价格,由股东大会决议。

(1)股票发行价格的种类

①平价发行。平价发行是指以股票的票面价值作为发行价格,此种情况相对来说比较少见。

②溢价发行。溢价发行是指以超过股票票面价值的价格发行股票,发行价格超过票面价值部分称为溢价。目前,我国的股份公司发行股票多数采用溢价发行。

③折价发行。折价发行是指以低于面值的价格发行股票。

我国《公司法》规定,股票可以按平价发行,也可溢价发行,但不得折价发行。

(2)股票发行价格的确定

在实践中,通常用市盈率法确定股票发行价格,即用计算得出的公司每股净收益乘以发行市盈率。其计算公式如下:

$$发行价格 = 每股净收益 \times 发行市盈率 \qquad (3-2)$$

式中:每股净收益一般采用发行前3~5年平均每股收益作为依据,参考发行后收益增长率进行修正后得出;发行市盈率是根据与发行公司同类型、同行业的上市公司当前市盈率确定的。

按上述公式计算出的发行价格还需要通过竞价或协商调整成最终使用的发行价格。竞价是有关交易所按照申购价格优先、同价位按申购时间优先的原则,将申购价格由高向低排序,并累计认购量,申购累计量刚好等于或大于发行量时对应的价格即发行价格。协商是承销商与发行公司协商,确定双方都能接受的发行价格。

4. 股票发行的推销方式

(1)包销

包销是指证券公司将发行人的证券按照协议全部购入或者在承销期结束时将售后剩余证券全部自行购入的承销方式。在这种安排下,发行失败的风险完全由承销商承担。承销商为了避免承担过大风险,常组成承销团,由所有参与者共同承担发行风险,承销团由主承销和参与承销的证券公司组成。根据我国《证券法》的规定,向不特定对象公开发行的证券票面总值超过人民币5 000万元的,应由承销团承销。

(2)代销

代销是指证券公司代发行人发售证券,在承销期结束时,将未售出的证券全部退还给发行人的承销方式。采用此种方式,发行公司须承担发行失败的风险。根据我国《证券法》的规定,代销期限届满,向投资者出售的股票数量未达到拟公开发行股票数量70%的,为发行失败。发行人应当按照发行价并加算银行同期存款利息返还给股票认购人。

(3)直接销售

直接销售是指由发行公司自行承担股票的销售工作。发行公司在向原股东配股或直接向金融投资机构销售股票时可以采用此种推销方式。

(三)股票上市决策

1990年12月,上海、深圳证券交易所相继成立,我国旅游上市公司在证券市场上发行股票筹集资金,促进了我国旅游业的发展。目前我国上市的旅游公司日趋增加,从较早的中青旅(600138)、黄山旅游(600054)、锦江股份(600754)、西安旅游(000610)等,到之后陆续上市的丽江旅游(002033)、世博股份(002059)、中国国旅(601888)等。

发行股票的股份公司,依其股票能否在证券交易所内挂牌交易,可分为上市公司和非上市公司。上市公司是指其股票在证券交易所上市交易的股份有限公司。非上市公司是指依法发行股票,但其股票不能在证券交易所内上市交易,只能在场外交易市场进行转让的股份有限公司。

1.股票上市的意义

(1)提高公司所发行股票的流动性和变现性,便于投资者认购、交易;

(2)促进公司股权的社会化,防止股权过于集中;

(3)提高公司的知名度;

(4)便于确定公司新股的发行价格和公司价值;

(5)促使上市公司在股东和社会大众的监督之下不断改善经营,提高经济效益。

但股票上市对公司又存在着负面影响,主要表现在:各种公开的要求可能暴露公司的商业秘密;股市的不正常波动可能扭曲公司的实际情况,损害公司的声誉;可能分散公司控制权。

2.股票上市的条件

申请股票上市交易,应当聘请具有保荐资格的机构担任保荐人。我国《公司法》对股票上市规定的条件为:

(1)股票经国务院证券监督管理机构核准已公开发行;

(2)公司股本总额不少于人民币3 000万元;

(3)公开发行的股份达到公司股份总数的25%以上,公司股本总额超过人民币4亿元的,公开发行股份的比例为10%以上;

(4)公司最近 3 年无重大违法行为,财务会计报告无虚假记载。

证券交易所可以规定高于前款规定的上市条件,并报国务院证券监督管理机构批准。

3.股票上市的程序

(1)申请。股份公司应先向证券交易所提交上市申请书及相关文件,这些文件包括:①上市报告书;②申请股票上市的股东大会决议;③公司章程;④公司营业执照;⑤依法经会计师事务所审计的公司最近三年的财务会计报告;⑥法律意见书和上市保荐书;⑦最近一次的招股说明书;⑧证券交易所上市规则规定的其他文件。

(2)审查批准。国务院证券监督管理机构或者国务院授权的部门应当自受理股票上市申请文件之日起 3 个月内,依照法定条件和法定程序作出予以核准或者不予核准的决定,发行人根据要求补充、修改发行申请文件的时间不计算在内;不予核准的,应当说明理由。

(3)公告。股票上市交易申请经证券交易所审核同意后,签订上市协议的公司应当在规定的期限内公告股票上市的有关文件,并将该文件置备于指定场所供公众查阅。除公告前条规定的文件外,还应当公告下列事项:①股票获准在证券交易所交易的日期;②持有公司股份最多的前十名股东的名单和持股数额;③公司的实际控制人;④董事、监事、高级管理人员的姓名及其持有本公司股票和债券的情况。

(4)上市交易。签订上市协议的公司办理有关将其股票在证交所上市交易的具体事宜。

4.股票上市交易的暂停和终止

(1)股票上市交易的暂停。按照我国《证券法》规定,上市公司有下列情形之一的,由证券交易所决定暂停其股票上市交易:

①公司股本总额、股权分布等发生变化不再具备上市条件;

②公司不按照规定公开其财务状况,或者对财务会计报告作虚假记载,可能误导投资者;

③公司有重大违法行为;

④公司最近三年连续亏损;

⑤证券交易所上市规则规定的其他情形。

(2)股票上市交易的终止。按照我国《证券法》规定,上市公司有下列情形之一的,由证券交易所决定终止其股票上市交易:

①公司股本总额、股权分布等发生变化不再具备上市条件,在证券交易所规定的期限内仍不能达到上市条件;

②公司不按照规定公开其财务状况，或者对财务会计报告作虚假记载，且拒绝纠正；

③公司最近三年连续亏损，在其后一个年度内未能恢复盈利；

④公司解散或者被宣告破产；

⑤证券交易所上市规则规定的其他情形。

(四)普通股筹资

1. 普通股股东的权利

普通股是股份有限公司发行的无特别权利的股份，也是最基本、标准的股份。持有普通股股份者为普通股股东。依我国《公司法》的规定，普通股股东主要有如下权利：

(1)表决权。出席或委托代理人出席股东大会，并依公司章程规定行使表决权。这是普通股股东参与公司经营管理的基本方式。

(2)股份转让权。股东持有的股份可以自由转让，但必须符合《公司法》、其他法规和公司章程规定的条件与程序。

(3)收益分配请求权。

(4)优先认股权。

(5)分配公司剩余财产的权利。

(6)公司会计账簿和股东大会决议的查阅权。

(7)公司章程规定的其他权利。

同时，普通股股东也对公司负有义务。我国《公司法》中规定了股东负有遵守公司章程、缴纳股款、对公司债务负有限责任、不得退股等义务。

2. 普通股的种类

股份有限公司可能发行若干等级的普通股票。通常按照其对股利的要求权和投票表决权可以分为A级普通股和B级普通股。A级普通股通常没有投票权，而B级普通股一般均有投票权。如果发起人对公众大量发售A级普通股，而自己保留B级普通股，是想以相对少的投资取得公司的控制权。为了推销A级普通股，发起人必须在投票表决权与对股利和剩余财产分配权之间进行适当的平衡。一般说来，在股利和剩余财产分配权上，B级股东次于A级股东。

普通股的另一种分级方法是从普通股中分出"发起人股"。发起人股类似于B级普通股，由发起人认购。发起人股东拥有投票权，但在公司设立之初的前几年没有分配股利的权利。这样，在公司初创阶段，发起人能够完全控制公司，但又不能大量抽走资金。

3. 普通股筹资的优缺点

普通股筹资是股份公司的一种主要的权益资本筹资方式，是进行其他筹资的基础。因此,从发行公司的立场来考察评价普通股筹资,可以归纳出以下几方面的优点和不利之处。

(1)普通股筹资的优点

①普通股所筹资金,为企业长期占用。普通股没有到期日,投资者一旦购买便不得退股,所筹资金是公司永久性的资本供给。按照有关法律规定,在公司存续期间,股东对其投入的资本除依法转让外,不得以任何方式抽走;对公司的留存收益,除按照利润分配政策向股东分配外,股东也不得以任何方式抽走。

②利用普通股筹资,可以提高企业的财务实力和信誉。普通股所筹资金将形成企业的股本和资本公积金,构成权益资本的重要部分。企业的权益资本越雄厚,对债权人的权益保障程度越高,再筹资能力也越强。

③利用普通股筹资,企业基本没有固定财务负担。企业是否向普通股股东分配股利、分配多少,取决于企业的盈利水平和股利分配政策,而不必经常考虑如何调剂现金还本付息。

(2)普通股筹资的缺点

①资本成本较高。普通股筹资与债务筹资相比,其资本成本较高。原因是:第一,对于投资者来说,普通股的风险高于债务,因而要求较高的报酬;第二,向股东支付的股利是从税后利润中支付的,没有抵税作用;第三,普通股的发行费用较高。

②发行新股可能分散企业的控制权。企业为了筹集资金而发行新股,可能会增加新股东,分散老股东对企业的控制权。

(五)优先股筹资

优先股股票是指股份有限公司发行的、在利润和剩余财产请求权方面优先于普通股股东的股票。发行优先股股票是为了获得权益资金,但又按照某一固定的数额或比率分配股利,它兼具普通股股票和债券的特点,属于混合性证券。

优先股股票与普通股股票相比,在利润和剩余财产分配上具有优先请求权。在分配股利时,普通股股东必须在优先股股利支付后才能分得股利。如果公司破产清算,优先股先于普通股分配剩余财产。

1. 优先股的种类

发行优先股时,往往会附有很多条款,这些条款不仅包括优先股的面值、股利等规定,还包括诸如股利是否累积、能否参与分配剩余利润、是否可转换成普通股、能否赎回等方面的规定,依据这些附加条款,可以将优先股做如下分类。

(1)根据股利是否累积,分为累积优先股和非累积优先股

累积优先股,是指任何一年未支付的股利都可累积到以后年度支付的优先股。公司必须在付清拖欠的优先股股利之后,才能支付普通股股票的股利。多

数公司发行的优先股是可以累积股利的,这是对优先股股东的利益保护,防止管理层有意回避支付优先股股利而将大部分盈余留归普通股股东。

非累积优先股,是指未支付的股利不能累积到以后年度的优先股。

(2)根据能否参与分配剩余利润,分为参与优先股和不参与优先股

参与优先股,是指在取得优先股股利后,还可以参与分享一定限额的或全部的剩余利润。如果是参与分享有一定限额的为部分参与优先股,参与全部剩余利润的为全部参与优先股。

不参与优先股,是指其持有者只能取得规定的股利,对其余的剩余利润无权参与分配的优先股。大多数情况下公司发行的是不参与优先股。

(3)根据是否可转换成普通股,分为可转换优先股和不可转换优先股

可转换优先股,是指按发行条款规定,可以在规定期限内按一定比率转换成普通股。转换比率是按优先股和普通股现行价格确定的,到期是否转换,完全取决于投资者的意愿及当时普通股和优先股价格变化情况。例如,公司每股优先股价格15元,每股普通股5元,则公司发行条款可以规定,2年内以1∶3的比率转换成普通股。如果2年内,公司优先股价格与普通股价格的比率低于3,优先股股东选择转换成普通股,则可以获得转换收益,否则选择保留优先股。

不可转换优先股,是指不能转换成普通股的优先股,它只能获得固定股利,而不能获得转换收益。

(4)根据能否赎回,分为可赎回优先股和不可赎回优先股

可赎回优先股,是指股份公司可以按一定价格回购的优先股。优先股没有到期日,其固定股利是公司永久性的财务负担,公司可以在发行时附加赎回条款,以减轻财务负担,但回购价格须高于优先股面值或发行价格。至于是否赎回,以及什么时候赎回,则由发行公司决定。

不可赎回优先股,是指不能回购的优先股。公司很少发行不可赎回优先股。

2.优先股筹资的优缺点

优先股股票兼具权益资本和债务的特征,正因为如此,发行优先股是一种更富有弹性的筹资方式。这里从发行公司的立场来评价优先股筹资的利弊。

(1)优先股筹资的优点

①优先股所筹资金,一般为企业长期占用。优先股一般没有到期日,实质上是一种永久性借款,即使有赎回条款,对公司来说有很大的机动性,从而使公司的财务安排更富有弹性。

②发行优先股,股利支付有大的机动性,而负债须定期地、如数地履行支付义务。

③一般说来,优先股股票没有投票权,可以避免公司控制权的分散。

④优先股股本是公司的权益资本,可以保护债权人的利益。因此,发行优先股可增强公司未来的偿债能力。

(2)优先股筹资的缺点

①与债券相比,优先股的资本成本较高。优先股股利是以公司的税后净利发放,不具有税收抵免作用。另外,投资优先股的风险比债券大,因而优先股股利高于债券的利息。

②优先股筹资的限制较多。发行优先股通常有较多的限制条款,比如对普通股股利支付的限制、对公司举债的限制等。

3.优先股筹资的财务决策

优先股是一种兼具公司债券和普通股特点的混合型证券,在遇到以下的情形时,可以考虑和利用优先股筹资:

(1)如果公司不想承担高额的普通股成本,又不愿因负债而削弱公司的偿债能力,可考虑发行优先股筹集资金。

(2)如果公司预计未来有较大的盈利,但销售和利润的变动很不稳定,为了避免支付固定利息而带来的财务风险,也可以考虑采用优先股筹集资金。

(3)如果公司已用尽其举债能力,进一步举债会产生财务危机。股东又不愿因发行普通股而削弱控制权,也可以考虑采用优先股筹集资金。

二、吸收直接投资

(一)吸收直接投资的目的

吸收直接投资是指旅游企业以协议等形式吸收政府、其他法人组织、自然人等直接投入的资金,形成旅游企业资本金的一种筹资方式。它与发行股票、利用留存收益都属于旅游企业筹集权益资金的重要方式,吸收直接投资不以股票为媒介,主要适用于非股份制旅游企业筹集权益资本。

投资者对旅游企业进行直接投资的主要目的是取得受资旅游企业的所有权和控制权;受资旅游企业吸收直接投资的主要目的是获取永久性的资金或特殊资源,比如获得出资方的商誉、土地使用权、先进的技术和设备、市场销售网络等。

(二)吸收直接投资的形式

投资者常常采用货币资产、实物资产和无形资产三种形式直接投资于旅游企业。前者是货币性投资,后两者属于非货币性投资。

1.吸收货币性资产投资

所谓货币性资产,是指货币资金及将来对应一笔固定的或可确定的货币资金量的资产,包括货币资金、应收账款、应收票据、其他应收款以及准备持至到期的债券投资等。货币性资产具有很强的流动性,旅游企业可根据自身的经营计划或用于购置长期资产,或用于日常费用支付,所以货币性资产是受资企业乐于接受的一种资金。我国《公司法》规定:有限责任公司全体股东的货币出资金额不得低于注册资本的30%。

2. 吸收非货币性资产投资

所谓非货币性资产,是指在将来不对应一笔固定的货币资金量的资产。如固定资产、存货、无形资产以及不准备持有至到期的债券投资、股权投资等。吸收非货币性资产的形式有两种:

(1)吸收实物资产投资。投资者以可用货币估价并可依法转让的实物资产作价投资到旅游企业。这些实物资产可以是流动资产(存货),也可以是固定资产(各种建筑物、机器设备等)。

(2)吸收无形资产投资。投资者以专利权、商标权、土地使用权、商誉、专有技术等可用货币估价并可依法转让的无形资产作价投资到旅游企业,包括技术型无形资产和非技术型无形资产。由于无形资产的价值相对于实物资产而言,具有很大的不确定性,因此企业在接受这种投资时必须谨慎,应进行有关的调查和可行性研究。在吸收无形资产投资时,应符合法定比例。

(三)吸收直接投资的评估

旅游企业在吸收直接投资时,货币性资产可以按其实际金额计价,非货币性资产投资则要用一定的方式对其进行合理的评估作价,以核实资产的真正价值。正确评估非现金资产的价值,直接关系到筹资方和投资方的责权利益、利润分配和风险分担等。

1. 吸收货币性资产投资的评估

按照现行《会计准则》的规定,企业在接收货币性资产投资时,不论是人民币还是外币,均应按接收日我国外汇管理局公布的外汇市场汇率换算成本企业的记账本位币计价。比如受资企业是以人民币为记账本位币的,则应将各种外币资金换算成人民币计价;受资企业是以某种外币为记账本位币的,则应将人民币资金换算成该种外币计价。

2. 吸收实物资产投资的估价

对于实物资产投资的评估要根据资产的情况而定,一般可以采用以下方式处理:

(1)对于全新购入并作投资的实物资产,必须以购物发票和各种运费、保险费等单据为凭证进行估计。

(2)对于非全新的固定资产投资,可以采用重置成本法和收益现值法来估价。

①重置成本法。重置成本法是以被评估资产的现行重置成本减去资产的损耗或贬值等,从而确定出被评估资产价格的一种评估方法。其计算公式表示如下:

被评估资产评估值＝重置成本－资产贬值
　　　　　　　　＝重置成本－(实体性贬值＋功能性贬值＋经济性贬值)

(3－3)

重置成本是指现在购建相同或相似资产所需支付的现金或现金等价物的金额。目前国际上流行的重置成本估算方法是物价指数法，其基本原理是用资产价格变动指数估算重置成本。其计算公式表示如下：

重置成本＝历史成本×评估资产时物价指数／购置资产时物价指数

(3－4)

【例1】 某被评估资产1990年购建，账面原值为10万元，账面净值为2万元，2000年进行评估，已知1990年和2000年该类资产定基物价指数分别为150％和180％，由此确定该资产的重置完全成本＝100 000×180％/150％＝120 000元。

资产的贬值包括实体性贬值、功能性贬值以及经济性贬值。所谓实体性贬值，是指由于持续使用所导致的物理性损耗而造成的资产价值降低。实物资产在使用过程中，其价值将通过折旧逐步转移到产品或服务中，并在销售收入中得到实现。实体性贬值实质上是资产的已摊销额。所谓功能性贬值，是指由于技术相对落后造成的贬值。实务中，主要根据资产的效用、生产加工能力和工耗、物耗、能耗水平等功能方面的差异造成的成本增加或效益降低，相应确定功能性贬值额。同时，还要注意替代设备、替代技术、替代产品的影响，行业技术装备水平现状和资产更新换代速度。

通常情况下，功能性贬值的估算可以按照下列步骤进行：

第一步，将被评估资产的年运营成本与功能相同但性能更好的新型资产的年运营成本进行比较。

第二步，计算二者的差异，确定净超额。由于企业支付的运营成本是在税前扣除的，企业支付的超额运营成本会引起税前利润额下降，所得税额降低，使得企业负担的运营成本低于其实际支付额。因此，净超额运营成本是超额运营成本扣除其所得税以后的余额。

第三步，估计被评估资产的剩余寿命。

第四步，以适当的贴现率将被评估资产在剩余寿命内每年的净超额运营成本贴现，这些贴现值之和就是被评估资产功能性贬值。其计算公式如下：

$$被评估资产功能性贬值额 = \sum_{i=1}^{m} \frac{被评估资产年超额净运营成本}{(1+i)^t} \quad (3-5)$$

式中：m 为被评估资产的剩余寿命；

i 为贴现率；

t 为时期数。

所谓经济性贬值,是指由于外部环境变化造成资产的贬值。主要是由于产品销售困难而开工不足或停止生产,形成资产的闲置,价值得不到实现等因素,确定资产的经济性贬值额。当该资产使用基本正常时,不计算经济性贬值。

资产的各种贬值,在实际评估中也常常使用成新率和贬值率来做分析。二者的关系可以用计算公式表示如下：

$$贬值率 = \frac{被评估资产的各种贬值之和}{资产的重置成本} \quad (3-6)$$

$$成新率 = 1 - 贬值率 \quad (3-7)$$

因而,公式(3-3)还可以表示如下：

$$被评估资产评估值 = 重置成本 \times 成新率$$
$$= 重置成本 \times (1 - 贬值率) \quad (3-8)$$

②收益现值法。收益现值法是将评估对象剩余寿命期间每年的预期收益,用适当的市场贴现率进行贴现,累加得出评估基准日的现值,以此估算资产价值的方法。其计算表达式如下：

$$P = \sum_{t=1}^{n} \frac{F_t}{(1+i)^t} \quad (3-9)$$

式中：P 为资产评估价值；

F_t 为第 i 年资产预期收益；

n 为资产的经营期限；

i 为折现率。

当假设预期的收益 F 是稳定的,则：

$P = F \dfrac{(1+i)^n - 1}{i(1+i)^n}$,式中 $\dfrac{(1+i)^n - 1}{i(1+i)^n}$ 为年金现值系数。

【例2】 某宗土地年金收益额为8 500元,剩余使用年限为20年,假定折现率为10%,其评估值最有可能为：$8\,500 \times [(1+10\%)^{20} - 1]/[10\% \times (1+10\%)^{20}] \approx 72\,365$ 元。

预期年收益额应考虑的因素是销售收入和经营成本。为了合理确定预期年收益,应由评估专家对被评估资产过去年份的收益趋势进行分析和判断,最后确定未来可能的收益值。贴现率在确定时,可以采用社会平均资金收益率、行业平均收益率、相应的市场利率加风险报酬率(行业内的)等标准。

(3)对于原材料和其他物资投资,要根据市场价格状况而定。如果市价变化不大的,可按账面价值计价,如果市价变化幅度较大的,则按当时市场价格估价。

吸收实物资产投资时,可以委托专业资产评估机构进行估价,旅游企业财务人员一般也要承担大部分的评估工作。如果吸收直接投资是为了组建中外合资企业,在对实物资产估价时要注意考察其同类资产的国际市场价格,不至于高估外国投资者资产的实际价值。

3. 吸收无形资产投资的评估

投资者以专利权、专有技术、商标权、土地使用权、商誉等无形资产直接投资到旅游企业,根据无形资产的类型不同,评估方法有不同的选择。

(1)技术型无形资产评估。技术型无形资产主要包括两个方面的内容:一是知识产权中的专利权、工业版权;二是专有技术,包括设计图纸、加工工艺、材料配方等。技术型无形资产的特点是直接与工业技术相关,适宜采用重置成本法来评估其资产价值。

(2)非技术型无形资产评估。非技术型无形资产是相对于技术型无形资产而言的,它包括商标、商誉、著作权、租赁权、特许经营权等,与技术型无形资产相比,非技术型无形资产具有以下特征:①以企业整体为荷载;②属经营管理技术型;③是企业长期经营的累积资源。非技术型无形资产评估价值适宜采用收益现值法。在实际评估时,有许多的变化因素要考虑进去,如无形资产的经济寿命和法律期限、未来可能的收益、可能被其他技术替代的速度等。总之,无形资产的估价一般不应高于使用该无形资产可能增加的收益,或者不应高于该无形资产各期的技术转让费总额。

(四)吸收直接投资的优缺点

1. 吸收直接投资的优点

(1)能提高企业的资信和借款能力。吸收直接投资所筹集的资金属于自有资金,能增强企业的信誉和借款能力,对扩大企业经营规模、充实企业实力具有重要作用。

(2)实物资产、无形资产投资能尽快形成经营能力。直接从投资者那里获取的先进设备和技术,有利于尽快形成生产能力、尽快开拓市场。

(3)筹资企业的财务风险较低。吸收直接投资可以根据企业的经营情况向投资者支付报酬,比较灵活,所以财务风险较小。

2. 吸收直接投资的缺点

(1)筹资资本成本较高。由于直接投资的投资者承担较高的风险,相应要求的回报率较高,特别是在企业经营状况良好的情况下,更显示出其较高的筹资成本。

(2)不利于企业的经营运作。一方面,由于其没有有价证券作为媒介,涉及产权转让的一些资产重组事项难以操作;另一方面,由于投资者一般都希望获得与其投资数量相适应的经营管理权,在外部投资者较多的情况下,容易分散企业的控制权,不利于企业的统一经营管理。

三、负债筹资

负债是旅游企业资金来源中一个重要的组成部分,在旅游企业的生产经营活动中发挥着重要作用,影响着旅游企业的资本结构和财务状况。负债筹资是指旅游企业向银行、其他非银行金融机构、企业单位等借入资金。

(一)短期借款筹资

1. 短期借款的概念

短期借款是指企业根据借款合同从有关银行或其他非银行金融机构借入的期限不超过一年的需要还本付息的款项。

2. 短期借款的种类

(1)按是否需要担保,分为信用借款和抵押借款。

(2)按借款的用途,分为生产周转借款、临时借款和结算借款。

(3)按利息支付方法,分为收款法借款、贴现法借款和加息法借款。

(4)按偿还方式,分为一次性偿还借款和分期偿还借款。

3. 短期借款的信用条件

按照国际惯例,银行发放短期借款往往带有一些信用条件,主要有以下几种:

(1)信贷限额。信贷限额,是指银行对借款人规定的无担保贷款的最高额。如借款人超过规定限额继续向银行借款,银行则停止办理。一般来讲,企业在批准的信贷限额内,可随时使用银行借款。但是,如果企业信誉恶化,即使银行曾经同意按信贷限额提供贷款,企业也可能得不到借款。这时,银行不会承担法律责任。

(2)周转信贷协定。周转信贷协定,是指银行具有法律义务地承诺提供不超过某一最高限额的贷款协定。在协定的有效期内,只要企业借款总额未超过最高限额,银行必须满足企业任何时候提出的借款要求。

周转信贷协定与信贷限额的区别在于:信贷限额一般不具有法律约束力,银行并不承担必须提供全部信贷限额的义务。而周转信贷协定具有法律约束力,银行有正式承担在限额内提供贷款的义务,如果银行拒绝贷款,则可视为违法。另外,企业采用周转信贷协定,除支付利息以外,还要支付承诺费。承诺费是对贷款限额的未使用部分收取的费用,是银行向企业提供此项贷款的一种附加条件,一般收取周转信贷限额内未使用部分的 0.5%。

(3)补偿性余额。补偿性余额,是指银行要求借款人在银行中保持按贷款限额或实际借用额的一定百分比(通常为 10%～20%)计算的最低存款余额。银行要求补偿性余额是为了降低贷款风险,补偿其可能遭受的损失。但是,补偿性余额提高了借款的实际利率,增加了借款企业的负担。

4.短期借款利息的支付方式

短期借款利息的支付方式有三种:收款法、贴现法和加息法。

(1)收款法。收款法(又称利随本清法),是指在借款到期时向银行支付利息的方法。收款法使得借款企业一次性偿还借款本息,增加了企业的财务负担,加大了无法偿付的风险。

(2)贴现法。贴现法,是指银行向企业发放贷款时,先从本金中扣除利息部分,而到期时借款企业再偿还全部本金的一种计息方法。贴现法使得企业可利用的贷款额只有本金扣除利息后的差额,提高了借款的实际利率。

(3)加息法。加息法,是指在分期等额偿还借款的情况下,银行要求企业在借款期限内分期偿还本息之和。加息法使得借款企业实际上只平均使用了借款本金的一半,却支付了全额利息,提高了借款的实际利率。

(二)长期借款筹资

1.长期借款的概念

长期借款是指企业根据借款合同从有关银行或其他非银行金融机构借入的期限超过一年的需要还本付息的款项。

2.长期借款的种类

(1)按是否需要担保,可以分为信用贷款和担保贷款。信用贷款,是指以借款人的信誉发放的贷款。担保贷款,是指以一定的财产做抵押或以一定的保证人做担保为条件发放的贷款。担保贷款又分为保证贷款、抵押贷款、质押贷款。保证贷款,是指按《中华人民共和国担保法》规定的保证方式以第三人承诺在借款人不能偿还贷款时,按约定承担一般保证责任或者连带责任而发放的贷款。抵押贷款,是指按《中华人民共和国担保法》规定的抵押方式以借款人或第三人的财产作为抵押物发放的贷款。质押贷款,是指按《中华人民共和国担保法》规定的质押方式以借款人或第三人的动产或权利作为质物发放的贷款。

(2)按借款的用途,可以分为固定资产投资借款、更新改造借款、大修理借款、新产品试制借款、科研开发借款等。

(3)按提供贷款的机构,可以分为政策性银行贷款和商业银行贷款。政策性银行贷款,是指执行国家政策性贷款业务的银行向企业发放的贷款。如国家开发银行为满足企业承建国家重点建设项目的资金需要提供贷款,进出口信贷银行为大型设备的进出口提供买方或卖方信贷。商业银行贷款,是指由各商业银行向工商企业提供的贷款。这类贷款主要为满足企业生产经营的资金需要。此外,企业还可从信托投资公司取得实物或货币形式的信托投资贷款,从财务公司取得各种中长期贷款等。

3.取得长期借款的条件

根据中国人民银行《贷款通则》,借款人申请贷款,应当具备产品有市场、生产经营有效益、不挤占挪用信贷资金、恪守信用等基本条件,并且应当符合以下要求:

(1)有按期还本付息的能力,原应付贷款利息和到期贷款已清偿;没有清偿的,已经做了贷款人认可的偿还计划。

(2)除自然人和不需要经工商部门核准登记的事业法人外,应当经过工商部门办理年检手续。

(3)已开立基本账户或一般存款账户。

(4)除国务院规定外,有限责任公司和股份有限公司对外股本权益性投资累计额未超过其净资产总额的50%。

(5)借款人的资产负债率符合贷款人的要求。

(6)新建项目的企业法人所有者权益与项目所需总投资的比例不低于国家规定的投资项目的资本金比例。

4.长期借款筹资的程序

旅游企业要从银行取得借款,需按一定的程序进行。

(1)借款申请。旅游企业需要贷款,应当向主办银行或者其他银行的经办机构直接申请。借款人应当填写包括借款金额、借款用途、偿还能力及还款方式等主要内容的《借款申请书》并提供以下资料:借款人及保证人基本情况;财政部门或会计(审计)事务所核准的上年度财务报告,以及申请借款前一期的财务报告;原有不合理占用的贷款的纠正情况;抵押物、质物清单和有处分权人的同意抵押、质押的证明及保证人拟同意保证的有关证明文件;项目建议书和可行性报告;贷款人认为需要提供的其他有关资料。

(2)借款审查。银行根据旅游企业的借款申请进行审查。首先,对借款人的信用等级进行评估。根据借款人的领导者素质、经济实力、资金结构、履约情况、经营效益和发展前景等因素,评定借款人的信用等级。评级可由银行独立进行,内部掌握,也可由有关部门批准的评估机构进行。其次,贷款调查。银行要对借款人的信用等级以及借款的合法性、安全性、盈利性等情况进行调查,核实抵押物、质物、保证人情况,测定贷款的风险度。最后,贷款审批。审查人员对调查人员提供的资料进行核实、评定,复测贷款风险度,提出意见,按规定权限报批。

(3)签订借款合同。银行审查同意贷款后,双方签订借款合同。借款合同主要包括如下四方面内容:

①基本条款。这是借款合同的基本内容,具体包括借款种类、金额、利率、期

限、还款方式等。

②保证条款。这是保证借款能顺利归还的一系列条款,包括借款按规定的用途使用、有关的物资保证、抵押财产、担保人及其责任等内容。

③违约条款。这是对双方若有违约行为时应如何处理的条款,主要载明对旅游企业逾期不还或挪用贷款等如何处理和银行不按期发放贷款的处理等内容。

④其他附属条款。这是与借贷双方有关的其他条款,如双方经办人、合同生效日期等条款。

另外,保证贷款应当由保证人与贷款人签订保证合同,或保证人在借款合同上载明与贷款人协商一致的保证条款,加盖保证人的法人公章,并由保证人的法定代表人或其授权代理人签署姓名。抵押贷款、质押贷款应当由抵押人、出质人与贷款人签订抵押合同、质押合同,需要办理登记的,应依法办理登记。

(4)取得借款。借款合同生效后,旅游企业便可取得借款。贷款人要按借款合同规定按期发放贷款。贷款人不按合同约定按期发放贷款的,应偿付违约金。借款人不按合同约定用款的,应偿付违约金。

(5)借款归还。旅游企业应按借款合同的规定按时足额归还借款本息。银行会在长期借款到期一个月之前,向借款旅游企业发送还本付息通知单。旅游企业在接到还本付息通知单后,要及时筹备资金,按时还本付息。

不能按期归还贷款的,借款旅游企业应当在贷款到期日之前,向银行申请贷款展期。是否展期由贷款银行决定。申请保证贷款、抵押贷款、质押贷款展期的,还应当由保证人、抵押人、出质人出具同意的书面证明。已有约定的,按照约定执行。中期贷款(5~10年)展期期限累计不得超过原贷款期限的一半,长期贷款(10年以上)展期期限累计不得超过3年。国家另有规定者除外。

第三节 资本成本与资本结构

一、资本成本的概念和作用

(一)资本成本的概念

所谓资本成本,是指旅游企业为取得和使用资金而付出的代价。资金是旅游企业进行生产经营活动所必需的重要资源要素,根据其占用时间的长短,分为短期资金和长期资金。

资本成本由资本筹集费和资本占用费两部分组成。资本筹集费是指在资金筹集过程中支付的各项费用,如发行有价证券所支付的印刷费、发行手续费、保荐人佣金、律师费、资信评估费、公证费、广告费、注册费等。资本占用费是指因使用资金而支付的费用,如向股东支付的股利、向债权人支付的利息等。资本占用费是资本成本的主要内容,在资金的使用过程中将会定期或不定期地经常发生;而资本筹集费通常在筹资阶段就一次性支付,并从名义筹资总额中扣除,来计算实际筹资数额。

资本成本可以用绝对数表示,也可以用相对数表示。用绝对数表示为总资本成本,即资本占用费与资本筹集费之和;用相对数表示则为资本成本率,即资本占用费与实际筹资数额的比率。用公式表示如下:

$$K = D + f \qquad (3-10)$$

式中:K 为总资本成本,以绝对数值表示;

D 为资本占用费;

f 炎资本筹集费。

$$K = \frac{D}{P-f} \text{ 或 } K = \frac{D}{P(1-F)} \qquad (3-11)$$

式中:K 为资本成本率,以百分比表示;

P 为名义筹资总额;

F 为筹资费用率,是筹集费用与筹资总额之比。

公式(3-10)和(3-11)是计算资本成本的理论公式,在它的基础上,不同筹资方式的资本成本应根据各自的特点进行调整,得到确切的资本成本计算公式。相比较而言,相对数比绝对数具有更强的可比性,在实务中,为了便于比较,通常采用资本成本率,除了有特殊注明外,本书的资本成本也指资本成本率。

(二)资本成本的作用

1. 资本成本是筹资决策的重要依据

从旅游企业筹资管理来看,资本成本是选择资金来源、进行筹资决策的重要依据。在条件相同的情况下,权益筹资的资本成本比债务筹资的资本成本高。旅游企业一般通过计算和比较各筹资方案的资本成本,选择资本成本最低的方案。当然在选择筹资方案时,还要考虑各种筹资方式使用期长短、偿还条件等因素,但资本成本直接关系到筹资的经济效益,是不容回避的首要问题。

2. 资本成本是评价投资项目可行性的重要经济标准

从企业理财的角度看,资本成本是投资项目所必须达到的最低报酬率水平,只有在投资项目的利润率大于其资本成本率时,项目才可行,否则将被弃用。从投资者的角度看,资本成本就是必要报酬率,它与投资项目的风险程度成正比例关系。在财务理论分析中,资本成本、必要报酬率甚至预期报酬率均可被视为同义词,可相互交替使用。在进行投资决策时,资本成本常常被当作计算净现值的贴现率、计算内含报酬率的基准收益率,并根据净现值、内含报酬率等动态指标的计算结果进行方案选择。

3. 资本成本是评价公司经营成果的基准

旅游企业运用资产进行生产经营的目的是追求资产的增值。资本成本是旅游企业运用资产进行生产经营必须取得的最低收益水平。如果旅游企业的息税前利润率高于其综合资本成本,说明企业经营有方,实现了资产的增值;否则就是经营不善,业绩欠佳,需要改善经营管理,以提高息税前利润率或降低资本成本率。

二、资本成本的计算

资本成本有多种计算方法。在比较各种筹资方式的优劣时,使用个别资本成本;在进行资本结构决策时,使用加权资本成本。

(一)个别资本成本

个别资本成本是指筹集和占用某种长期资金所付出的成本。旅游股份有限公司可以通过对外长期借款、发行债券、发行优先股和普通股,对内利用留存收益等方式筹集长期资金。因此,旅游企业的个别资本成本可分为长期借款成本、债券成本、优先股成本、普通股成本和留存收益成本。其中前两者为长期债务资本成本,后三者为权益资本成本。

1. 长期债务资本成本

长期债务资本成本包括筹资费用和借款利息。

按照税法规定,债务的利息允许在企业所得税前支付,这样筹资企业实际上可以少缴纳一部分所得税,这样筹资企业实际负担的债务利息=利息×(1-所得税率),从而使债务资本成本更低。

(1)长期借款成本。不同的长期借款合同可能规定了不同的还本付息条件,在不考虑资金时间价值的情况下,这里只讨论固定利率、按年付息、一次还本的长期借款成本,其近似计算公式如下:

$$K_L = \frac{I_L(1-T)}{L(1-F_L)} \qquad (3-12)$$

式中:K_L 为长期借款成本;

I_L 为长期借款年利息;

T 为所得税率;

L 为长期借款名义筹资总额；

F_L 为长期借款筹资费用率。

因为是固定年利率，公式(3-12)还可以表示为下列形式：

$$K_L = \frac{R_L(1-T)}{1-F_L} \quad (3-13)$$

式中：R_L 为长期借款年利率，其余符号含义不变。

当长期借款的筹资费用率很小时，可以忽略不计，公式(3-13)可以改写为下列形式：

$$K_L = R_L(1-T) \quad (3-14)$$

【例3】 某旅行社从银行取得长期借款50万元，年利率为9%，期限为2年，每年付息一次，到期还本付息，筹资费用率为2.5%，企业所得税税率为25%，该项长期借款的资金成本如何计算？

$$K_L = \frac{50 \times 9\%(1-25\%)}{50 \times (1-2.5\%)} \times 100\% = 6.92\%$$

(2)债券成本。债券成本由发行债券支付的筹资费用和债券利息组成。与长期借款相同的是，债券利息按《税法》规定也允许在企业所得税前支付，同样具有抵税作用，但债券的筹资费用一般较高，不能作扣减处理。在实务中，债券的筹资额应按具体发行价格确定。在不考虑资金时间价值的情况下，这里只讨论固定利率、按年付息、到期一次还本的债券成本，其计算公式为：

$$K_B = \frac{I_B(1-T)}{B(1-F_B)} \quad (3-15)$$

式中：K_B 为债券成本；

I_B 为债券年利息；

T 为所得税率；

B 为债券按发行价格计算的筹资总额；

F_B 为债券的筹资费用率。

【例4】 某饭店拟发行债券筹集客房装修工程所需要的500万元资金。该债券面值500万元，年利率为6%，债券期限为5年，每年付息一次，到期一次还本，筹资费用率为4%，适用企业所得税率为25%。在发行价格分别为600万元、500万元的情况下，该债券的资本成本计算如下表所示。

某饭店长期债券成本计算分析表

债券发行价格(万元)	债券成本(%)
600	$\dfrac{500\times 6\%\times(1-25\%)}{600\times(1-4\%)}=3.91\%$
500	$\dfrac{500\times 6\%\times(1-25\%)}{50\times(1-4\%)}=4.69\%$

2. 权益资本成本

旅游企业的权益资本主要通过发行普通股、优先股和留存收益来筹集。权益资本成本包括筹资费用、股息和股利。与债务资本不同的是,权益资本的股息和股利是在所得税后支付,不具有抵税效应,即支付多少就是实际负担多少。因此,权益资本成本一般高于长期债务资本成本。

(1)优先股成本。优先股成本主要是发行优先股支付的发行费用和优先股股息。一般而言,优先股的股息具有固定性,与债务利息相似。在实务中,与债券相同的是,优先股的筹资额也按具体发行价格计算。从某种意义上说,优先股相当于每年支付利息的无限期债券。优先股成本的计算原理与债券很相似,计算公式如下:

$$K_P = \frac{I_P}{P_P(1-F_P)} \qquad (3-16)$$

式中:K_P 为优先股成本;

I_P 为优先股股息;

P_P 为优先股按发行价格计算的筹资总额;

F_P 为优先股筹资费用率。

【例5】 某饭店拟发行优先股筹集客房装修工程所需要的500万元资金。该优先股面值500万元,预定年股利率为6%,筹资费用率为4%,适用企业所得税率为25%。在发行价格分别为600万元、500万元的情况下,该优先股的资本成本计算如下表所示。

某饭店优先股成本计算分析表

优先股发行价格(万元)	优先股成本
600	$\dfrac{500\times 6\%}{600\times(1-4\%)}\times 100\%=5.21\%$
500	$\dfrac{500\times 6\%}{500\times(1-4\%)}\times 100\%=6.25\%$

前两个例题在相同条件下,优先股成本比债券成本要高,是因为优先股股利

在税后支付,不享有税收抵减优惠。

(2)普通股成本。普通股成本与优先股成本基本相同,但是,普通股的股利要受到旅游企业的经营状况和股利政策的影响,一般是不固定的。因此,普通股成本的计算较为困难,需要建立一些必要的假设,并简化计算过程。这里重点讨论目前常用的三种估算模型,即股利贴现模型、资本资产定价模型和风险溢价模型。

①股利贴现模型

零成长模型。零成长模型是假设未来普通股股利不变,则其支付过程是一个永续年金,从而与优先股成本计算原理相同,其计算公式如下:

$$K_C = \frac{D_C}{P_C(1-F_C)} \quad (3-17)$$

式中:K_C 为普通股成本;

D_C 为普通股固定年股利;

P_C 为普通股按发行价格计算的筹资总额;

F_C 为普通股筹资费用率。

固定成长模型。旅游企业进行生产经营活动是为了在保全企业价值的情况下,不断追求增值,普通股股东也要求自己的投资报酬应该与企业价值一同增加。固定成长模型假设普通股股利以固定的年增长率递增,这与固定成长股票估价模型的假设是一致的,普通股成本的固定成长模型如下:

$$K_C = \frac{D_1}{P_C(1-F_C)} + g \quad (3-18)$$

式中:K_C 为普通股成本;

D_1 为普通股预计第一年股利,$D_1 = D_0 \times (1+g)$;

g 为普通股股利年增长率。

②资本资产定价模型(CAPM)

对于那些并不发放现金股利的公司,股利贴现模型就不适用了,这时可以用资本资产定价模型来计算普通股的资本成本。该模型的假设是在市场均衡的条件下,投资者要求的报酬率就是筹资者付出的资本成本。其计算公式如下:

$$K_C = R_i = R_F + \beta \times (R_M - R_F) \quad (3-19)$$

式中:K_C 为普通股成本;

R_i 为某普通股预期报酬率;

R_M 为整个股票市场平均报酬率;

R_F 为无风险报酬率;

β 为某普通股的贝塔系数。

【例6】 某旅行社拟发行普通股筹集客房装修工程所需要的 500 万元资金。其普通股的 β 值为 1.2，市场无风险报酬率为 6%，股票市场平均报酬率为 8%。则该普通股的成本为多少？

$$K_C = R_i = 6\% + 1.2 \times (8\% - 6\%) = 8.4\%$$

③风险溢价模型

风险溢价模型提出在债务成本基础上加上普通股股东更高的期望收益率，以此作为普通股成本的估计值。其计算公式如下：

$$K_C = K_D + RP_C \tag{3-20}$$

式中：K_C 为普通股成本；

K_D 为债务成本（税前）；

RP_C 为普通股对债务的期望风险溢价。

风险溢价模型最大的优势是债务成本能比较准确地计算出来。在确定债务成本时，如果旅游企业发行有债券，则按税前债券成本计算；如果旅游企业没发行债券，则按公司全部长期借款的税前平均成本估计。

RP_C 没有直接的计算方法，通常用经验估计。根据西方国家的经验，RP_C 大多分布在 3%～5% 之间，当市场利率达到历史高点时，RP_C 通常较低，在 3% 左右；当市场利率达到历史低点时，RP_C 通常较高，在 5% 左右；当市场利率处在平均状态时，则 RP_C 在 4% 左右。

(3)留存收益成本。普通股股权资本通常由普通股和留存收益形成，其中普通股股权是外部股权，留存收益是内部股权。留存收益是所得税后形成的，其所有权属于股东，实质上相当于股东对旅游企业的追加投资。留存收益成本是一种机会成本，股东放弃一定的股利，是希望将来获得更多的股利，即要求与直接购买股票的投资者取得同样的收益，唯一的差别就是留存收益没有或只有很少的筹资费用。这里只采用固定成长模型分析留存收益成本，其计算公式如下：

$$K_F = \frac{D_1}{P_C} + g \tag{3-21}$$

式中：K_F 为留存收益成本；

D_1 为普通股预计第一年股利；

g 为普通股股利年增长率。

【例7】 旅游公司为扩大经营规模，需要筹资 500 万元，当年预计股利率为 10%，同时预计未来股利每年递增 4%，该公司现有可分配利润 700 万元，若将其中的 500 万元作为留存收益资本化，则留存收益成本是多少？

$$K_F = \frac{500 \times 10\%}{500} + 4\% = 14\%$$

(二)加权平均资本成本

为了提高筹资的经济性和时效性,旅游企业实际上不是只以某一种方式从某种渠道取得资本成本较低的资金,而是从不同渠道、用不同方式筹措资金,即形成资金组合。这时旅游企业不仅需要计算个别资本成本,还需要计算加权平均资本成本。加权平均资本成本代表着企业全部长期资金的总成本,因而又称为综合资本成本。

加权平均资本成本通常是以各种资本占全部资本的比重为权数,对个别资本成本进行加权平均确定的。其计算公式如下:

$$K_{WACC} = \sum_{i=1}^{n} K_i \times W_i \qquad (3-22)$$

式中:K_{WACC}为加权平均资本成本;

K_i为第i种资本的个别资本成本;

W_i为第i种资本占全部资本的比重,即权数。

【例8】 某饭店2010年末资金来源情况如下:(1)面值发行5年期债券400万元,每年付息一次,到期一次还本,年利率6%,筹资费用率为2%;(2)面值发行累积优先股200万元,年股利率8%,筹资费用率为3%;(3)面值发行普通股100万股,每股面值10元,预计第一年股利1元,以后每年增长3%,筹资费用率为4%。该企业适用企业所得税率为25%,则该旅游企业2010年末加权平均资本成本计算分析如表所示。

某饭店企业2010年末加权平均资本成本计算表

长期资金	资金额(万元)	长期资金比重(%)	个别资本成本	加权资本成本(%)
长期债券	400	25.0	$\dfrac{6\% \times (1+25\%)}{1-2\%} \times 100\% = 4.59\%$	1.15
优先股	200	12.5	$\dfrac{8\%}{1-3\%} \times 100\% = 8.24\%$	1.03
普通股	1 000	62.5	$\dfrac{1}{10 \times (1-4\%)} \times 100\% + 3\% = 4.59\%$	8.39
合计	1 600	100.0	—	10.57

1.计算2010年末资金总额。

2010年末资金总额=400+200+100×10=1 600(万元)

2.计算各长期资金占总资金的比重。

长期债券的比重=$\dfrac{400}{1\ 600} \times 100\% = 25\%$

优先股的比重 $= \dfrac{200}{1\,600} \times 100\% = 12.5\%$

普通股的比重 $= \dfrac{1\,000}{1\,600} \times 100\% = 62.5\%$

3. 计算个别资金成本。

$$K_B = \dfrac{6\% \times (1+25\%)}{1-2\%} \times 100\% = 4.59\%$$

$$K_P = \dfrac{8\%}{1-3\%} \times 100\% = 8.24\%$$

$$K_C = \dfrac{1}{10 \times (1-4\%)} \times 100\% + 3\% = 4.59\%$$

4. 计算加权资本成本。

$$K_{WACC} = 4.59\% \times 25\% + 8.24\% \times 12.5\% + 13.42\% \times 62.5\% = 10.57\%$$

三、资本结构的概念和种类

(一)资本结构的概念

资本结构是指旅游企业各种资金的构成及比例关系。它有广义和狭义之分,广义的资本结构是指旅游企业全部资金的构成及比例关系。狭义的资本结构特指旅游企业各种长期资金(长期债务与权益资金)的构成及比例关系。因为短期资金的需要量和筹集是经常变化的,而且在整个资金总量中所占的比重不稳定,故将其列作营运资金。本书采用狭义的资本结构,即长期债务资金与权益资金的构成,它常常又被称为"杠杆资本结构"。因此,资本结构决策就是决定债务与权益的比例问题,即债务资本在资本结构中占有多大比重。

(二)资本结构的种类

旅游企业资本结构有单一资本结构和混合资本结构两种类型。

1. 单一资本结构

单一资本结构,是指旅游企业的长期资金仅由单一性质的资金构成,一般是指旅游企业的长期资金均由权益资金构成。这种资本结构的特点是:在无优先股的情况下,旅游企业没有固定还本付息的负担,可以提高旅游企业的资信和筹资能力,但资本成本很高,并且无法获得负债经营的财务杠杆效益。

2. 混合资本结构

混合资本结构,是指旅游企业的长期资金由长期债务资金和权益资金构成。这种资本结构的特点是:由于债务成本一般低于权益成本,这种资本结构的综合资本成本较低,在旅游企业息税前利润率高于长期债务成本率的情况下,旅游企业可以获得财务杠杆效益。但是,长期负债的固定利息支付和固定的还本期限,形成旅游企业的固定负担,财务风险较大。

四、资本结构决策

旅游企业现行的资本结构合理吗？如果不够合理,目标资本结构是什么？要解决这些问题,就需要按照一定标准、一定方法做出资本结构决策。

(一)资本结构合理化的标准

用以衡量旅游企业资金结构是否合理的标准主要有以下几点：

1. 综合的资金成本最低,企业为筹资所花费的代价最少。
2. 筹集到能供企业使用的资金最充分,能确保企业长短期经营和发展的需要。
3. 股票市价上升,股东财富最大,企业总体价值最大。
4. 企业财务风险最小。

要使旅游企业资金结构完全满足上述标准往往十分困难。在实务中,旅游企业常常择其一或部分,作为旅游企业的价值判断准则,并确定相应的决策方法。比如,为追求"股东财富最大化",则通过比较不同筹资方案的每股收益来确定最优方案;为追求"综合资本成本低",则通过比较不同筹资方案的加权平均资本成本来确定最优方案。通常把在一定条件下使旅游企业加权平均成本最低、企业价值最大的资金结构当作最优资本结构。

(二)最优资本结构决策

最优资本结构就是旅游企业最佳的资本组合形式,是指在一定条件下使旅游企业综合资本成本最低,企业价值最大的资本结构。从理论上讲,最优资本结构是存在的,但由于旅游企业内部和外部环境和条件的变化,寻找最优资本结构是很困难的。下面主要介绍两种确定最优资本结构的方法,即每股收益分析法和比较资金成本法。

1. 每股收益分析法

每股收益分析法认为能提高每股收益的资本结构是合理的,反之则不够合理。企业每股收益的高低不仅受特定资本结构的影响,还要受到具体销售水平变动的影响。每股收益分析法的基本思路是,通过确定每股收益无差别点进而分析这三个变量间的数量关系,得到旅游企业资本结构的最优解。

每股收益分析法的核心是确定每股收益无差别点。所谓每股收益无差别点是指每股收益不受筹资方式影响的息税前利润水平。即在该息税前利润水平上,不同筹资方式的每股收益都相等。按照某一息税前利润水平计算的每股收益的公式为：

$$EPS = \frac{(EBIT - I)(1-T) - PD}{N} \qquad (3-23)$$

式中：EPS 为每股收益；

EBIT 为税息前利润；

I 为企业负债资金应付利息；

T 为企业所得税税率；

PD 为优先股股利总额；

N 为流通在外的普通股股数。

$$\frac{EBIT - I_1(1-T) - PD}{N_1} = \frac{(EBIT - I_2)(1-T) - PD}{N_2} \qquad (3-24)$$

式中：I_1 为筹资方案(1)应负担的利息费用；

I_2 为筹资方案(2)应负担的利息费用；

N_1 为筹资方案(1)流通在外的股份数；

N_2 为筹资方案(2)发售在外的股份数。

【例9】 某景区为增加接待能力，拟新建一家经济型酒店 S，需筹资 200 万元，预计建成后年营业额为 300 万元，变动成本率为 60%，固定成本为 80 万元，企业所得税税率为 25%。提出两个筹资方案：(1)发行普通股筹资，每股发行价 20 元，共发行 10 万股；(2)债务筹集 100 万元，债务利率为 12%，其余采用普通股筹集，每股发行价 20 元。

两个筹资方案在 EPS 无差别点时：

$$EPS_1 = EPS_2$$

$$\frac{(EBIT - 0)(1-T)}{N_1} = \frac{(EBIT - 0)(1-T)}{N_2}$$

$$EBIT = \frac{N_1 I}{N_1 - N_2} = \frac{10 \times 100 \times 12\%}{10 - \frac{100}{20}} = 24(万元)$$

此时 $EPS_1 = EPS_2 = \dfrac{24 \times (1 - 25\%)}{10} = 1.8$

上述计算结果表明，当 S 经济型酒店的 EBIT＝24 万元时，两种筹资方案的 EPS 相等，采用两种方案无差异；当 EBIT 大于 24 万元时，采用负债筹资较为有利；反之，应该以多发行普通股为宜。

2. 比较资本成本法

该方法是计算不同筹资方案的加权平均资本成本进行资本结构决策的方法。企业的资本结构决策分为初创筹资决策和追加筹资决策。初创筹资决策时计算不同方案的综合资本成本，追加筹资决策时计算边际资本成本。

【例10】 某公司欲筹资600万元,有两种方案可供选择,两方案的筹资组合及个别资本成本如下表。

筹资方式	A方案		B方案	
	筹资金额	个别成本%	筹资金额	个别成本%
长期借款	100	6	300	10
长期债券	200	8	200	8
普通股	300	10	100	15
合计	600		600	

要求:确定公司初始筹资时最佳的资本结构。

A方案的综合资本成本:

 6％×100/600＋8％×200/600＋10％×300/600＝8.67％

B方案的综合资本成本:

 10％×300/600＋8％×200/600＋15％×100/600＝10.17％

由于A方案的综合资本成本较低,所以应该选择A方案,A方案所对应的资本结构即为公司初始筹资时最佳的资本结构。

【例11】 该公司欲在上述选择A方案的基础上,再各追加筹资100万元,有两个方案可供选择,各方案的追加金额及个别边际成本如下表。

追加筹资方式	A方案		B方案	
	筹资金额	个别成本%	筹资金额	个别成本%
长期借款	20	12	80	15
长期债券	30	13	20	8
普通股	50	16		12.5
合计	100		100	

要求:确定公司追加筹资时最佳的资本结构。

有两种解题思路:

一是计算两种追加筹资的边际资本成本。

A方案的综合边际资本成本:

 12％×20/100＋13％×30/100＋16％×50/100＝13.7％

B方案的综合边际资本成本:

 15％×80/100＋12.5％×20/100＝14.5％

由于A方案的综合边际资本成本较低,所以应该选择A方案,A方案所对应的资本结构即为公司的最佳资本结构。

二是将原有资本结构和追加筹资结合起来进行考虑,选择整体最佳的资本结构。即将上述公司选择 A 方案后的初始筹资 600 万元和追加筹资 100 万元共 700 万元综合起来考虑,求出公司的整体综合资本成本并选择低者。

A 方案的整体综合资本成本:

$$6\% \times 100/700 + 12\% \times 20/700 + 8\% \times 200/700 + 13\% \times 50/700 + 16\% \times 300/700 + 16\% \times 50/700 = 11.97\%$$

上式中,原有普通股 300 万股的资金成本,选用追加筹资时新普通股的资金成本 16%,而不是选用旧资金成本 10%。其原因在于:普通股具有同股、同权、同利的特点,旧普通股和新普通股应该按照新的股利率来分配股利。从筹资方来说,投资人获得的新股利率即筹资方支付的新资金成本率。

B 方案的整体综合资本成本:

$$6\% \times 100/700 + 15\% \times 80/700 + 8\% \times 200/700 + 12.5\% \times 20/700 + 10\% \times 300/700 = 9.51\%$$

由于 B 方案的整体综合边际资本成本较低,所以应该选择 B 方案,B 方案所对应的资本结构即为公司追加筹资后,新旧资金相加最佳的资本结构。

可见,追加筹资时,只考虑追加的资金,选用比较综合边际成本法与将新旧筹资结合起来选用整体综合资本成本法相比,其结果是不一样的。由于追加筹资后,企业需要将新旧资金结合起来进行运营,需要考虑追加筹资后,是否保持了最佳的负债规模,是否保持了权益资本和债务资本的最佳比例关系,所以应该以第二种方法——将新旧筹资结合起来选用比较整体综合资本成本法更好。事实上,企业追加筹资后,原有的最佳资本结构也将不复存在,需要将新旧筹资结合起来考虑,重新确定一个最佳的资本结构。

(三)资本结构决策的影响因素

1.旅游企业外部的主要影响因素

(1)政府政策、法律的影响。政府为了规范市场秩序,进行宏观调控,要用政策和法规限制企业的行为,比如为了紧缩银根,政府提高存款准备金和再贴现率,使金融机构收缩贷款规模,从而使旅游企业负债比率下降。

(2)经济周期的波动。在市场经济下,任何国家的经济都是在波动中发展的,大致表现出复苏、繁荣、衰退和萧条的周期循环,即经济周期。一般而言,在经济衰退、萧条阶段,由于宏观经济不景气,多数旅游企业经营困难,财务状况不佳,甚至恶化。因此,应尽可能压缩负债,甚至零负债。而在经济复苏、繁荣阶段,由于经济走出低谷,市场需求旺盛,大部分旅游企业的销售顺畅,利润水平不断上升,此时应适当增加负债,使旅游企业得以迅速发展。

(3)证券市场的状况。对于旅游上市公司来说,证券市场主要从两个方面影响企业的负债率:一是证券市场总的趋势。"牛市"时,投资者为了获得较大的收益,更注重于股票投资;"熊市"时,投资者为了降低风险,更倾向于投资债券,从而使旅游企业的资产负债率较高。二是旅游公司证券的竞争力。证券竞争力弱的公司更倾向于采用保留盈余的筹资方式,从而使企业的负债率较低。

(4)债权人和信用等级评定机构。债权人主要考虑的是,如果旅游企业债务过多会损害其偿债能力,这可能会使自己面临更多的风险。信用等级评定机构通常用利息保障倍数等指标来判断企业的信用等级,它们的态度将决定债权人的态度。

(5)行业和民族文化因素。在行业因素上,当旅游企业处于行业竞争激烈时,其资产负债率应该低一些。因为行业进入壁垒较小,企业利润微薄;反之,其资产负债率就可以高一些。Collirns 和 Sekely 于 1983 年对总部设立在 9 个不同国家的 411 家企业的资本结构进行调查,结果显示:总部设于不同国家的企业的资本结构有着显著差别。因此,他们认为文化制度因素可能是导致资本结构国际差异的首要因素。

(6)利率水平的变动趋势。如果企业财务人员认为利率暂时较低,但不久后可能上升的话,便会大量发行长期债券,从而在若干年内把利率保持在较低水平上。

2. 旅游企业内部的主要影响因素

(1)企业的规模。大企业容易采取多角化经营来回避风险,因为相同的负债水平带来的破产风险较小,这样会采取更高的负债。从另一个角度考虑,企业规模越大,筹资的方法越多,如通过证券市场发行股票、吸收国家和法人单位投资等,因此,负债比率一般较低。而小企业由于面临更大的破产风险,其长期融资(主要是股东和债券融资)成本相对较高,所以小企业更倾向于短期融资。

(2)企业资产结构。资本密集型企业一般拥有较多的不动产,这些资产适合用作贷款抵押,故财务杠杆相对较高。技术密集型或劳动力密集型企业,其资产构成中流动资产偏多,应选择财务杠杆相对低的资本结构。

(3)企业的成长与销售稳定性。成长性好、销售稳定的旅游企业,筹资能力强,同时也有较好的现金流量,保证负债的还本付息。这种旅游企业可以利用财务杠杆作用,使企业每股净收益有更大提高。

(4)获利能力和举借能力。在实践中,投资报酬率高、获利能力强的旅游企业一般较少采用负债筹资,尤其是那些有一定规模,并处于巩固稳定期的旅游企业。一方面,这些旅游企业不急需外部资金供其发展之用;另一方面,因为有较好的获利能力,旅游企业往往有较多的留存收益,故利用内部积累就可满足资金需要。另外,有时旅游企业为了保持较好的举债能力,则倾向于在正常情况下少使用负债筹资,以保证企业随时可按较低利率发行债券或取得长期借款。

(5)企业所有者和管理人员的态度。如果旅游企业的股票为众多投资者持有,没有绝对控制权,则可能更倾向于发行新股来筹集资金。相反,如果旅游企业被少数股东所控制,一般会尽量避免股权筹资。另外,喜欢冒险的财务管理人员,可能会安排比较高的负债比例,而持稳健态度的财务管理人员则可能使用较少的债务。

第四节 旅游企业筹资风险

一、筹资风险的含义

筹资风险,又称财务风险,它是指企业因借入资金而产生的丧失偿债能力的可能性和企业利润(股东收益)的可变性。企业在筹资、投资和生产经营活动各环节中无不承担一定程度的风险。筹资活动是一个企业生产经营活动的起点。一般企业筹集资金的主要目的,是为了扩大生产经营规模,提高经济效益。企业为了取得更多的经济效益而进行筹资,必然会增加按期还本付息的筹资负担,由于企业资金利润率和借款利息率都具有不确定性(都可能提高或降低),从而使得企业资金利润率可能高于或低于借款利息率。如果企业决策正确,管理有效,就可以实现其经营目标(使企业的资金利润率高于借款利息率)。但在市场经济条件下,由于市场行情的瞬息万变,企业之间的竞争日益激烈,都可能导致决策失误,管理措施失当,从而使得筹集资金的使用效益具有很大的不确定性,由此产生了筹资风险。

企业承担风险程度因负债方式、期限及资金使用方式等不同面临的偿债压力也有所不同。因此,筹资决策除规划资金需要数量,并以合适的方式筹措到所需资金以外,还必须正确权衡不同筹资方式下的风险程度,并提出回避和防范风险的措施。

二、筹资风险的种类

按照筹资风险的成因不同,负债筹资风险可以分为现金性筹资风险和收支性筹资风险。

(一)现金性筹资风险

现金性筹资风险是指由于现金短缺、现金流入的期间结构与债务的期限结构不相匹配而形成的一种支付风险。现金性筹资风险对企业未来的筹资影响并不大。同时由于会计处理上受权责发生制的影响,即使企业当期投入大于支出也并不等于企业就有现金流入,即它与企业收支是否盈余没有直接的关系。现金性筹资风险产生的根源在于企业理财不当,使现金预算安排不妥或执行不力造成支付危机。此外,在资本结构安排不合理、债务期限结构搭配不好时也会引发企业在某一时点的偿债风险。

(二)收支性筹资风险

收支性筹资风险是指企业在收不抵支的情况下出现的到期无力偿还债务本息的风险。收支性筹资风险是一种整体风险,它会对企业债务的偿还产生不利影响。从这一风险产生的原因看,一旦这种风险产生即意味着企业经营的失败,或者正处于资不抵债的破产状态。因此,它不仅是一种理财不当造成的支付风险,更主要是由于企业经营不当造成的净产量总量减少所致。出现收支性筹资风险不仅将使债权人的权益受到威胁,而且将使企业所有者面临更大的风险和压力。因此它又是一种终极风险,其风险的进一步延伸会导致企业破产。

三、筹资风险的分析

(一)分析企业盈利能力及其稳定性

盈利能力是企业经营和理财业绩的主要方面,是企业生存和发展的基础。一个健康企业其偿债资金一般来源于其盈利,而非负债资金,这样企业才有能力抗击各种风险,有实力迅速补偿风险造成的各种损失,否则企业将弱不禁风,随时面临着破产倒闭的风险。分析一个企业的盈利能力仅看一至两个会计年度是不够的,它仅仅反映了企业的短期经营成果,要对其若干年度的盈利情况进行比较分析,才能客观地判断企业持续稳定的获利水平和创造能力。因此,盈利能力分析是判断企业是否存在筹资风险的前提条件,也是资信评估中首要考虑的因素之一。

(二)分析企业偿债能力及其可靠性

企业由于自有资金不足,经常要靠举债筹集其所需的资金,如果生产经营活动能正常进行,能够及时归还其债务本息,就不致造成财务风险,而且企业还能从举债经营中获得盈利;但是如果缺乏按时偿还债务的准备和能力,企业便会陷入"举债—再举债—债上加债"的恶性循环之中,以致危及企业的生存。在我国资信评估指标体系中评价偿债能力的指标占了较大的比重,这说明偿债能力分析也是判断是否存在筹资风险的一个重要方面。

(三)分析企业资本结构及其稳健性

企业要进行正常的生产经营活动必须拥有一定的资本金,并通过最初资本金的运用获得盈利和积累,以扩大和增强企业的实力。企业资本金不仅要有稳定的来源,同时要有合理的构成,且符合国家有关方针、政策和法律法规的规定,符合企业有关章程、制度的规定,满足企业生产经营的需要,符合企业发展方向,体现稳健经营、减少风险的原则;反之,如果企业资金来源及构成混乱,企业的内部功能便会减弱,各种风险便会滋生、蔓延。如一个企业接受的投资多数为小轿车、室内装修、高级办公用品等非生产性资产,这种方式虽然增强了企业的实力,扩大了企业固定资产比重,但是企业实际生产能力并没有提高,反而降低了企业的资金利用率,相对减少了其盈利,进而增加了其财务风险。

(四)分析企业资金分布及其合理性

企业经营资金总是分布在生产经营过程的各个环节中,企业经营的好坏并不完全取决于其筹资能力,更重要的是能否将其筹集的资金合理地运用到经营各个环节,使资金得到充分利用。也就是说,加快企业资金周转速度,以最少的资金量获得最大的收益,使企业增强抗风险的能力。一旦企业的资金在某个环节出现停滞,就会引起其整体经营状况发生恶化,进而引发财务风险。

(五)分析企业成长能力及其持续性

成长能力是指企业生产经营发展后劲和持续力,包括企业生产经营的安全性、盈利性、应变性和竞争力及抗风险能力。对企业成长能力的分析往往是对其综合能力的分析,其分析方法有企业市场开发和占有率、生产经营管理组织、技术进步状况、企业管理人员和职工的综合素质、企业产品及其优势等。一般来说,成长性好的企业抗风险能力强,在激烈竞争中立于不败之地。

四、筹资风险的规避

(一)确定最佳资本结构

所谓最佳资本结构是指在企业可接受的最大筹资风险以内,总资本成本最低的资本结构。一个企业只有股权资本而没有负债资本,虽然没有筹资风险,但是资金成本较高,收益也不能最大化;反之,如果没有股权资本,企业也不可能接收到负债性资本。如果负债资本多,企业的资本成本虽然可以降低,收益可以提高,但风险却加大了。因此,应确定一个最佳资本结构,在筹资风险和筹资成本之间进行权衡,使企业价值最大化。

(二)合理安排筹资期限组合方式

筹措长期资本,成本较大、弹性小、风险小,而短期资本则与之相反。因此,企业在安排长、短期筹资方式的比例时,必须在风险与收益之间进行权衡。一般来说,企业对筹资期限结构的安排主要有两种方式:中庸筹资法和保守筹资法。

1. 中庸筹资法

这是经常用到的筹资方法,是指企业根据资产的变现日期,安排相应的筹资期限结构,使资产的偿付日期与资产的变现日期相匹配。在采用中庸筹资方法的情况下,企业流动资产的短期性变动部分与季节性变动部分用短期负债筹措资金,长期性流动资产与固定资产则通过长期负债、股东权益等长期性资金予以解决。企业采用中庸筹资法时,在当年,除安排长期借款外,就无需在淡季进行短期借款了,短期借款将用多余的现金偿还。当企业经营进入旺季需要资金时,可以进行短期借款,这样企业只有在需要资金的场合才去筹资。采用此种筹资政策,可使企业降低其无法偿还即将到期负债的风险。

2. 保守筹资法

采用保守筹资法,企业不但以长期资金来满足永久性流动资产和固定资产,而且还以长期资金来满足由于季节性或循环性波动而产生的部分或全部暂时性资产的资金需求。这样,企业在淡季时,由于对资金的需求下降,可以将闲置的资金投到短期有价证券上。通过这种方式,企业不但可以赚到若干报酬,还可以将其部分变现,储存起来以备旺季时使用。但在旺季时,资金需求增加,这时除了出售企业所储存的有价证券外,仍然要使用少量的短期信用才能筹措到足够的资金,以满足其临时性资金的需求。

(三)科学预测利率及汇率的变动

利率变动主要是由货币的供求关系变动和物价上涨率以及政策干预引起的。利率的经常变动给企业的筹资带来很大的风险。这就需要企业根据利率的走势,认真研究资金市场的供求情况,作出相应的筹资安排。在利率处于高水平时期,尽量少筹资或只筹急需的短期资金。在利率处于由高向低过渡时期也尽量少筹资,不得不筹的资金,应采用浮动利率的计量方式。在利率处于低水平时,筹资较为有利,在利率由低向高过渡时期,应积极筹措长期资金并尽量采用固定利率的计息方式。

另外,应积极使用金融工具规避利率变动带来的筹资风险,如利率互换、远期利率合约、利率期货和利率期权。

金融市场上影响汇率变动的基本因素主要是货币所代表的价值量的变化和货币供求状况的变化。因此从预测汇率变动趋势入手,制定外汇风险管理战略,规避筹资过程中汇率变动带来的风险。一是注意债务分散,即借款和还款时间不要过于集中,以防止汇率短时间内的突然变化而造成债务增加。另外,债务的币种结构要合理,尽可能分散为几种货币。二是实行"配对管理",尽可能使借款货币、用款货币与还款货币相一致。三是妥善选择筹资中的货币,并注意货币币种与汇率的搭配选择,争取借"硬"货币,还"软"货币。四是在合同中加列保值条款。五是运用金融工具如货币互换、远期外汇合约和货币期货交易来规避汇率变动带来的风险。

(四)风险的转移

企业的筹资费用总和可能会超过企业的财务负担。在这种情况下,通常的做法就是转移风险。最常见的做法:一是开展专业化协作,将一些风险较大的项目承包给能力较强的企业去完成。二是通过保险分散风险,可以稳定企业的资金结构,避免过多的债务输入和过高的资金支出,缓解企业资金紧张、风险恶化的局势。我国加入WTO后,国际性的保险公司在我国开展业务后,带来新的经营理念,会进一步促我国保险业的发展。保险在防范企业筹资风险中会起到越来越大的作用。

风险与机遇并存,在激烈的竞争条件下,企业只有加强经营管理,提高自己的竞争能力、盈利能力,才能降低筹资风险。

小组讨论案例

上海锦江国际发展股份有限公司的筹资计划

上海锦江国际发展股份有限公司(以下简称锦江国际)是由上海新亚(集团)联营公司改制而成的。1993年6月,上海新亚(集团)联营公司以定向募集方式设立上海新亚(集团)股份有限公司,1994年11月,又改制为社会募集股份有限公司,发行B股1000万股(锦江B股,900934),并于同年12月15日在上交所上市交易,1996年10月11日,公司A股2500万股(G锦江,600754)在上交所上市交易。通过"送转股"、内部职工股上市、增发和股权分置等方式,截止到2006年12月31日,公司总股本达到60324.07万股。

锦江国际是国内酒店业的龙头企业,其经营范围非常广泛,其中宾馆、餐饮、食品生产及连锁经营、旅游等为核心业务。截至2006年12月,锦江国际投资、加盟和管理的星级酒店总数达到92家,经济型酒店65家。2006年度酒店投资业务、酒店管理业务及连锁餐饮业务的毛利率分别达到81.84%、92.33%、46.95%。

1.行业发展趋势和市场竞争格局

中国加入WTO之后,北京和上海又分别成功取得了2008年奥运会和2010年世博会的举办权,中国与各国的经济文化交流将更广泛、更深入。中国稳定的社会环境和丰富的旅游资源,持续吸引着世界各国的客人。1990～2006年间,我国城镇居民人均可支配收入年平均增长率为14.29%,农村人均纯收入年平均增长率为11.48%,我国居民收入不断提高,节假日增多以及带薪休假制度的执行,国内旅游呈现不断增长的趋势。根据国家有关部门统计,2006年我国入境旅游人数1.25亿人次,比上年增长3.87%;国内出境人数达3452万人次,增长11.3%,其中因私出境占出境人数的83.4%;国内旅游人数13.94亿人次,比上年增长10.0%;全国旅游业总收入8 911亿元,比上年增长15.94%。据预测,我国出入境旅游、国内旅游和商务旅游等市场仍会适度增长。可见公司所处行业发展趋势良好。

锦江国际近几年一直致力于提高投资效益、产业规模和竞争能力,这些举措给公司的发展提供了条件。但市场竞争也正在加剧,一些国际酒店集团将其发展战略的重点放在中国,国内酒店集团发展步伐纷纷加快,公司在管理、品牌、网络、人才等方面的核心竞争力受到越来越大的挑战。

2. 公司战略规划

公司确立了"国际化、品牌化、市场化"的发展战略,以专业化的星级酒店管理为核心业务和发展方向,并通过投资锦江之星旅游有限公司和上海锦江国际旅馆投资有限公司分享经济型旅馆的发展成果,继续拓展连锁中西快餐的投资经营,进一步提升公司的核心竞争能力,保持本公司在国内同行业市场的领先地位,实现公司价值最大化。为实施上述发展战略,公司2005年第一次临时股东大会作出决议,拟将若干酒店资产增资于上海锦江国际旅游投资有限公司,并继续对旗下酒店投资业务进行整合,择机转让与酒店管理业务不匹配的酒店资产,转让所得用于收购酒店品牌、酒店管理公司及网络建设等。通过上述资产及业务的进一步整合,公司与控股股东之间的分工协作关系将更加明晰,酒店集团将会更专注于发展酒店资产投资及经济型旅馆等业务。

3. 公司2007年度经营计划

在酒店管理业务方面,2007年公司将继续推进酒店管理公司规模化和国际化进程。年内新签管理合约不少于2000间客房;强化酒店品牌建设,统一和强化成员酒店品牌形象;实施"忠诚客户计划",培养、扩大锦江品牌忠诚客户群体;深化酒店标准和运作体系的建设与推广,继续在外管酒店推广实行品牌手册、核心标准;实现中央预订系统的全面应用,加大锦江酒店电子商务网站的推广力度;发挥锦江理诺士专业培训资源优势,强化酒店管理人才培养和储备。

在连锁餐饮业务方面,公司将继续发展中西快餐业务,上海"肯德基"将通过网络规则、优化布局、探索小店模式、持续开发新产品等方式继续保持市场领头羊的地位;"新亚大家乐"将通过关店调整与新开网点并进的方式,狠抓质量、提升品牌,逐步开拓长三角市场,争取年内扭亏为盈;"吉野家"将集中力量确保新店铺开发,强化组织系统,提升营运品质;"静安面包房"将建立标准,尝试特许加盟业务,引进国外先进技术和管理,提升品牌形象。在股权投资方面,做好武汉锦江国际大酒店的试运营工作;积极关注公司参股的长江证券有限责任公司被石家庄炼油化工股份有限公司以新增股份方式吸收合并的进程,做好相关工作。

4. 2006年公司经营战略所需的资金、使用计划及资金来源情况

公司预计在2007年需要投入5 000万元至10 000万元资金,主要用于控股酒店的更新改造、连锁餐饮门店的新建及管理资源的投入等。这些资金来源渠道主要是自有资金和银行贷款。

资料来源:中国旅游网(http://www.cnta.gov.cn)和国家统计局(http://www.stats.gov.cn)。

要求:试对上海锦江国际发展股份有限公司的筹资计划进行深入分析。

本章思考题

1. 什么是筹资？旅游企业筹资的目的、原则是什么？
2. 旅游企业筹资的主要渠道和方式有哪些？
3. 试比较普通股筹资和优先股筹资的异同。
4. 旅游企业资本成本的含义及其重要作用是什么？
5. 旅游企业筹资风险的规避途径有哪些？
6. 什么是资本结构？其种类有哪些？
7. 某旅游企业取得 5 年期的长期借款 400 万元，年利率为 6%，每年付息一次，到期一次还本，筹资费率为 0.5%，所得税税率为 25%，问此项借款的成本是多少？

第四章 旅游企业投资管理

学习目的
- 了解旅游企业投资的意义、投资的原则和投资的分类
- 掌握作为项目投资评价基础的现金流量的计算以及项目投资评价的基本方法
- 掌握投资风险的衡量指标
- 掌握债券价格的确定
- 股票估价模型和股票投资收益率的计算

第一节 旅游企业投资概述

一、旅游企业投资的意义

按照《企业会计准则——投资》的表述,投资是指旅游企业为在将来获得经济利益或者为降低经营风险而将资金投放于某一特定对象的经济行为。旅游企业通过前面筹资决策获得了生产经营所必需的资金供应,如何使用这些资金以获得最大化的经济利益是旅游企业投资决策的核心问题。投资是旅游企业重要的财务活动之一,亦是旅游企业财务管理的重点。对于旅游企业的生存与发展具有重要的意义。

旅游企业财务管理的目标是不断提高企业价值,为保证这一目标的实现,旅游企业需要采取各种途径增加利润并降低经营风险。企业要想获得利润,必须开展生产经营活动,各项生产经营活动的开展离不开资金的支持。因此,旅游企业投资的意义可以概括如下:

1. 投资是旅游企业获得利润的基本保证和前提

旅游企业的直接经济目的是盈利,要盈利就必须获取投资收益,而要获取投

资收益就必须进行投资活动。在市场经济条件下,旅游企业要保证盈利目标的实现,必须拥有一定数量的资金,并将其投放到生产经营之中,为生产经营提供必要的物质基础,最终保证盈利目标的实现。

2. 投资是旅游企业维持和保证再生产的必要手段

旅游企业要维持再生产,必须不断更新和增加再生产活动所需要的人力、物力,如维护酒店客房、改进旅游服务项目质量、提高员工旅游服务技能水平等,这些都要通过一系列投资活动完成。同时旅游企业在当前市场经济条件下面临日趋激烈的市场竞争,企业为提高竞争力,必须适当扩大经营规模,适时推出新的旅游服务项目,这可能需要旅游企业新建旅游服务基础设施、增加先进的生产设备、更换先进的劳动工具等,这也需要旅游企业在这些项目上投入必要的资金。

3. 投资是旅游企业降低经营风险的重要手段

对于旅游企业来说,投资决策面临将资金投入到何种项目上及投入多少的核心决策问题。由于旅游企业所面临的是一个多元化的经营市场,意味着企业的投资将有更多的可选择性,不同项目的投资其收益与风险也是不同的,旅游企业必须在保证投资收益的前提下,采取一切可能的手段尽可能降低投资所带来的风险。进行多项目投资、实行投资组合被证明是有效降低投资风险的手段。

二、旅游企业投资的原则

旅游企业投资以增加利润、提高企业价值为根本目标。企业能否实现这一目标,其关键在于旅游企业能否在当前激烈的市场竞争中,把握投资机会,合理进行投资决策。因此,旅游企业在进行投资决策时必须坚持以下原则:

1. 可行性投资原则

为保证投资决策的正确有效,旅游企业必须使用科学的投资决策程序,认真进行投资项目的可行性分析。投资项目的可行性分析的主要内容是投资项目在技术上是否先进、适用,在经济上是否合理、有利。此外,该项目投资的人、财、物等资源需要量、投资建设期、投资项目产品(服务)的市场需求等也是投资可行性分析的内容。

2. 及时性投资原则

旅游企业必须在充分认识企业投资所面临的内、外环境(资源、政策、法律、市场需求等)的情况下,寻求能实现企业目标的最佳投资机会。旅游企业的生产经营活动是在一定的经济环境中进行的,进行投资,必须认真分析企业所面临的外部宏观环境(如市场、政策法规等),明确市场的需求、国家的政策;同时也要认真分析旅游企业自身条件(如资金实力、管理水平、经营周期等)和意向投资对象的情况(如竞争对手、市场占有率、投资风险等),最终根据企业内外条件的综合分析,选择合适的投资项目。

3.组合性投资原则

旅游企业在投资项目、投资工具、投资期限等方面的决策上,应该采用多项目、多元化投资组合以实现投资目标。在旅游企业实际投资活动中,对于投资项目、投资工具、投资期限等均具有可选择性,不同的投资项目(如内部投资、外部投资)、不同的投资工具(如股票投资、债券投资)、不同的投资期限(如长期投资、短期投资)具有不同的投资收益和风险水平。旅游企业的投资必须兼顾内外、长短结合、工具多元化,实行综合性投资,这样可以有效保证投资目标和整个企业经营目标的实现。

三、旅游企业投资的分类

旅游企业为加强对投资的管理,提高投资效益,必须对投资活动进行科学的分类。依据不同的标准,旅游企业投资可作如下主要分类:

(一)按投资范围分为内部投资和外部投资

内部投资又称为对内投资或项目投资,是指对旅游企业内部生产经营所需要资产的投资,包括对流动资产、固定资产、无形资产以及其他资产的投资。内部投资的根本目的是为保证旅游企业生产经营过程的连续和生产经营规模的扩大。旅游企业内部投资按其与企业未来经营活动的关系还可以再细分为维持性投资与扩大生产能力投资。维持性投资是为了维持旅游企业的正常生产经营活动,保持现在生产经营能力而进行的投资,如固定资产的更新投资等;扩大生产能力投资是指旅游企业为扩大生产经营规模,增加新的旅游服务项目,或改变企业经营方向,对旅游企业未来的生产经营与发展具有重大影响的投资,如新建旅游服务设施等。相对来说,扩大生产能力投资的投资数额更大,周期更长,投资的次数较少,对旅游企业影响时间也更长。在旅游企业的全部投资活动中,内部投资具有十分重要的地位,它具有投资数额大、投资面广、对企业的稳定与发展和未来盈利能力、偿债能力影响巨大的特点。

外部投资也称为对外投资,是指旅游企业将所拥有的资金直接投放于其他企业或用于购买其他企业有价证券的投资活动。外部投资的根本目的是出于对投资利润(股利或债券利息)或旅游企业市场竞争(影响或控制其他企业或竞争对手)的考虑。旅游企业外部投资按其投资的具体形式可细分为股票投资、债券投资和其他投资三类。股票投资是旅游企业以购买其他企业发行的股票的方式进行的投资,也称为股权投资;债券投资则是旅游企业以购买其他企业发行的债券的方式进行的投资,也称为债权投资;股票投资和债券投资统称为证券投资。其他投资是指旅游企业将资金直接投资于企业外部除股票和债券外的其他投资项目,如对其他企业的联营投资、兼并投资等。

(二)按投资期限长短分为长期投资和短期投资

短期投资是指可于一年或一个营业周期内收回或变现的投资,主要内容包括现金、应收票据、应收账款、存货和准备随时变现的各种有价证券。短期投资一般具有投资时间短、变现能力强、周转速度快、波动性大等特点。长期投资通常指超过一年或一个营业周期才能收回或变现的各种投资,在旅游企业的资产负债表上列为企业的非流动资产项目,主要内容包括为维持或扩大生产而购建的房屋、设备、建筑物等固定资产,以及为影响或控制其他企业而购入的一年以上的各种有价证券。长期投资具有投资数额大、回收期长、变现能力差等特点。

(三)按投资的形式分为直接投资和间接投资

直接投资是指旅游企业以现金、实物、无形资产等直接投放于经营性资产,以期获取经营利润的投资活动,既包括对内直接投资,也包括对其他企业的直接投资。这种投资活动直接形成旅游企业生产经营活动的能力或为生产经营活动创造必要的条件。它具有与生产经营活动紧密联系的特点。

间接投资则主要是指以购买有价证券(如股票和债券)的方式将企业资金投放于金融性资产,以期获取股利或利息的投资活动。间接投资不直接形成企业生产经营能力。

(四)其他分类

旅游企业的投资活动除按上述两种主要标准进行分类外,还可以根据投资管理的要求,采用其他标准进行分类。

1. 按投资对企业未来的综合影响程度分为战术性投资和战略性投资

战术性投资是指通常不会对旅游企业生产经营前途造成整体的重大影响,一般只涉及企业生产经营活动的某一局部的投资活动。如为提高劳动生产率进行的投资、为改善工作环境而进行的投资等。战略性投资是指会影响旅游企业未来整体的生产经营,具有全局性重大影响的投资活动。如转变经营方向的投资等。战略性投资相对于战术性投资来说,具有投资资金更多、回收时间更长、风险更大等特点。

2. 按照投资的风险程度分为确定性投资和风险性投资

确定性投资是指对未来可能影响投资决策的各种因素及影响程度都能明确掌握的情况下进行的投资。如债券投资,其还本、付息的日期及金额都是事先可以确定的,因此属于确定性投资。确定性投资由于影响投资的因素是明确的,因此具有投资风险小、投资收益较容易预测等特点,进行这类投资决策时一般不需要考虑投资的风险问题。

风险性投资是指对未来可能影响投资决策的各种因素及影响程度都不能明

确掌握的情况下进行的投资。如股票投资,由于投资的损益及其数额大小事先无法确定,因而属于风险性投资。在无法确定投资各种影响因素及其影响程度的情况下进行的投资决策称为风险性投资决策。风险性投资的风险一般比较大,对未来影响投资的因素较难准确把握,对投资的收益也无法准确做出预测。因而进行这类投资时必须充分考虑投资风险,计算风险收益,进而做出合理的投资决策;否则,将给旅游企业带来不利的影响,甚至会发生重大的经济损失。

3. 按投资项目之间的相关性分为相关性投资和非相关性投资

相关性投资是指如果对某个项目的投资将会显著地影响其他的投资项目或受其他投资项目的显著影响,则这两个投资项目互为相关性,反之为非相关性投资。如酒店购买办公车辆的投资与修建自用停车场的投资属于相关性投资,但与增加餐厅就餐容量的投资则互为非相关性的投资。

4. 按投资项目决策类型分为采纳与否投资与互斥性选择投资

采纳与否投资是指决定是否投资于某一项目的投资决策。互斥性选择投资是指只能从两个及以上项目中选择一个投资项目的投资决策。

第二节 旅游企业项目投资

一、项目投资概述

项目投资是一种以特定项目为对象,直接与新建项目或更新改造项目有关的长期投资行为。项目投资按其涉及内容还可进一步细分为单纯固定资产投资和完整工业投资项目。单纯固定资产投资项目的特点在于:在投资中只包括为取得固定资产而发生的垫支资本投入而不涉及周转资本的投入;完整工业投资项目则不仅包括固定资产投资,而且还涉及流动资金投资,甚至包括其他长期资产项目(如无形资产、长期待摊费用等)的投资。与其他形式的投资相比,项目投资具有投资内容独特(每个项目都至少涉及一项固定资产投资)、投资数额多、影响时间长(至少一年或一个营业周期以上)、发生频率低、变现能力差和投资风险大的特点。

二、项目投资评价的基础——现金流量

旅游企业项目投资决策是一项复杂的系统工程,必须使用科学合理的决策方法和程序,认真分析投资的各项影响因素及影响程度,树立投资风险意识,在

全面深入调查研究和开展可行性分析的基础上,评价投资效益及效果。

(一)项目投资评价使用现金流量为基础的原因

财务会计是按照权责发生制为基础计算旅游企业的收入和成本的,并以收入减去成本后的差额为企业的利润,以此评价企业经济效益。在项目投资评价中,不能以权责发生制计算的收入和成本为基础计算项目投资的效益,而应该使用收付实现制计算的现金流入、现金流出和净现金流量作为项目投资评价的基础。其主要理由如下:

1.使用现金流量考虑了时间价值因素,符合旅游企业财务管理的现代财务观

现代财务管理认为资金具有时间价值,在财务管理实务中必须考虑资金的时间价值。对于项目投资来说,我们必须能够正确确定每笔收支的具体时间,因为不同时间的资金具有不同的价值。在衡量投资项目方案的优劣时,应该根据投资项目寿命期内各年的现金流量,按照资金成本,结合资金的时间价值来确定。

2.使用现金流量为基础的项目投资评价更符合客观实际

使用会计权责发生制计算的利润具有不够科学和客观的成分,利润的计算过程中会受较大的主观因素的影响,如存货的估价、费用的摊配和折旧等的计算方法,这导致了会计本身无法解释的一系列"怪现象",如某企业损益表显示企业本年获得了1 000万元的利润,但实际中企业却出现了现金短缺、生产经营无法维持的局面。项目投资若以权责发生制为基础,将未实现的收入作为收益进行投资决策,具有较大的风险,容易高估投资项目的经济效益,存在不科学、不合理的成分。

3.使用现金流量考虑了项目投资的逐步回收的问题

项目投资中的固定资产投资、无形资产投资等均会导致企业的现金流出,但是在项目投资完成后形成的资本,都需要通过折旧或摊销的方法计入成本,并从这些资产的存续期内分期从收入中补偿,这些各期获得的现金收入并不需要马上进行维持性投资,企业可以将其投入生产经营中周转,使其进一步增值,会产生新的现金收入,从而为企业带来未来的经济利益。上述现金收入的多少及收入的时间也是项目投资必须考虑的重要因素。

(二)现金流量的构成内容

项目投资评价中使用的现金流量包括现金流出量、现金流入量和现金净流量三个部分。

1.现金流出量

一个项目投资中的现金流出量是指该项目投资会引起的旅游企业现金支出

的增加数。其主要内容包括以下四个部分：

(1)固定资产投资。固定资产投资由工程直接费用、工程间接费用和建设期借款利息等构成。工程直接费用是投资于工程项目的各种直接费用支出，如土建工程费、设备购置费、工程安装调试费等；工程间接费用是指在固定资产项目投资建设期内发生的，除了工程直接费用外的其他各项费用，如工程设计勘测费、研究试验费、临时设施费、工程监理费、保险费、办公费等；建设期借款利息按现行会计制度的规定必须计入固定资产价值，因而也属于固定资产投资的构成内容。

(2)无形资产投资。无形资产投资主要包括土地使用权、专利权、商标权、专有技术、商誉、特许权等方面的投资。

(3)递延资产投资。递延资产投资主要包括开办费投资和其他递延资产投资。其中开办费投资主要由项目筹建期间的咨询调查费、人员培训费、筹建人员工资、汇兑损益和利息支出等构成；其他递延资产投资包括经营租入固定资产改良支出投资等。

(4)流动资产投资。流动资产投资是项目投入经营后为保证其生产经营活动正常进行所必需的周转资金。

2. 现金流入量

项目投资中的现金流入量是指该项目投资引起的企业现金收入的增加数。其主要包括以下三个部分：

(1)营业现金流入。营业现金流入是指项目投入经营后所取得的营业收入与付现成本后的差额。

(2)固定资产净残值收入。固定资产净残值收入是指固定资产清理获得的收入扣除清理成本后的差额。

(3)收回流动资金。当项目出售或报废时，该项目配套的流动资产投资可以收回用于其他用途。

3. 现金净流量

项目投资的现金净流量是指项目周期内现金流入量与现金流出量之差额。当现金流入量大于现金流出量时，现金净流量为正值；反之为负值。

(三)现金流量的确定方法

根据上述现金流量的构成内容，我们可以得到以下现金流量的计算公式：

现金流入量＝∑各年营业现金流入＋固定资产净残值收入＋收回流动资金

＝∑(各年营业收入－各年付现成本)＋固定资产净残值收入＋收回流动资金

＝∑[各年营业收入－(各年营业成本＋各年营业税金＋各年营业费用＋各

年管理费用＋各年财务费用)]×(1－所得税率)－各年折旧＋固定资产净残值收入＋收回流动资金

$$=\Sigma 各年营业利润×(1-所得税率)-各年折旧+固定资产净残值收入+收回流动资金 \qquad (4-1)$$

现金流出量＝固定资产投资＋无形资产投资＋递延资产投资＋流动资产投资 (4－2)

现金净流量＝现金流入量－现金流出量

$$=\Sigma 各年营业利润×(1-所得税率)-各年折旧+收回固定资产残值+收回流动资金-固定资产投资-无形资产投资-递延资产投资-流动资产投资 \qquad (4-3)$$

【例1】 某公司准备在某旅游景区投资建造一套娱乐设施。现有甲、乙两方案可供选择,甲方案需要投资100万元,使用寿命5年,采用直线法计提折旧,5年后无残值,5年中每年营业收入假定均为80万元,每年的付现成本均为30万元;乙方案需要投资120万元,使用寿命和折旧方法同甲方案,5年后残值为2万元,5年中每年营业收入均为100万元,付现成本第一年40万元,以后各年每年增加4万元,另需要一次性垫支营运资金30万元。假定所得税率为25%,试计算甲、乙两方案的现金流量。

首先计算两方案中每年的折旧额：

甲方案年折旧额＝100/5＝20(万元)

乙方案年折旧额＝(120－2)/5＝23.6(万元)

由于营业现金流量的构成内容较复杂,先用下表计算两方案的营业现金流量,最后再计算整个方案的现金流量。

项目投资的营业现金流量计算表(单位:万元)

项目 \ 年份	1	2	3	4	5
甲方案					
营业收入(1)	80	80	80	80	80
付现成本(2)	30	30	30	30	30
折旧(3)	20	20	20	20	20
税前利润(4)	30	30	30	30	30
所得税(5)	7.5	7.5	7.5	7.5	7.5
税后净利(6)	22.5	22.5	22.5	22.5	22.5

营业现金净流量(7)	42.5	42.5	42.5	42.5	42.5
乙方案					
营业收入(1)	100	100	100	100	100
付现成本(2)	40	44	48	52	56
折旧(3)	23.6	23.6	23.6	23.6	23.6
税前利润(4)	36.4	32.4	28.4	24.4	20.4
所得税(5)	9.1	8.1	7.1	6.1	5.1
税后净利(6)	27.3	24.3	21.3	18.3	15.3
营业现金净流量(7)	50.9	47.9	44.9	41.9	38.9

注：表中项目计算公式为：(4)＝(1)－(2)－(3)

(5)＝(4)×33%

(6)＝(4)－(5)

(7)＝(3)＋(6)

投资项目现金流量计算表(单位：万元)

年份 项目	0	1	2	3	4	5
甲方案						
固定资产投资	(100)					
营业现金净流量		42.5	42.5	42.5	42.5	42.5
项目现金流量合计	(100)	42.5	42.5	42.5	42.5	42.5
乙方案						
固定资产投资	(120)					
营运资金垫支	(30)					
营业现金净流量		50.9	47.9	44.9	41.9	38.9
固定资产净残值						2
回收流动资金						30
项目现金流量合计	(150)	50.9	47.9	44.9	41.9	70.9

三、项目投资评价的基本方法

项目投资评价的基本方法是在不考虑投资风险的条件下，对投资项目进行评价的方法，一般使用评价指标来实现。对项目投资评价时使用的指标分为两类:一类是贴现指标,即考虑了时间价值因素的指标,主要包括净现值、现值指数、内含报酬率等;另一类是非贴现指标,即没有考虑时间价值因素的指标,主要包括回收期、会计收益率等。根据分析评价指标的类别,项目投资评价的基本方法,也被分为贴现的评价方法和非贴现的评价方法两类。

(一)非贴现的评价方法

非贴现的评价方法也称为静态评价方法,使用这种评价方法不需要考虑资金的时间价值因素,它把不同时间的现金收支看成等效的。它主要包括投资回收期法和会计收益率法,现分述如下。

1. 投资回收期法

投资回收期法又称投资返本年限法,是计算项目投产后在正常生产经营条件下的收益额和计提的折旧额、无形资产摊销额用来收回项目总投资所需的时间,与行业基准投资回收期对比来分析项目投资财务效益的一种静态分析法。

投资回收期指标所衡量的是收回初始投资的速度的快慢。其基本的选择标准是:在只有一个项目可供选择时,该项目的投资回收期要小于决策者规定的最高标准;如果有多个项目可供选择时,在项目的投资回收期小于决策者要求的最高标准的前提下,还要从中选择回收期最短的项目。其计算公式为:

$$投资回收期 = \frac{投资总额}{每年净现金流量} \qquad (4-4)$$

现金流量是指一定时期内现金流动的数量。净现金流量作为一项财务指标是旅游企业的现金流入量与现金流出量之差。其计算公式为:

净现金流量 = (投资所增加的收入 - 投资所增加的费用 - 投资的折旧) × (1 - 所得税率) + 折旧

从公式可以看出,净现金流量也就是等于税后利润加上折旧,所以投资回收期公式也可以写成:

$$投资回收期 = \frac{投资总额}{该项投资每年可获税后利润 + 每年折旧费} \qquad (4-5)$$

从公式可以看出,净现金流量越大,投资回收期越短。如果投资回收期短于或等于可以接受的时期,那么此项目从财务上就是可接受的。例如旅游企业中的饭店类企业的投资回收期,一般为6~7年,因为这恰好是饭店设备的更新期,如果这时投资还未收回,势必会影响投资者再投资的信心。从国际上来讲,最快的4年可收回。随着改革开放,我国兴建了大批的中外合资旅游饭店,合作期一般在10~20年间,如果投资回收期少于合作期的2/3,便是有利可图的。

从投资回收期的公式中不难发现,分母包括了折旧额。如果折旧越大,那么投资回收期就越短,从这个意义上来说投资回收期在一定程度上考虑了投资的风险。投资回收期越短,说明其风险越小,投资的经济效益越好。

【例2】 某饭店欲购新型设备,投资为60万元,运费为1 500元,安装费为2 000元,预计可使用10年,投资后每年增加收入30万元,增加费用15万元,所得税率25%,预测投资回收期是多少年?

根据上述材料计算如下:

投资总额=600 000+1 500+2 000=603 500(元)

年折旧额=$\dfrac{603\ 500}{10}$=60 350(元)

净现金流量=(300 000-150 000-60 350)×(1-25%)+60 350=127 587.5(元)

投资回收期=$\dfrac{603\ 500}{127\ 587.5}$=4.73 年

该项投资额只需要4.73年便可收回。

如果是对一项投资方案进行评价,可将计算结果与标准回收期进行比较,小于标准回收期的在财务上就是可以接受的;如果是对多项方案进行比较筛选,那么就选择投资回收期最短的方案实施。

如果投资后每年的净现金流量不相等,那么可以用以下公式计算:

$$投资总额=\sum_{t=1}^{n}净现金流量\ t$$

式中:n 为投资回收期;

t 为投资年份。

这种计算方法是将各年的净现金流量相加,一直加到和投资额相等为止,算出投资回收期的年限。

【例3】 有一投资方案投资额为10万元,4年内净现金流量分别为5万元、4万元、3万元、1万元,则:

$$100\ 000=\sum_{t=1}^{n}净现金流量\ t$$
$$=50\ 000+40\ 000+\dfrac{1}{3}\times 30\ 000$$
$$n=1\ 年+1\ 年+\dfrac{1}{3}\ 年=2\dfrac{1}{3}\ 年$$

运用投资回收期法进行财务评价,其优点在与计算简单,反映问题比较直观,能够提供偿还投资的大致情形;其缺点在于没有考虑货币的时间价值。

2.投资收益率法

投资收益率法也称为会计收益率法。它在计算时使用会计报表上的数据,以及财务会计的收益和成本观念。这一方法的基本原理是:通过计算项目投入使用后正常的生产经营年份的投资收益率来判断项目投资优劣的一种投资评价方法。在这里,投资收益率就是项目投入使用后正常生产经营年份的净收益与投资总额的比值。其计算公式如下:

$$R = \frac{NB}{K} \qquad (4-6)$$

式中:R 为投资收益率,由于评价时 NB 的具体含义不同,R 可具体为投资利润率、投资利税率、投资净现金收益率等;

NB 为正常年份的净收益,可取年利润总额,也可取年利税总额;

K 为投资总额。

在使用投资收益率法进行投资决策时,如果是互斥性选择投资,应优选投资收益率高的方案;如果是采纳与否投资决策,也应当设定基准投资收益率,当项目投资收益率大于等于基准投资收益率,项目可以接受,否则应予以拒绝。

投资收益率法直接使用会计报表数据,计算简便,应用范围广,但由于计算时与投资回收期法一样,未考虑资金的时间价值,可能导致投资决策的错误。

【例4】 资料同例1,甲方案和乙方案的投资收益率(投资利润率)分别为30%和23.66%。

甲方案年利润总额=80-30-20=30(万元)

投资收益率(甲)=30/100×100%=30%

乙方案年利润总额=(36.4+32.4+28.4+24.4+20.4)÷5=28.4(万元)

投资收益率(乙)=28.4/120×100%=23.66%

(二)贴现的评价方法

贴现的评价方法是指考虑货币时间价值的评价方法,亦被称为动态评价法,主要包括净现值法、现值指数法、内含报酬率法和动态投资回收期法等。

1. 净现值法(NPV)

净现值法是一项投资所产生的未来现金流的折现值与项目投资成本之间的差值。净现值法是评价投资方案的一种方法。

该方法利用净现金效益量的总现值与净现金投资量算出净现值,然后根据净现值的大小来评价投资方案。净现值为正值,投资方案是可以接受的;净现值是负值,从理论上来讲,投资方案是不可接受的,但是从实际操纵层面来说这也许会跟公司的战略性决策有关,比如说是为了支持其他的项目,开发新的市场和产品,寻找更多的机会获得更大的利润。此外,回避税收也有可能是另外一个原因。当然净现值越大,投资方案越好。净现值法是一种比较科学也比较简便的投资方案评价方法。净现值的计算公式如下:

$$NPV = \sum_{t=1}^{n} \frac{NCF_t}{(1+i)^t} - C \qquad (4-7)$$

式中：NPV 为净现值；

NCF_t 为第 t 年的净现金流量；

i 为贴现率；

n 为项目预计使用年限；

C 为初始投资额。

在对 NCF 进行贴现时，会遇到两种情况：一是每年 NCF 相等，则可按照年金法来贴现；二是每年 NCF 不相等，则要分期对每年的 NCF 按照其对应的年限贴现，再加以合计。

利用 NPV 决策的标准是：备选方案的 NPV 必须为正，否则不应采纳。若几个备选方案的 NPV 均为正，则越大越好，应选择 NPV 最大的方案。

NPV＞0 的含义是，项目实施后，除了实现预定的收益率外，还可以获得更高的收益现值，项目是可行的。NPV＝0 的含义是，项目实施后，实际收益率正好满足预定的收益率标准，没有额外的收益现值，但并不是盈亏平衡，项目仍然可行。NPV＜0 的含义是，项目实施后，虽然并一定亏损，但达不到预定的收益率要求，项目不可行。

NPV 计算结果受到以下三个因素的影响：首先，贴现率的影响，i 越大，NPV 越小，i 大到一定程度，NPV 为负；其次，计算期的影响，NPV 的大小受计算期影响，但没有贴现率影响明显；第三，净现金流量的影响，每年的 NCF 越大，则 NPV 越大。

【例5】 有一个投资项目，投资额为 10 000 元，以后 3 年的 NCF 分别为 3 000元、5 000 元、4 000 元。假定资金的成本为 10％，要求的最低报酬率为 15％，则：

按照资金成本计算：

$$NPV_1 = \frac{3\,000}{(1+10\%)} + \frac{5\,000}{(1+10\%)^2} + \frac{4\,000}{(1+10\%)^3} - 10\,000$$
$$= 3\,000 \times 0.926 + 5\,000 \times 0.857 + 4\,000 \times 0.794 - 10\,000$$
$$= 239$$

按照最低报酬率计算：

$$NPV_2 = \frac{3\,000}{(1+15\%)} + \frac{5\,000}{(1+15\%)^2} + \frac{4\,000}{(1+15\%)^3} - 10\,000$$
$$= 3\,000 \times 0.870 + 5\,000 \times 0.756 + 4\,000 \times 0.658 - 10\,000$$
$$= -78$$

可见,企业把资金投入项目后,可以赚回资金成本,但达不到最低报酬率的要求。如果企业要求的投资报酬率标准不能降低,则该项目是不可行的。

2. 现值指数法

这种方法使用现值指数作为评价方案的指标。所谓现值指数法,是未来现金流入现值与现金流出现值的比率,亦称现值比率、获利指数、贴现后收益－成本比率等。计算现值指数的公式如下:

$$现值指数 = \sum_{t=0}^{n} \frac{CI}{(1+i_c)^t} / \sum_{t=0}^{n} \frac{CO_t}{(1+i_c)^t} \tag{4-8}$$

从公式我们不难看出,现值指数法以项目未来现金流入现值为分子,未来现金流出现值为分母,如果现值指数大于1,说明投资项目未来现金流入现值大于现金流出现值,即项目投资报酬率大于预定的贴现率;反之,说明项目投资报酬率低于预定贴现率;现值指数等于1,则说明项目投资报酬率与预定贴现率相等。因此,我们不难知道,现值指数指标值仍然是越大越好。

【例6】 某旅游企业假设有以下3个投资方案,假设预定贴现率为10%。有关数据如表。

投资方案现金流量表(单位:元)

期间	A方案		B方案		C方案	
	净收益	现金净流量	净收益	现金净流量	净收益	现金净流量
0		(20 000)		(9 000)		(12 000)
1	1 800	11 800	(1 800)	1 200	600	4 600
2	3 240	13 240	3 000	6 000	600	4 600
3			3 000	6 000	600	4 600
合计	5 040	5 040	4 200	4 200	1 800	1 800

首先,计算各方案的净现金流量如下:

NPV(A)=(11 800×0.9091+13 240×0.8264)-20 000
   =21 669-20 000
   =1 669(元)

NPV(B)=(1 200×0.9091+6 000×0.8264+6 000×0.7513)-9 000
   =10 557-9 000
   =1 557(元)

NPV(C)＝4 600×2.487－12 000
　　　　＝11 440－12 000
　　　　＝－560(元)

(注:方案 C 现金流入量是年金形式,因此按年金折现。)

其次,再来看看三个方案的现值指数,根据表内的资料及公式,三个方案的现值指数计算如下:

现值指数(A)＝21 669÷20 000＝1.08
现值指数(B)＝10 557÷9 000＝1.17
现值指数(C)＝11 440÷12 000＝0.95

A、B 两项方案投资机会的现值指数大于 1,说明其收益超过成本,即投资报酬率超过预定的贴现率。C 项投资机会的现值指数小于 1,说明其报酬率没有达到预定的贴现率。现值指数法的主要优点是,可以进行独立投资获利能力的比较。在例 6 中,A 方案的净现值是 1 669 元,B 方案的净现值是 1 557 元。如果这两个方案之间是互斥的,当然 A 方案较好。如果两者是独立的,可以根据现值指数来选择哪一个应优先给予考虑。B 方案现金指数大于 A 方案,所以 B 优于 A。现值指数实际上是 1 元原始投资可望获得的现值净收益,它是一个相对数指数,反映投资的效率;而净现值指标是绝对数指标,反映投资的效益。

3. 内部报酬率法

内部报酬率法也称为内部收益率法(IRR),是通过计算使项目投资的净现值等于零时的贴现率,并根据该项贴现率评价方案优劣的一种方法。所谓内含报酬率,是指能够使未来现金流入量现值等于未来现金流出量的贴现率,或者说是使投资方案净现值为零的贴现率。其计算公式为:

$$\frac{NCF_1}{(1+r)^1}+\frac{NCF_2}{(1+r)^2}+\cdots+\frac{NCF_n}{(1+r)^n}-C=0 \qquad (4-9)$$

$$\sum_{t=1}^{n}\frac{NCF_t}{(1+r)^t}-C=0 \qquad (4-10)$$

式中:NCF_t 为第 t 年的净现金流量;
　　　r 为内部报酬率;
　　　n 为项目使用年限;
　　　C 为初始投资额。

当每年的净现金流量相等时,则 NCF 为年金,其现值系数为:

$$\text{年金现值系数}=C/NCF \qquad (4-11)$$

在年金现值系数中,相同的期数栏可以查找到与计算出的年金现值系数相邻的较大和较小的两个贴现率,根据贴现率与年金现值系数的比例关系,用插值法算出该项目的内部报酬率。

当每年的 NCF 不相等时,则分别用不同的贴现率根据投资项目的资料求相应的净现值,找到使净现值大于零和小于零的两个贴现率,用插值法算出该项目的内部报酬率。

使用内部报酬率进行投资决策时,企业要先定出一个最低可以接受的报酬率,当项目的内部报酬率大于或者等于企业的最低报酬率时,该项目就是可行的;否则,就是不可行的。若有几个项目的内部报酬率都大于等于企业的最低报酬率,则选择投资内部报酬率最大的项目。

【例 7】JZ 旅游景区有一个旅游项目需投资 100 万元,有两种投资方案可供选择。A 方案预计以后三年内,每年的净现金流量为 40 万元、50 万元、30 万元,B 方案预计以后每年的净现金流量均为 40 万元,求 A、B 方案的内部报酬率。

A 方案:

假定贴现率是 12%,则对每年的净现金流量进行贴现,并计算合计现值。

$40 \times \text{PVIF}_{12\%,1} + 50 \times \text{PVIF}_{12\%,2} + 30 \times \text{PVIF}_{12\%,3}$
$= 40 \times 0.893 + 50 \times 0.797 + 30 \times 0.712$
$= 96.93(万元)$

假定贴现率为 10%,则如上计算过程,合计现值为 100.22 万元。再以 11% 测算,则合计现值为 98.57 万元,因此,方案 A 的内部报酬率在 10% 到 11% 之间。使用插值法计算内部报酬率:

贴现率	合计现值
10%	100.22
X	100
11%	98.57

$(X - 10\%)/(100.22 - 100) = (11\% - 10\%)/(100.22 - 98.57)$

$X = 10.13\%$

B 方案:

年金现值系数 $= 100/40 = 2.5$

查年金现值系数表,在 3 年的一行中,10% 对应现值系数为 2.4689,9% 对应现值系数为 2.5313。由于 10% 时的现值系数更接近 2.5,因此,B 方案的内部报酬率为 10%。如果需要更精确的比率,可以使用插值法求得。

第三节 旅游企业证券投资

证券投资是指旅游企业出于获得投资收益或影响和控制其他企业的目的，在证券交易市场上购买其他公司发行的有价证券（股票或债券）的投资活动。主要包括债券投资和股票投资两种形式。

一、债券投资

债券投资是指旅游企业通过证券交易市场购买各种债券（如公司债券、金融债券、国库券等）的投资活动。债券投资的主要目的是为了获得稳定的投资收益。

（一）债券投资的特点

相对于股票投资而言，债券投资具有以下特点：

1. 债券投资属于债权性投资

债券、股票都属于证券投资，但二者的投资性质不同，债券投资属于债权性投资，债券持有人以债券发行公司的债权人身份参与利息分配并到期收回本金，无权参与发行公司的经营管理活动；股票投资属于权益性投资，股票持有人以发行公司股东身份参与发行公司经营管理并获得股利。债券体现的是债权、债务关系，而股票体现的是产权关系。

2. 投资风险小，收益较低，但稳定性强

因为债券一般都有确定的还本付息日期，债券投资为投资者获得收益提供了时间上和金额上的保证，而且其利息收入和本金的回收金额与日期都是事先确定的，投资者获得投资收益的风险很小。特别是国库券，由于有国家财力为后盾，其收益的安全性很高，通常视其为无风险债券。因此，债券收益率较低、相对稳定性较强是吸引投资者的重要原因。债券投资的收益是按债券票面面值和票面利率计算的利息收入与债券转让的价差，与发行公司的经营状况无关，因而其投资收益比较稳定。

3. 价格波动小

在证券市场上，债券价格虽然也会具有一定的波动，但由于前述特点的影响，其波动的范围不像股票那么大，其价值与价格的偏离不会太多，波动性小。

4. 流动性好

由于上述特点，债券受到很多中小投资者及追求稳定投资收益的投资者的青睐,债券持有人可以在证券市场快速出售变现所持有的债券,因而债券投资具有较好的流动性。

(二)债券价格的确定

旅游企业进行债券投资的目的是为了在未来获得增值的收入,即未来期间的利息收入及转让价差。从资本保值和增值的需要出发,考虑资金时间价值的影响,债券的价值应当是企业对债券投资要求的必要收益率对未来获得的利息收入和到期收回本金(或中途转让价格)的折现值。这个价值也被称为债券的理论价格。

企业如果按上述债券价值等值的价格购买债券,意味着将能获得预期的投资收益(企业所要求的必要收益率),此时债券为平价发行;如果按大于债券价值的价格购买债券,意味着企业对该债券预期的投资收益率要高于企业所要求的必要收益率,否则将不能保证必要的投资收益的实现,此时债券为溢价发行;如果购买债券的价格小于债券的价值,则意味着企业对该债券的预期投资收益率低于企业所要求的必要收益率,但仍能保证必要投资收益的实现,此时债券为折价发行。

债券未来现金流入的现值称为债券的价值或债券的内在价值。计算公式为:

$$V = \frac{I_1}{(1+i)^1} + \frac{I_2}{(1+i)^2} + \frac{I_3}{(1+i)^3} + \cdots + \frac{I_n}{(1+i)^n} + \frac{M}{(1+i)^n} \quad (4-12)$$

式中:V 为债券价值;

I 为每年的利息;

M 为到期的本金;

i 为贴现率;

n 为债券到期前的年数。

【例8】某旅游公司 20××年2月1日,购买一张面额为 2 000 元的债券,其票面利率为 8%,每年2月1日计算支付一次利息,并于5年后的1月31日到期,当时市场利率为 10%,债券的市价是 1 840 元,是否应购买该债券?

$$V = \frac{160}{(1+10\%)^1} + \frac{160}{(1+10\%)^2} + \frac{160}{(1+10\%)^3} + \frac{160}{(1+10\%)^4} + \frac{160+2\,000}{(1+10\%)^5}$$

$$= 160 \times (P/A, 10\%, 5) + 2\,000 \times (P/S, 10\%, 5)$$

$$= 606.53 + 1\,241.80$$

$$= 1\,848.33(元)$$

由于债券价值 1 848.33 大于债券市价 1 840,若不考虑其他风险因素,此债券可以购入。

(三)债券投资收益

1. 债券投资收益的构成

旅游企业债券投资的投资收益从来源上看主要包括利息收益和债券转让价差收益两部分。

(1)利息收益(含利息再投资收益)。债券各期的名义利息都等于债券面值与票面利率的乘积。由于在债券估价时已经使用了资金时间价值理论,因而债券投资利息收益已经包含了利息再投资。

(2)债券转让收益。如果企业持有的债券不是通过到期收回原始投资,而是中途转让,则债券投资收益中就包含了转让价格与转让时债券理论价格之间的差额。这部分差额也称为资本利得收益。

2. 债券投资的收益率

衡量债券投资收益水平主要用债券投资内部收益率指标。债券投资内部收益率是指按当前市场价格购买债券并持有至到期日或转让日,所产生的收益率。该指标值的取得非常简单,借助于前面的债券估价模型,只要用债券的购买价格代替债券的内在价值(面值),就能求出债券投资内部收益率。

实际上债券真正的内在价值并不是由票面利率决定的内在价值(面值),而是按市场利率贴现计算的价值(债券价格)。市场利率是反映市场平均投资收益水平的,当按市场利率贴现的价值大于按债券内部收益率贴现的价值时,债券的内部收益率才会大于市场利率,表明投资收益水平高于市场平均收益水平,该债券才有更大投资价值。

前面在计算债券价值时,我们假定贴现率(市场利率或投资者要求的必要报酬率)已知。但实践中,往往债券的价格已知,需要确定债券的收益水平,收益水平的高低是投资者决策的重要依据。衡量债券收益水平的一个重要指标是到期收益率。到期收益率是指以特定价格购进债券后,一直持有至到期日可获取的收益率。它是使未来现金流入现值等于债券购买价格的折现率。已知债券价格,求到期收益率,是计算债券价值的逆过程。即:

债券的购进价格=每年的利息×(年金现值系数)+面值×(复利现值系数)

$$V = I \times (P/A, i, n) + M \times (P/S, i, n) \qquad (4-13)$$

式中:V 为债券的购进价格;

I 为每年的利息;

M 为面值;

n 为到期的年数;

i 为贴现率。

【例9】某旅游公司20××年2月1日用平价购入一张面额为2 000元的债券,其票面利率为8%,每年2月1日计算支付一次利息,并于5年后的1月31日到期,$i=8\%$,计算收益率。

$V = 2\,000 \times 8\% \times (P/A, 8\%, 5) + 2\,000 \times (P/S, 8\%, 5)$

$= 160 \times 3.9927 + 2\,000 \times 0.6806$

$= 2\,000.03(元)$

可见,平价买入时,到期收益率=票面利率。

若高于面值,购价2 210元时,则:

$2\,000 \times 8\% \times (P/A, i, 5) + 2\,000 \times (P/S, i, 5) = 2\,210$

用$i=6\%$试算:

$V = 2\,000 \times 8\% \times (P/A, 6\%, 5) + 2\,000 \times (P/S, 6\%, 5)$

$= 160 \times 4.2124 + 2\,000 \times 0.7473$

$= 2\,168.58(元)$

用$i=4\%$试算

$V = 2\,000 \times 8\% \times (P/A, 4\%, 5) + 2\,000 \times (P/S, 4\%, 5)$

$= 160 \times 4.4518 + 2\,000 \times 0.8219$

$= 2\,356.09(元)$

贴现结果高于2 210,可以判断其收益率高于4%,然后用插补法计算近似值。计算公式为:

$$R = 4\% + \frac{2\,356.09 - 2\,210}{2\,356.09 - 2\,168.58} \times (6\% - 4\%)$$

$$= 4\% + \frac{146.09}{187.51} \times 2\% = 5.56\%$$

二、股票投资

旅游企业通过证券交易市场购买股票的投资活动即为股票投资。股票投资的主要目的可能出于以下两个方面的考虑:一是获利,即获取股利收入和股票转让价差;二是控制或影响其他公司,即利用股票持有者可参与股票发行公司经营管理这一特点,通过持有其他公司大量股票来达到控制或影响其他公司的目的。

(一)股票投资的特点

1.股票投资属于股权性投资

如前所述,股票投资与债券投资同属于证券投资,具有证券投资的一般特点。但与债券投资相比,投资性质完全不同,股票是代表所有权的凭证,持有人以股东身份参与发行公司经营管理并获得收益。

2. 投资风险大

股票作为一种所有权凭证,持有者不能要求股份公司偿还本金,只能通过证券市场转让。因此股票投资至少面临来自发行公司和证券市场的双重风险。从发行公司方面看,如果股份公司经营状况良好,盈利能力强,则股票持有者能获得较高的收益;如果股份公司经营状况不佳甚至出现亏损,股票持有者将可能无法获得投资收益;如果股份公司破产,由于债权人的求偿权优于股东,股东有可能部分甚至全部不能收回投资。从证券市场方面看,股票持有者将面临股票市场价格变动带来的转让价差的风险。这是因为股票价格的高低,不仅受股份公司经营状况的影响,还会受政治、经济、社会等众多因素的影响,所以导致了股票价格变动相对于债券价格频繁且变动幅度更大,因而投资者面临的风险也更高。

3. 收益高但不稳定

高风险必然伴随高收益,虽然股票投资的收益不是固定的,但总体上看,股票投资的收益一般高于债券投资。同时,由于股票投资收益的高低既受股份公司经营状况的影响,又和社会经济环境相关,如果股份公司经营状况好,公司盈利多,股票持有者就有可能获得更高的股利;反之,就可能少得或得不到股利。另一方面,股票转让价差的收益高低主要取决于股票市场行情,当股市行情好,价差收益就高,股市低迷时出售股票则可能导致损失。

4. 价格波动大

股票价格既受股票发行公司经营状况的影响,也要受社会、经济等因素的影响,而且由于证券市场中投机行为的客观存在,导致股票价格波动频繁且幅度大。

(二)股票估价模型

目前,比较常用的股票估价模型有以下几种:

1. 有限期持有的股票估价模型

很多时候,投资者购买股票并不打算无限期持有,而是准备在未来某个时间出售。

股票价值计算公式如下:

$$V = \sum_{t=1}^{n} \frac{D_t}{(1+K)^t} + \frac{P_n}{(1+K)^n} \qquad (4-14)$$

式中:V 为股票价值;

P_n 为预期的股票出售价格;

K 为投资者要求的必要报酬率;

D_t 为第 t 期的预期股利;

n 为预计持有股票的期数。

【例10】某股票预计年股利为2元/股,2年后出售时的市价为25元/股。投资者要求的必要报酬率为10%,计算该股票的价值。

$V = 2/(1+10\%) + 2/(1+10\%)2 + 25/(1+10\%)2$
$= 24.132(元)$

2. 无限期持有的股票估价模型

(1) 基本模型

如果无限期持有股票,预期收益只有股利。股票价值的计算公式如下:

$$V = \sum_{t=1}^{\infty} \frac{D_t}{(1+K)^t} \qquad (4-15)$$

(2) 股利零成长模型

如果每期股利固定不变,即股利零成长,计算公式可简化为:

$$V = \frac{D}{K} \qquad (4-16)$$

式中: D 为每期的预期股利。

【例11】资料承上例,如果无限期持有该股票且年股利固定不变,其价值应为多少?

$V = 2/10\% = 20(元)$

(3) 股利固定成长模型

如果每期股利不断增长,且增长率固定,公式为:

$$V = \frac{D_0(1+g)}{K-g} = \frac{D_1}{K-g} \qquad (4-17)$$

式中: D_0 为本年股利;

g 为股利年增长率;

D_1 为第1年的预期股利。

【例12】某股票本年发放股利2元/股,无限期持有该股票且年股利增长率为3%,投资者要求的必要报酬率为10%,其价值应为多少?

$V = 2(1+3\%)/(10\%-3\%)$
$\approx 29.429(元)$

(4) 股利非固定成长模型

在实际情况中,股利变动往往是不固定的,应灵活运用上述模型计算股票的价值。

【例13】某股票本年股利2元/股,预计第1年股利增长率为5%,第2年增长率为6%,第3年起增长率固定为8%,投资者要求的必要报酬率为15%,计算该股票的价值。

$D_1 = 2(1+5\%) = 2.1$

$D_2 = 2(1+5\%)(1+6\%) = 2.226$

$D_3 = 2(1+5\%)(1+6\%)(1+8\%) = 2.404$

$V = D_1(P/F,15\%,1) + D_2 \times (P/F,15\%,2) + [D_3 \div (15\% - 8\%)] \times (P/F,15\%,2)$

$= 2.1 \times 0.870 + 2.226 \times 0.756 + 34.343 \times 0.756$

$= 29.476(元)$

(三)股票投资的收益率

与债券投资相同,股票投资收益从构成上也包括股利收益(含股利再投资收益)和股票转让价差收益两部分。衡量股票投资收益的指标通常用股票内部收益。股票内部收益率,是使股票投资未来现金流量贴现率等于当前股票价格的贴现率。根据股票估价中的固定成长股票股利估价模型,使用当前股票价格代替模型中的股票内在价值,即可求得股票内部收益率。

根据固定成长股利模型,有:

$$P_0 = D_1/(R-g) \qquad (4-18)$$

上述公式经整理可以得到:

$$R = D_1/P_0 + g \qquad (4-19)$$

从公式(4-19)可以看出,股票投资的内部收益率由股利收益率 D_1/P_0 和股利增长率 g 两部分构成。股利收益率是根据预期的现金股利除以当前股票价格计算的;由于股利增长速度就是股价增长速度,因此股利增长率也可以理解为股价增长率或资本利得收益率。

【例14】有一只股票价格为20元,预计下一期的股利是1元,该股利将以大约10%的速度持续增长。该股票的期望报酬率为:

$$R = 1/20 + 10\% = 15\%$$

如果用15%作为必要报酬率,则1年后的股价为:

$P_1 = D_1 \times (1+g)/(R-g)$

$= 1 \times (1+10\%)/(15\% - 10\%)$

$= 22(元)$

如果你现在用20元购买该股票,年末你将收到1元股利,并且得到2元的资本利得:

报酬率=股利收益率+资本利得收益率

$=1/20 + 2/20$

$=5\% + 10\%$

$=15\%$

这个例子验证了股票期望报酬率模型的正确性。该模型可以用来计算特定公司风险情况下股东要求的必要报酬率，也就是公司的权益资本成本。这就是说，股东期望或者说要求公司赚取15％的收益。如果股东的要求大于15％，他就不会进行这种投资；如果股东的要求小于15％，就会争购该股票，使得价格升上去。既然股东接受了20元的股价，就表明他们要求的是15％的报酬率。

从上面的公式我们知道，只要能预计出未来期间的现金股利，就能计算出股东预期的报酬率。但现实中的实际情况是要正确预计未来期间的现金股利非常困难，因此实务中可以使用市盈率来估计股票内部收益率。

股票市盈率是股票当前市价与每股盈余（EPS）的比值，它反映投资者为取得每股盈余而愿意支付的代价，即股票的价格是每股盈余的倍数。由于股票的价格实际上就是投资者对股票的投资额，每股盈余则表示在该股票上可以获得的投资收益（包括股利和留存收益），那么市盈率（PE）的倒数（R）就可以看作在股票投资上的收益率。即：

$$R = 1/PE = EPS_0/P_0 \qquad (4-20)$$

应当注意的是，使用市盈率来确定股票收益率有两个重要的基本前提：一是本期利润必须全部用于发放股利；二是股利增长率 g 为零。

第四节　旅游企业投资风险分析

一、投资风险的概述

投资风险是指对未来投资收益的不确定性，在投资中可能会遭受收益损失甚至本金损失的风险。一项投资所取得的结果和原期望结果有差异性时，往往就产生了投资风险。对大多数投资活动来说，都存在一个风险问题，只是风险程度不同而已。例如，固定资产投资是一项长期投资活动，涉及时间比较长，从财务部门来讲要对未来各个时期的现金流量做出准确的估计是比较困难的。因为未来存在着各种不确定因素，某些因素的变化往往会直接引起投资效果的变化。甚至某些在投资决策时认为可行的方案，投入实施以后会由于某些因素的变化而变成不可行的。所以任何一项投资决策都会承担风险，为了使这种风险减小到最低程度，需要进行投资风险的分析和管理。

二、投资风险的衡量

风险可以用不同结果出现的概率来描述,利用方差、标准离差和标准离差率等指标进行衡量。

(一)概率及概率分布

概率是用来表示随机事件发生可能性大小的数值。在投资活动中,投资收益率可视为一种随机变量,每种投资收益率出现的可能性大小可用概率表示,其概率介于 0 到 1 之间(包括 0 和 1),且所有可能出现的投资收益率的概率之和为 1。

【例 15】现有一个投资项目,经预测,该项目的未来情况如表所示。

经济形势	发生概率	投资收益率
较好	0.2	20%
一般	0.5	10%
较差	0.3	5%

该投资项目在经济形势较好时投资收益率为 20%,在经济形势一般时投资收益率为 10%;在经济形势较差时投资收益率为 5%。同时,三种结果出现的概率分别为 0.2、0.5 和 0.3,三个概率之和为 1。在这个例子中,经济形势只有三种,相应的投资收益率也只有三种。这种只取有限个数值的随机变量称为离散型变量。当然,不仅仅只有这三种情况出现,投资收益率会有无数可能个值,这时随机变量称为连续型变量。

(二)期望值

期望值是随机变量的各个取值以相对应的概率为权数计算的加权平均数。它是反映随机变量集中趋势的一种量度,常用符号 E 表示。其计算公式如下:

$$\overline{E} = \sum_{i=1}^{n} X_i P_i \qquad (4-21)$$

式中:X_i 为第 i 种可能结果;

P_i 为第 i 种可能结果的相应概率;

n 为可能结果的数目。

上例中,投资项目的期望投资收益率为:

$$E = 20\% \times 0.2 + 10\% \times 0.5 + 5\% \times 0.3 = 10.5\%$$

期望值是一个加权平均数,它并不反映风险程度的大小。

(三)离散程度

离散程度是反映随机变量偏离期望值的程度,是衡量风险程度大小的重要指标。表示随机变量离散程度的指标主要有方差、标准离差和标准离差率等。

1. 方差

方差是指随机变量与期望值离差平方的平均数,用来表示随机变量与期望值之间的离散程度,常用符号 σ^2 表示。其计算公式如下:

$$\sigma^2 = \sum_{i=1}^{n}(X_i - \bar{E})^2 \cdot P_i \tag{4-22}$$

2. 标准离差

标准离差是方差的平方根,常用符号 σ 表示。其计算公式如下:

$$\sigma = \sqrt{\sum_{i=1}^{n}(X_i - \bar{E})^2 \cdot P_i} \tag{4-23}$$

3. 标准离差率

标准离差率是标准离差与期望值之比,常用符号 v 表示。其计算公式如下:

$$v = \frac{\sigma}{E} \tag{4-24}$$

(四)风险比较

在衡量风险大小的三个指标中,方差和标准离差是绝对指标,标准离差率是相对指标。一般情况下,我们利用标准离差率对多个投资项目的风险大小进行比较,标准离差率越大,风险越大;相反,标准离差率越小,风险越小。在期望值相同的情况下,可以直接利用方差或标准离差对多个投资项目的风险大小进行比较,方差或标准离差越大,风险越大;相反,方差或标准离差越小,风险越小。

【例16】某饭店有两个投资方案可供选择,两个方案都需投资150万元,其可能实现的年利润额及其概率情况如下表所示。

可能的结果	甲方案		乙方案	
	利润(万元)	概率	利润(万元)	概率
较好	45	0.3	50	0.3
一般	35	0.5	35	0.5
较差	25	0.2	0	0.2

期望值为：

$$E_甲 = 45 \times 0.3 + 35 \times 0.5 + 25 \times 0.2 = 31.5(万元)$$

$$E_甲 = 50 \times 0.3 + 35 \times 0.5 + 0 \times 0.2 = 32.5(万元)$$

标准离差为：

$$\sigma = \sqrt{\sum_{i=1}^{n}(X_i - \overline{E})^2 \cdot P_i}$$

$$\sigma_甲 = \sqrt{(45-31.5)^2 \times 0.3 + (35-31.5)^2 \times 0.5 + (25-31.5)^2 \times 0.2}$$
$$= 8.32(万元)$$

$$\sigma_乙 = \sqrt{(50-32.5)^2 \times 0.3 + (35-32.5)^2 \times 0.5 + (0-32.5)^2 \times 0.2}$$
$$= 17.50(万元)$$

甲方案的标准离差＜乙方案的标准离差，说明甲方案的风险小于乙方案的风险。

标准离差率为：

$$\nu_甲 = \frac{8.32}{31.5} \times 100\% = 26.41\%$$

$$\nu_乙 = \frac{17.50}{32.5} \times 100\% = 53.84\%$$

$\nu_甲 < \nu_乙$，说明甲方案比乙方案风险小。

三、投资的风险价值

(一)投资风险价值的概念

投资者因冒风险进行投资而获得的超过资金时间价值的额外收益，称为投资风险价值，也称风险报酬，常用风险报酬率表示。

(二)投资风险价值的计算

风险报酬率的计算公式如下：

$$R_R = b \times v \tag{4-25}$$

式中：R_R 为风险报酬率；

b 为风险报酬系数；

v 为标准离差率。

风险报酬系数可由企业领导或专家确定。

【例17】依照上例资料，如果投资者确定风险价值系数为10%，则两方案的风险率分别为：

$$R_{R甲} = 26.41\% \times 10\% = 2.64\%$$

$$R_{RZ} = 53.84\% \times 10\% = 5.38\%$$

投资者进行投资所要求或期望的投资报酬率是无风险报酬率与风险报酬率之和。计算公式如下:

$$R = R_F + R_R \qquad (4-26)$$

式中:R 为投资报酬率;

R_F 为无风险报酬率。

通常把短期政府债券的收益率作为无风险报酬率。

小组讨论案例

深圳华侨城的投资模式

案例一

HS风景区是一个历史悠久、独具特色、受游客欢迎的旅游景区。近几年来,随着旅游产业的迅速发展,一些新型旅游景区景点的设施功能逐渐完善,增加了新颖的旅游项目,取得了很好的社会效益和经济效益,还带动了地方经济的发展。而HS景区仍然维持原有的经营格局,游客人次没有大幅增加,但其独特的景区特色与环境质量受到一致好评。HS风景区管理部门经研究决定,引进投资,开辟新的生态旅游路线和景点。经过专家考察论证,新的生态旅游路线和景点适合HS景区的游客承载容量,有利于充分利用当地旅游资源,提高游客满意度。在着手兴建生态旅游区时,国内某企业集团决定提供资金,并与HS景区管理部门联合经营。新的旅游设备设施及环保投资预算为350 000元或270 000元,有A、B、C三个兴建方案可供选择。以下是投入使用后三个方案的现金流量预测。

时间	A方案	B方案	C方案
0	−350000	−350000	−270000
1	118000	140000	100000
2	118000	130000	110000
3	118000	120000	120000
4	118000	110000	130000
5	118000	80000	—

如果资金的综合成本为10%,该企业集团要求的投资报酬率为18%,请用非贴现的评价方法和贴现的评价方法对上述三个投资方案进行投资评价分析。

案例二 旅游与地产结合的典范

深圳是个旅游资源并不丰富的城市,华侨城经营的是人工制造的景点,在众多人工景点纷纷倒闭之际,它却能成长壮大为全国知名旅游品牌。华侨城的成功之处,在于创造一个全新的商业模式。华侨城的旅游与地产相结合的模式,被广泛借鉴、学习,并被誉为"华侨城模式"。

深圳华侨城控股股份有限公司,于1997年9月2日成立,同年9月10日在深圳证券交易所挂牌上市。目前华侨城主要从事旅游业及其关联产业,旗下拥有深圳锦绣中华发展有限公司、深圳世界之窗有限公司、长沙世界之窗有限公司、深圳华侨城房地产开发有限公司、深圳华侨城国际传媒投资有限公司、北京世界华侨城实业有限公司、长江三峡旅游发展有限责任公司、深圳华侨城三洲投资有限公司等参控股企业。

华侨城集团旅游业是在没有任何旅游资源的情况下,从兴建中国第一个主题公园——锦绣中华微缩景区起步,相继成功开发建设了锦绣中华、中国民俗文化村、世界之窗、欢乐谷等四大主题公园以及深圳湾大酒店、海景酒店、威尼斯水景主题酒店、何香凝美术馆、暨大中旅学院、华夏艺术中心、欢乐干线高架单轨车、华侨城生态广场、华侨城高尔夫俱乐部、华侨城雕塑走廊、华侨城燕含山郊野公园等一批旅游文化项目设施,形成一个集旅游、文化、购物、娱乐、体育、休闲于一体的,面积近5平方公里的文化旅游度假区。

在政府的支持下,企业自主经营、自负盈亏,经历市场洗礼,逐渐建立以旅游项目开发为主的商业运营模式和以房地产开发的企业增值模式。商业运营模式成功的基础在于寻找到了主题公园吸引游客的方式。在锦绣中华园成功的基础上推出世界之窗、欢乐谷等新的旅游项目,使企业上市融入资金迅速产生经济效益。旅游项目不断创新,带动了整个地区发展,华侨城5平方公里的范围内成为了巨大的娱乐世界。景点运营成功积聚了人气,旺盛的人气带动地产增值,地产增值又促进了房产开发。华侨城建立了旅游-人气-地产-房产,一套完整的产业增值链。通过产业增值使企业利益最大化,摆脱了靠旅游收入的单一运营模式。

华侨城地产现在已攀上深圳地产的龙头宝座。但企业并没有满足在深圳一地的成功,而是积极实行异地扩张战略,现在,华侨城地产把这一成功的模式应用到全国。通过各种方式在全国各地获取不同种类景点的经营权。立足特区,走向全国的战略,使华侨城规避了深圳区域经济下滑的风险。

华侨城的成功经验可概括为:城区开发经验+国际投资视野+外部智力支撑+各级政府和各职能部门的大力支持+股东方的真诚合作=成功的基石。旅游功能和居住功能混合布局,应该是旅游地产的一个重要问题,也是一个节点的问题。华侨城目前实际上已经建成集旅游、度假、文化教育相关的特色商业以及高档居住为一体的综合社区,形成一个花园城市的概念。从中总结出四大产业要素:第一,超前的投资规划;第二,和产业结合的主题;第三,建立一套可持续发展的城市体系;第四,资源系统有效整合。华侨城的成功案例表明,今后房地产建设已经不能停留在前些年小敲小打的规模阶段。

中国未来的房地产业将孕育着新的造城运动和新的企业组织形势。有眼光的开发商必须看清这一趋势。只有达到一定规模才能形成整体合力,才能有更多吸引人的优势,才能最大程度地发挥我们的经营优势,降低经营成本。

要求:试从投资的角度对华侨城的案例进行分析。

本章思考题
1. 简述旅游企业投资的意义、原则和分类。
2. 什么是现金流量?简述现金流量计算方法并说明如何运用。
3. 旅游企业项目投资评价的基本方法有哪几种?分别进行说明。
4. 什么是债权投资和股票投资?
5. 债权投资和股票投资的收益率分别如何计算?
6. 如何衡量旅游企业投资风险?
7. 某旅游饭店有一个投资项目需投资 3 000 万元,3 年建成,第 4 年初投产。投产后每年可收回利润和折旧 300 万元,项目使用寿命为 15 年,资金市场利率预计为 10%,通过计算净现值看此方案从财务上是否可行?

第五章　旅游企业营运资金的管理

学习目的
- 熟悉旅游企业营运资金及其特点
- 了解流动资产的概念及分类
- 掌握现金的持有目的及最佳持有现金量的确定
- 掌握应收账款的信用政策与分析
- 掌握存货管理模式
- 了解营运资金管理的目的和意义

第一节　旅游企业营运资金概述

一、旅游企业营运资金的概念

旅游企业营运资金又称营运资本或流动资金，一般是指企业的流动资产减去流动负债后的余额，是流动资产的有机组成部分。有时将此余额称为净营运资金，而营运资金指流动资产。但是，如果提及营运资金的管理则包括对流动资产和流动负债的管理，尤其是对流动资产的管理。现在，流动资产管理是现代财务管理的重要内容之一。

不同旅游企业中流动资产的占用形态各不相同：

1. 旅行社基本没有物资储备，也没有生产过程，其流动资产除了小部分表现为费用和工资外，绝大部分是货币资金和结算资金。

2. 旅游汽车公司的流动资产主要占用在燃料、汽车配件及工资和费用上。

3. 饭店和酒店的流动资产的占用主要是食品用原料、物料用品、商品和工资费用等。

一般来说，旅游业的流动资产通常占到总资产的 1/3 至 1/2，甚至有的旅行社流动资产能占到 2/3 左右。因此，流动资产的管理水平在很大程度上影响资产总体运用效率,这也使越来越多的旅游企业加强了对流动资产的管理。

二、旅游企业营运资金的构成和特点

(一)旅游企业营运资金的构成

1. 流动资产

流动资产是指可以在一年内或者超过一年的一个营业周期内变现或者运用的资产。通常流动资产主要包括：

(1)现金:包括库存现金和银行存款。

(2)短期投资:包括可随时变现的有价证券和不超过一年的其他投资。

(3)应收及预付款项:包括应收账款、应收票据、其他应收款和预付货款。

(4)存货:包括原材料、辅助材料、低值易耗品、在产品、半成品、产成品等。

2. 流动负债

流动负债是指可以在一年以内或超过一年的一个营业周期内偿还的债务,它主要包括短期借款、应付账款、应付票据、预收款项及预提费用等。

(二)旅游企业营运资金的特点

1. 旅游企业流动资产的特点

旅游企业流动资产投资又称经营性投资,它与固定资产投资相比具有以下特点：

(1)投资回收期短。流动资产可以在一年内或者超过一年的一个营业周期内变现或者运用,而固定资产是指企业使用期限超过一年的房屋、建筑物、机器、机械、运输工具以及其他与生产、经营有关的设备、器具、工具等。这些固定资产的回收期至少超过一年或一个营业周期。

(2)流动性强。所谓资产的流动性实质是指资产的变现能力。旅游企业的流动资产在资本循环与周转过程中,其占用形态不断以现金、存货和应收账款这几种形式变化和并存。流动资产的转换能力较强,变现周期短,其变现能力受市场各种不确定因素的影响较小。因此,合理的流动资产与长期资产的比例能在保证企业收益的前提下有效降低投资风险。

(3)存在形态的多样性。在旅游企业中,流动资产可以现金或银行存款的形式存在,也可以应收账款、应收票据的形式存在,还可以存货、预付账款等其他形式存在。

(4)资金占用具有波动性。旅游企业流动资金的总量并非一个常数,随着经营状况的变化也将随之变化。从资金占用角度来看,流动资产中一部分资产随着销售和生产呈季节性或周期性变化,这类临时性流动资产可用短期借款来筹资。另有一部分流动资产在营运资本周转过程中不断改变形态,在存货、应收账款和现金之间转换,但总量不随时间改变。这类稳定的流动资产的资金占用是长期固定的,它们只随销售额的扩大而增加,所以一般用长期借款或股本来筹资。

2.旅游企业流动负债的特点

与长期负债相比,流动负债筹资具有以下特点:

(1)筹资速度快:短期借款更容易、更便捷,银行审批的时间要更短一些。

(2)灵活性:短期借款契约中的限制条款较少,使企业有更大的行动自由。

(3)成本低:利息支出低,还有些借款形式完全没有利息负担。

(4)筹资风险大:利息随着市场利率的变动而随时调整,同时还存在偿债风险。

三、旅游企业营运资金管理的意义

对营运资金的管理,主要是对营运资金规模的控制与管理。企业不同的资产组合,对企业的风险和报酬有不同的影响。这主要因为营运资金等流动资产与固定资产等长期资产相比其收益能力较低,但同时其投资风险却相对较小。拥有较多的营运资金,能够防止发生停工待料及停售待货的风险,能够增强企业资产的流动性、保证按期偿债以降低财务风险。企业进行营运资金等流动资产投资决策时,应进行风险与报酬的权衡及收益与成本的权衡。旅游企业若对营运资金等流动资产投资过多,虽然降低了企业的风险,但同时增加了企业的成本并降低了企业的收益。旅游企业若对营运资金等流动资产投资过少,虽然可以减少企业的成本并提高企业的收益,却增加了企业的偿债及其他财务风险。因此,旅游企业对营运资金等流动资产投资不能过多或过少,必须坚持流动性、风险性及收益性相结合的原则,合理确定营运资金等流动资产的持有量。

第二节 旅游企业现金管理

一、现金的概念

现金是企业可以自由运用,具有购买力,可以立即作为支付手段的资产项目。它是一种非收益性资产。主要包括财务部门的库存现金、银行存款和银行汇票等。它用来支付劳动力和原材料费用、购买固定资产、支付税款、偿还借款和支付红利等。

二、持有现金的目的

旅游企业之所以要持有一定数量的现金,其动机有如下几点:

1. 交易动机:是指旅游企业为了应付日常营业需要而必须保持一定数额的现金储备。

2. 预防动机:是指为了应付意外事件而必须保持一定量的现金,如自然灾害、突发事故、主要顾客不能如期付款以及国家政策的某些突然变化等,这些都会打破企业原来预计的现金收支平衡。

3. 投机动机:企业为了抓住转瞬即逝的市场机会获得较大利益而储备的现金,即通过在证券市场上的买卖来获取投机收益。

4. 其他动机:如保持充足的现金以取得商业折扣;为拥有适当的现金比率而持有现金,以保持良好的信用地位等。

三、现金管理的目的

旅游企业的库存现金不会产生收益,其银行存款的利率也微乎其微,大大低于企业经营所得的资金利润率和其他长期投资的收益率。因此,从收益的角度来看,企业持有的现金越少越好。但从交易和预防两个方面的原因考虑,企业又必须持有一定数量的现金。所以,现金管理的目的,就是要加强对现金日常收入和支出的管理,在确保企业正常业务与预防因素所需现金数量的前提下,确定一个适当的现金持有量,使企业无多余的闲置资金,从而提高企业的资金收益率,实现财务管理的目标。

四、现金管理的方法

现金管理的方法一般包括以下四个步骤:(1)编制预算。预测每一期间现金多余或不足的情况,编制预算以规划其流出量与流入量。(2)科学管理现金流量,尽可能扩大和加速现金的流入,减少和控制其流出。(3)确定目标现金余额。(4)对超过目标余额部分的现金的投资决策。

(一)编制现金预算

现金预算是用来反映企业在整个预算期内现金流转的情况,即现金收入和现金支出情况,以及由现金流量所导致的现金存量变化情况的预算。

编制预算的方法一般有两种:一种是收支法,另一种是调整净收益法。由于多数企业采用收支法,所以我们重点讨论收支法。

收支法的主要步骤如下:

1. 预测旅游企业现金流入量。由于现金流入的主要渠道是销售收入,因此,这必须建立在销售预测良好的基础上,当然,其他渠道也不能忽视,如资产出售、股利、利息收入等。

2. 预测旅游企业的现金流出量。主要包括预期购入固定资产和原材料的数量与时间,此外,还要考虑诸如工资、税金、股利及偿还债务等方面的支出数量与时间。

3. 针对现金多余或不足,确定合适的处理办法。

现在列举某饭店采用收支法编制的现金预算如表5-1所示。

表 5-1 某饭店的收支法编制的现金预算表

月份 项目	1月	2月	…	10月	11月	12月
①计划期流入量	596	1 044	…	1 542	1 746	1 096
其中:销售						
其他						
②计划期流出量	810	1 190	…	1 770	1 310	810
其中:						
购原材料	700	1 050	…	1 400	700	700
工资	75	100	…	125	75	75
税金	10	15	…	20	10	10
其他	25	25	…	225	525	25
③计划期净流入量	−214	−146	…	−228	436	286
④不贷款时月初余额	300	86	…	−60	−288	148
⑤累积资金	86	−60	…	−288	148	434
⑥扣除额定余额	250	250	…	250	250	250
⑦所需贷款	164	310	…	538	102	
⑧短期投资						184

(二)科学管理现金流量

科学管理现金流量的一般方法有两类:一类是加速收款,另一类是控制支出。

1. 加速收款

企业的收款过程一般可分为:产品或劳务结算、客户邮寄款项、企业内部处理、银行清算四个步骤,这一过程所花费的时间不仅与客户、企业和银行之间的距离有关,而且与三方各自的处理效率有关。加速收款实际上要求企业不仅要加强内部资金管理,同时更要为客户和银行提供信息与便利。具体可采用的加速收款的办法如下:

(1)尽早交付销售凭证。无论客户有何种的支付习惯,较快地寄出销售凭证都会促使客户更快地付款。运用电子商务技术手段以电子数据交换方式完成销售凭证的转移也是缩短这一过程的方法之一。

(2)银行存款箱制度,又称锁箱法。客户在收到销售凭证后直接将汇款寄到企业在客户所在地所租用的当地邮局邮箱中,企业授权开户行当地分行以此邮箱来收取汇款。当地分行每日分几次开启邮箱办理结算后再通过电汇等方式将货款拨给企业所在地银行。银行存款箱制度的主要优点是,支票无需经过公司处理后再存入银行,消除了公司收到汇款再存入银行的这段时间,可以使支票更快地成为企业的到账资金。但其缺点是增加了银行服务成本。在汇款金额较小,与客户的经济来往并不频密的情况下,采用此方法可能得不偿失。

(3)银行业务集中法。企业存在多个销售分支机构时,将各网点所在地银行的剩余资金(超过所要求的最低存款余额的那一部分资金)集中转入企业所在地的中心银行。这种方法的优点在于,一方面客户将付款支票交付给当地销售分支机构处理可以缩短支票邮寄时间和银行托收所需时间;另一方面便于增强对企业现金的集中控制,减少闲置现金余额,形成大额资金进行有效投资。银行业务集中法的效果取决于金融机构的现金业务流程处理效率,同时企业也需加强对各销售分支机构的业务处理过程控制。

除上述方法外,还有其他一些加速收款的方法,如对金额较大的货款可采用派人前往收款并立即送存银行的方法。

2. 控制支出

(1)"浮游量"运用法。旅游企业账与银行账之间的差额就是"浮游量"。旅游企业如能正确地预测浮游量,就可以减少银行存款的余额,把多余的现金先用来进行有利可图的投资。当一个旅游企业有多个银行账户时,可选用一个能使支票流通在外的时间最长的银行来支付货款,以扩大其浮游量。不过,在使用现金浮游量时,一定要控制好使用的时间。

(2)控制支出时间。对于旅游企业的各项债务,应该在恰好到期的时间支付,一般不要提前或推迟。一方面可以尽可能地利用现金,另一方面也维护了企业的信誉。

(3)尽可能使用汇票付款。汇票的付款方式和支票"见票即付"不同,在受票人将汇票放进银行后,银行要将汇票送交付款人承兑,并由付款人将一笔相当于汇票金额的资金存入银行,银行才会付款给受票人。通常汇票手续费高于支票。

(4)透支体系。商业银行的贷款按期限可分为活期贷款、定期贷款和透支三类。银行透支是指银行允许其存款户在事先约定的限额内,超过存款余额支用款项的一种放款形式。广义的银行透支概念还包括财政透支,即财政部门在财政存款支用完毕以后,在规定限额内继续签发支票,其款项由银行垫支。存款户对透支放款应支付利息,并有随时偿还的义务。我国在国外的很多旅游企业利用这种贷款,来解决流动资金的需要。旅游企业若建立了良好的透支体系,不但能优先从商业银行贷到款,还能增加企业的贷款限额,从而增加企业营运资金的持有量。

(三)确定目标现金余额

现金是一种非收益性资产,不宜保持太多,但其余额太少,又可能影响企业的正常业务。如何确定现金的最佳余额呢?一般有如下几种方法。

1.鲍曼模型

美国财务学家鲍曼(W.J.Banmol)最早注意到现金余额在许多方面与存货相似,于1952年提出了管理现金的数学模型,也称存货模型。鲍曼模型假设企业现金的收入每隔一段时间发生一次,而支出是在一个时期内均匀发生。我们用图5-1表示。

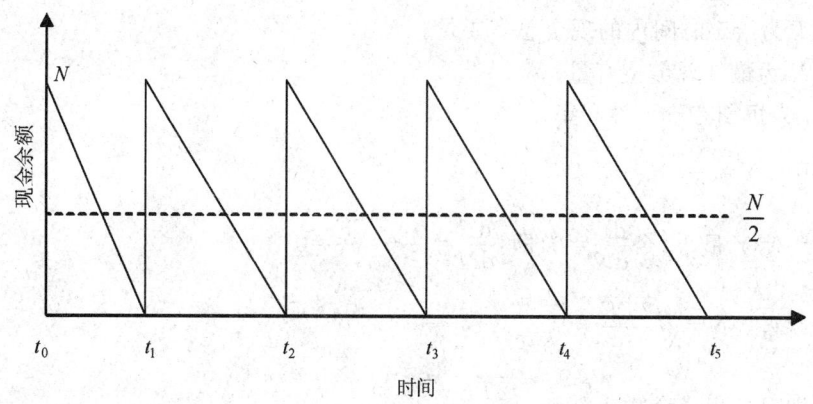

图 5-1 鲍曼模型的现金持有量

显然,现金余额越大,需要买卖有价证券的次数就越少,交易成本就越低,但机会成本就越大;反之,则交易成本大而机会成本小。我们的目的是确定一个最佳余额,使总成本(机会成本与交易成本之和)最低,我们用图5-2表示。

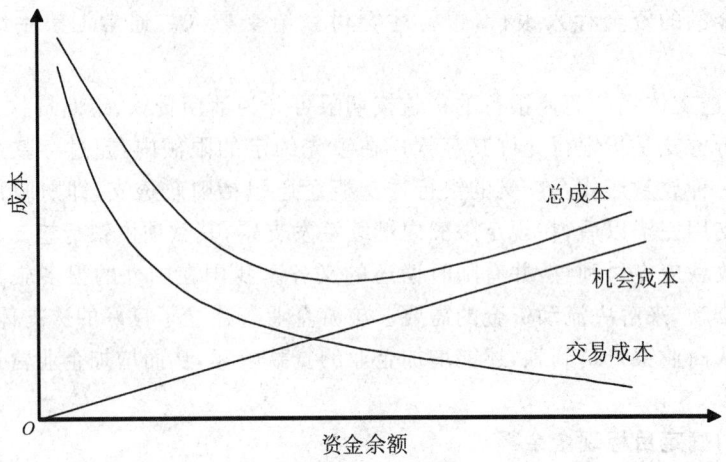

图 5-2 企业持有资金各成本间的关系

为了确定使总成本最低的现金余额,我们假设:

TC 为现金管理成本;

n 为最佳变现次数(证券转换次数);

Y 为总成本;

F 为现金与有价证券每次转换成本;

T 为给定时间内的现金总需要量;

N 为最佳现金持有量;

i 为短期有价证券利率。

则 $Y = \dfrac{N}{2}i + \dfrac{T}{N}F$

为使 Y 最小,令 $\dfrac{dY}{dN}=0$,即:$\dfrac{dY}{dN}=\dfrac{i}{2}-\dfrac{TF}{N^2}=0$

解得 $N=\sqrt{\dfrac{2TF}{i}}$

即目标现金余额为 $N=\sqrt{\dfrac{2TF}{i}}$

【例1】 某旅社预计1个月内经营所需货币资金为50 000元,准备用短期有价证券变现取得,证券每一次变现的固定费用10元,证券的市场月利率为1%,求最佳现金余额、最低现金管理成本、有价证券交易次数。

$$最佳现金持有量(N) = \sqrt{\dfrac{2 \times 50\,000 \times 10}{1\%}} = 10\,000(元)$$

最低现金管理成本$(TC) = \sqrt{2 \times 50\,000 \times 10 \times 1\%} = 100(元)$

有价证券交易次数$(n) = \dfrac{50\,000}{10\,000} = 5(次)$

2. 米勒—奥尔模型

该模型是米勒—奥尔于1966年首次提出,也称随机模型,该模型假设每天现金净流量是随机的,且服从正态分布,可用图5-3的方法控制现金余额。

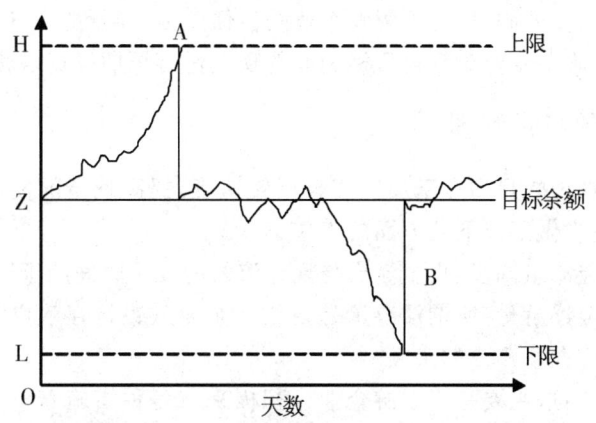

图5-3 米勒—奥尔模型下的现金持有量

如图5-3所示,模型设有现金余额的最高控制线 H 和最低控制线 L。目标现金余额为Z。当余额达到上限 H(图中 A 点)时,就将(H−Z)数量的现金转换成有价证券;反之,当余额下降到下限 L(图中 B 点)时,就出售价值(Z−L)的有价证券,使余额恢复到 Z 水平。

下限 L 的确定取决于企业承受现金短缺风险的能力,一般来说,财务经费根据历史资料确定。Z 与 H 由公式确定,即:

$$Z = \sqrt[3]{\dfrac{3F\sigma^2}{4i}} + L$$

$$H = 3Z - 2L$$

该模型的平均现金余额=(4Z−L)/3

式中:F 为每次买卖证券的固定成本;

i 为有价证券的日利率;

σ 为每天现金余额变化的标准离差。

(四)对超过目标余额部分的现金的投资决策

由于现金不会产生任何收益,所以旅游企业若持有的现金过多不但增加企业对现金的管理成本,还会减少企业的收益。因此,对于超过目标余额部分的现金企业可以进行一些短期投资。短期投资是指能够随时变现并且持有时间不准备超过1年的投资,主要包括对股票、债券、基金等的投资。短期投资的特点:具有很容易变现、持有时间较短以及不以控制、共同控制被投资单位或对被投资单位实施重大影响为目的而作的投资。正因为短期投资具有以上的特点,所以它在给企业带来收益的同时,还不影响企业的偿债能力、经营能力以及应付重大风险的能力,所以旅游企业对超过目标利润的现金进行短期投资以获得收益。

五、现金的日常管理

现金日常管理的目的在于加速姿金周转速度,提高现金的使用效率。为达到这一目的,应当做好以下几方面的工作:

1. 力争现金流量同步:现金流出与现金流入的发生时间趋于一致。

2. 使用现金浮游量:所谓浮游量是指旅游企业从银行存款户上开出支票的总额超过其银行存款账户的余额。

3. 加速收款:这主要是指旅游企业应积极采取各种措施缩短应收账款的时间,及时收回账款。如合理确定信用政策、正确分析客户的信用情况、及时组织催收货款等都可以加速应收账款的回收。

4. 推迟应付款的支付:推迟应付款的支付是指旅游企业在不影响企业信誉的情况下尽可能地推迟付款的支付期,充分利用供货方所提供的信誉优惠。如企业急需现金,甚至可以放弃供货方的折扣优惠,在信用期的最后一天付款。

5. 科学确定现金持有量:现金是非收益性资产,企业持有太多不但增加企业的管理成本,还间接地减少了企业的收益,但若企业持有太少又会影响企业的正常经营,因此,企业必须科学地确定企业现金持有量。上面我们已经介绍了确定企业现金持有量的方法:鲍曼模型、米勒-奥尔模型以及改进的随机模型。

6. 适当进行证券投资:若企业确实有多余的现金,可以进行适当的证券投资,这样能在不影响企业的流动性和变现能力下为企业增加可观的净收益。

另外,旅游企业还应当严格按照国家对现金管理的有关规定对现金进行管理。国家对现金收支的规定主要是"四规定、六不准":(1)四规定,即当日送存、不得坐支、提现写明用途、特殊情况申请审核。经营活动中发生的现金收入,应及时送存银行,不得直接用于支付自己的支出,即不得"坐支现金"。企业如因特殊情况需要坐支现金的,应当事先报经开户银行审查批准,由开户银行核定坐支范围和限额。(2)六不准,即不准白条抵库、不准谎报用途、不准代人存取、不准私人存储、不准保留账外公款、不准私设小金库。库存现金限额规定：一般情况下，保留3～5天日常零星开支；远离银行和交通不便的，保留15天正常开支。

六、现金的分析与考核

现金收支管理中，应经常对现金使用情况进行分析与考核，提高现金管理水平和使用条件，现金分析常用指标如下：

现金周转率＝每期实际收到的营业额/期初现金结余额

每期实际收到的营业额＝营业收入－赊销额

使用这一指标主要考虑到旅游企业现金流入中，营业收入是最主要的来源，它反映了企业现金使用和收回情况，在其他条件相同的情况下，现金周转率越高，说明企业的现金能在较短的时间内收回，其使用效果越好。

【例2】 某旅游企业2010年的营业收入为500万元，但该企业赊销额高达200万元，其年初的现金结余额为100万元，并且该旅游企业去年的现金周转率为2，试分析该旅游企业今年的现金使用情况？

2010年实际收到的营业额
＝营业收入－赊销额
＝500－200＝300(万元)
现金周转率＝每期实际收到的营业额/期初现金结余额
＝300/100＝3＞2

说明企业今年现金的使用情况比去年好。

第三节 旅游企业应收账款的管理

一、应收账款的概念

应收账款是指旅游企业因对外销售商品、材料，供应劳务及其他原因，向购货单位或接受劳务的单位及其他单位、个人应收取的款项。它包括应收账款、应收票据、预付账款、其他应收款等。应收账款是企业因赊销而产生的一项短期债权，是企业向客户提供的一种商业信用，与现销相比，赊销有利于客户提高其资金利用效率，从而促进销货企业的产品销售，扩大其市场份额，同时也有助于减少销货企业的存货，降低其存货成本。

二、应收账款的成本

(一)机会成本

应收账款的机会成本是指资金投入在应收账款上所丧失的其他收入,如有价证券的利息收入等,应收账款机会成本的计算通常如下:

应收账款机会成本＝维持赊销业务所需资金×资金成本率

维持赊销业务所需资金＝应收账款平均余额×变动成本率

应收账款平均余额＝赊销收入净额/应收账款周转率

＝平均每日赊销额(赊销收入净额/360)×应收账款周转期

上述公式中资金成本率指的是市场利率,同时还假设随着公司赊销规模扩大,固定成本维持不变,而只有变动成本随之上升。

【例3】 某旅游企业预测年度赊销收入净额为3 600 000元,应收账款周转期为60天,变动成本率为60%,资金成本率为10%,计算应收账款机会成本。

应收账款平均余额＝3 600 000/360×60＝600 000(元)

维持赊销业务所需资金＝600 000×60%＝360 000(元)

应收账款机会成本＝360 000×10%＝36 000(元)

以上计算说明企业为维持360万元的赊销业务,占用了36万元的资金,并因此而在证券市场上丧失了3.6万元的可能收益。赊销业务的资金占用量在很大程度上由应收账款周转期来决定。应收账款周转期短,资金占用量小,反映企业的信用政策和收账政策较紧,货款回收较快;应收账款周转期较长,资金占用量大,反映企业的信用政策和收账政策较松,货款回收较慢。需要说明的是,在实际核算应收账款平均余额时,考虑到销售收入的季节性变化,一般由前几个月的赊销收入来确定。

(二)管理成本

管理成本是企业对应收账款进行管理而耗费的开支,是应收账款成本的重要组成部分,主要包括对客户的资信调查费用、收集各种信息费用、应收账款账簿记录费用、催收账款所发生的费用、其他用于应收账款的管理费用。

(三)坏账成本

坏账成本又称为坏账损失成本,是指企业持有应收账款所发生的因欠款无法收回导致的坏账损失。在现实中,企业必须尽最大努力防范坏账损失的产生。从坏账损失的性质来看,其属于变动成本类别,即坏账损失成本与应收账款的数量成正比,应收账款数额越大,坏账损失额能可性越大,反之则会较小。坏账损失与持有应收账款的其他成本的不同之处是发生的规模具有一定的弹性,企业应收账款管理水平较高,坏账损失的比例就会很小,甚至以接近于零。

坏账成本＝年赊销额×坏账损失率

其中坏账损失率又称坏账率。它的高低取决于企业的信用政策和收账政策。一般来说，信用政策越是苛刻，其坏账率就越低。在其他条件不变的情况下，在一定的范围内，收账费用越多，坏账损失率就越低，且平均收账期也越短。

三、信用政策

信用政策也称应收账款政策。企业要实现对应收账款的有效管理，事先必须制定出合理的信用政策。在制定政策时，必须遵守收益大于成本的原则。信用政策主要包括信用标准、信用条件、收账政策三个方面内容。

(一)信用标准

信用标准是判断顾客是否有资格享受企业提供的商业信用以及可以享受多少信用数额的一个标准。制定信用标准的关键在于考虑顾客拖延付款或拒付而给企业带来坏账损失的可能性。信用标准通常用允许的坏账损失率来表示。

1. 信用标准的影响因素——定性分析

企业在信用标准的确定上，面临着两难的选择，如果销货企业制定的信用标准很高，只有信用很好的客户才能得到商业信用，企业的坏账损失率将很低，但其销售额则会因此而减少；如果信用标准较低，信用较差的客户也有可能得到商业信用，则企业的销售额可能会有较大增长，但坏账损失和其他应收账款成本也会随之提高。其实，这也是风险、收益、成本的对称性关系在企业信用标准制定方面的客观反映。企业在制定或选择信用标准时应考虑三个因素：

(1)同行业竞争对手情况。信用标准可参照同行业的平均水平来制定。

(2)企业承受违约风险的能力。

(3)客户的资信程度。客户的资信程度可通过5C系统来反映，即品质(Character)、能力(Capacity)、资本(Capital)、抵押品(Collateral)和条件(Conditions)。

①信用品质。信用品质是指客户履约或赖账的可能性，这是决定是否给予客户信用的首要因素。

②偿付能力。客户偿付能力的高低，取决于资产特别是流动资产的数量、质量(变现能力)及其与流动负债的比例关系。

③资本。资本反映了客户的经济实力与财务状况的优劣，是客户偿付债务的最终保证。

④抵押品。抵押品即客户提供的可能可作为资信安全保证的资产。

⑤经济状况。经济状况是指不利经济环境对客户偿付能力的影响及客户是否具有较强的应变能力。

当一个新客户要求赊销时,应当提供的资料信息至少应包括:最新的财务报表;主要负责人姓名、联系方式和从业经验;公司性质、名称、地址;筹资渠道;存续期间和从事本行业的时间;交易预期的信用额度;以往的信用记录。

当然交易参考资料的来源不仅应包括客户方提供的信息和本企业的历史信用记录,同时还应参考信用资料机构、贸易商会和银行方所提供信息。

2.信用标准的确立——定量分析

对信用标准的定量分析,旨在解决两个问题:一是确定客户拒付账款的风险,即坏账损失率;二是确定客户的信用等级,作为给予或拒绝信用的依据。确定信用标准常用的方法如下:

(1)设定多个信用参考指标(例如利息保障倍数、速动比率、资产负债率和存续时间等)共同作为一个评价体系,确定信用等级的评价标准。以数年内最坏年景的情况,分别找出信用好和信用坏两类客户的上述比率的平均值,依此作为评价其他客户信用的标准。如表5-2所示。

表 5-2　信用标准分析表

指　　标	信用好	信用不好
1.流动比率	2.2∶1	1.4∶1
2.速动比率	1∶1	0.7∶1
3.净流动资产(万元)	2 260	520
4.权益负债比率	2∶1	4∶1
5.资产总额(万元)	6 000	2 600
6.应收账款周转率(次)	15	8
7.存货周转率(次)	4	2
8.收入总额(万元)	30 000	10 000
9.应收账款总额(万元)	8	20
10.赊销支付情况	及时	拖欠

(2)利用既有或潜在客户的财务报表数据,计算各自指标值,并与上述标准进行比较。

比较的方法:假定信用标准的参考指标为10项,某客户的某项指标值等于或低于坏的信用标准,则该客户的拒付风险系数(坏账损失率)增加10%;若客户的某项指标值介于好与坏的信用标准之间,则该客户的拒付风险系数(坏账损失率)增加5%;若客户的某一指标值等于或高于好的信用标准,则视该客户的这一指标无拒付风险。最后将客户的各项指标的拒付风险系数累加,即作为该客户发生坏账损失的总比率。

(3)进行风险排队,并确定各有关客户的信用等级。例如,可确定累计风险系数在5%以内的为A级客户,在5%～10%之间的为B级客户等。对不同等级的客户,分别采用不同的信用政策。

由于各个企业所处具体环境千差万别,在实际运用当中,需要深刻领会各项指标的内在含义并结合企业以往收账实际制定恰当的信用标准体系,而不能盲目照搬。

(4)在实际分析中,还常用到"信用评分法",和上述方法不同之处在于企业可将分析对象的不同指标依据企业具体情况作重要性上的调整。即将分析对象的有关财务比率指标和其他信用指标赋予一定权重系数后求和,以此作为分析对象的信用分数,再按照不同的分数范围确定分析对象的信用状况。

信用标准一般为:分数在80分以上者,其信用状况良好;

分数在60～80分者,信用状况一般;

分数在60分以下者,信用状况较差。

信用分数的计算公式为:$Y = a_1x_1 + a_2x_2 + \cdots + a_nx_n$

式中:Y为顾客的信用评分;

x_i为顾客第i种财务比率或信用状况的评分;

a_i为事先拟定的第i种财务比率或信用状况的加权。

从表5-3可见该旅游企业的信用分数为83.5,信用状况良好。

表5-3 某旅游企业信用评分状况

项 目	财务比率和信用品质 (1)	分数(x_i) 0～100 (2)	预计权数 (a_i) (3)	加权平均数 (a_ix_i) (4)=(2)×(3)
流动比率	1.8	90	0.20	18.00
资产负债率(%)	60	90	0.10	9.00
净资产收益率(%)	10	85	0.10	8.50
信用评估等级	AA	85	0.25	21.25
付款历史	尚好	75	0.25	18.75
公司未来预计	尚好	75	0.05	3.75
其他因素	好	85	0.05	4.25
总计				83.5

(二)信用条件

信用条件是企业要求顾客支付货款的有关条件,包括信用期间、折扣期限及现金折扣三项内容。

在确定信用期限时,一般应考虑:(1)坏账损失率,如果行业风险水平高,一般设定的信用期限都较短;(2)赊销金额大小,如果赊销金额小,其管理成本较高,而且其重要程度较低,信用期限相对较短。现金折扣是指企业为鼓励客户早日付款,在规定的时间内给予客户一定比例的优惠。折扣期限是指客户能享受现金折扣的最后期限。

假如某购买者被提供的信用条件是"2/10,N/30",这表示该购买者从开具发票日起有 30 天的信用期限。如果购买者是在 10 天的折扣期限内付款,则能享受到指定销售价格 2% 的现金折扣。

【例4】 某旅游企业预测年度赊销收入净额 2 400 万元,其信用条件是:N/30,变动成本率为 65%,资金成本率为 20%,假设企业收账政策不变,固定成本不变,该企业准备了三个信用条件的备选方案,A:维持原信用条件;B:信用条件为 N/60;C:信用条件为 N/90。各方案的赊销水平、坏账损失及收账费用如表 5-4 所示。

表 5-4 某旅游企业的基本数据表

项目	A	B	C
年赊销额	2 400	2 640	2 800
应收账款周转率	12	6	4
应收账款平均余额	2 400/12=200	2 640/6=440	2 800/4=700
维持赊销业务所需资金	200×65%=130	440×65%=286	700×65%=455
坏账损失率	2%	3%	5%
坏账损失	2 400×2%=48	2 640×3%=79.2	2 800×5%=140
收账费用	24	40	56

对该企业的计算分析如表 5-5 所示。

表 5-5 备选方案的计算表

项目	A	B	C
年赊销额	2 400	2 640	2 800
变动成本	1 560	1 716	1 820
信用成本前收益	840	924	980

续表

项目	A	B	C
信用成本： 机会成本 坏账损失 收账费用	130×20%＝26 48 24	286×20%＝57.2 79.2 40	455×20%＝91 140 56
小计	98	176.4	287
信用成本后收益	742	747.6	693

所以选择 B 方案。

(三)收账政策

旅游企业收账政策是指顾客违反信用条件时,企业所采取的收款政策。积极的收账政策可以减少坏账损失或资金占用成本,但也会增加收账费用,且可能会恶化与顾客的关系;反之,消极的收账政策则可减少收账费用,但必然增加坏账损失和资金占用成本。因此,究竟应采取什么样的收账政策,应根据具体情况以及有关的经验来确定。企业可以根据应收账款的回收历史情况来制定合理的收账政策,并全面考察增加收账费用与减少坏账损失、减少应收账款机会成本的关系,若前者小于后者,则说明制定的收账政策是可取的。

由于平均收款期只能反映企业应收款的平均回收状况,无法反映不同账款回收间的差异。为了给企业提供应收账款管理的较具体的信息常采用"应收账款账龄表",根据应收账款拖欠期的长短将其分成不同的类别,并注明其在全部应收款中所占的比例。账龄分析表的格式可参照表5-6。

表5-6 账龄分析表

应收账款账龄	客户数量	金额(千元)	百分比(%)
信用期内	400	450	56.25
超过信用期1～20天	200	100	12.50
超过信用期21～40天	100	80	10.00
超过信用期41～60天	50	60	7.50
超过信用期61～80天	30	40	5.00
超过信用期81～100天	10	20	2.50
超过信用期100天以上	10	50	6.25
合计	800	80	100

从表5-6中可了解到该企业有43.75%的应收账款超过了信用期,达到35

万元,特别是 6.25% 的应收账款超过 100 天,极有可能形成坏账。企业应采取不同收账策略,尽快收回货款。

除了上述账龄表所反映的基本信息外,企业还需切实掌握哪些客户已超过信用额度,哪些客户因为未付款而应停止供货,并应及时将处理方案以书面形式通知订单管理部门更新客户信息以避免造成新的损失。

催收账款会发生收账费用,在一定范围内收账费用越高,坏账比例越低,平均收账期也越短,但是这种关系并非是线性的。制定收账政策需权衡收账费用和减少坏账损失之间的大小。

(四)综合信用政策

企业要制定最优的信用政策,必须把信用标准、信用条件和收款政策结合起来,测算对收益与成本的综合影响结果。企业在制定具体的信用政策时仍然坚持稳定性和灵活性两大原则。

企业在制定自己的信用政策时一般需要考虑以下四个方面的因素:(1)外部经济环境因素。这时企业不但要考虑自己所产产品的市场情况(是供不应求还是供过于求)、资金市场情况(是否很容易能够从市场上筹集到资金),还要考虑到所处行业的发展状况(是发展性、稳定性还是衰退性),甚至要考虑到整个宏观经济情况。(2)企业内部因素。这主要包括企业自身的经营特点、产品特点、生产规模,尤其是企业自身的资金状况和企业承担风险的能力及追求的发展速度等。(3)企业发展战略。企业是试图扩大市场份额,还是增加企业现金流。若企业目前想扩大市场份额,提高产品的影响度,那么企业就会采取较松的赊销政策并且应收账款的回收期限也会较长;若企业想增加现金流,那么该企业就会制定较严的信用政策,一般不进行赊销,并且应收账款的回收期较短。(4)与企业客户的关系。企业在制定信用政策时,也会考虑企业的客户状况。若企业目前的客户数量较多并且质量较好,企业就不必为了一个新的客户而去放松自己的信用政策;若企业目前客户较少,主要任务是增加客户量并且与客户建立稳定的关系,那么企业就有可能制定较松的信用政策;若企业的一个老客户只是目前现金周转有点困难,企业也有可能针对此客户制定较松的信用政策。

四、应收账款的日常管理

应收账款的日常管理工作,就是按照已经建立的信用政策办事,这就需要对顾客的信用情况做出详细的调查和分析,以便决定是否给予顾客信用,采用什么样的收账措施等。

(一)对顾客进行信用调查

对顾客的信用评价是应收账款管理活动中最重要的一环,只有在对顾客的信用状况有正确评价的前提下,才可能正确地执行企业的信用政策。对顾客进行信用调查,收集其有关资料,是评价其信用情况的基础。顾客的信用资料一般可从以下几个方面获得:

1. 财务报告

我们可以从顾客最近的资产负债表、利润表和现金流量表中了解其资产状况、经营状况、获利能力以及财务状况,从而进一步掌握顾客的短期偿债能力及长期偿债能力。

2. 信用评估机构

许多国家都有信用评估的专门机构。它们定期发布有关企业的信用等级报告。我们可以在它们发布的信用等级报告中,全面地、系统地了解我们顾客的经营能力、获利能力、偿债能力、抗风险能力、信用级别以及发展前景等。例如美国的 Dun&Bradstreet 公司就是一家最著名的、提供信息最多的信用等级评审机构。

3. 商业银行

现在许多银行都设有规模很大的信用部门,由于其自身的经营特点,它们对许多企业的资产状况、经营状况以及最近货币资金状况都了如指掌。它们可以为自己的往来客户调查所要求客户的商业信用,从中收取手续费,降低各自的财务风险,从而达到双赢。

4. 企业自身的经验

企业可以根据以前与客户的业务往来记录,来了解客户的赊销及付款情况,进一步确定客户的信用等级。企业自身的经验是判断顾客信用好坏的一个重要依据。

5. 其他方面的资料

除以上方法,企业还可以从税务部门、顾客的上级主管部门、工商管理部门及证券交易部门收集有关顾客的信用资料。

(二)对顾客进行信用分析和评价

在调查掌握了有关资料后,就应运用特定的方法,对顾客信用状况进行分析和评价。前面已经介绍了 5C 分析法和信用评分法等。

(三)决定是否向顾客提供信用

在收集分析了顾客的信用资料,对其信用做出评价之后,就要做出是否向顾客提供信用的决策。在进行决策时,还要分别对新顾客和老顾客采用不同的方法。

1. 如果是新顾客,主要根据企业信用政策中制定的信用标准来做出决策。例如,可根据有关资料,分析出信用评分与坏账损失率的关系如表 5-7 所示。

表 5-7　信用评分与坏账损失率的关系

信用评分	<60	60~70	70~75	75~80	80~85	85~90	90~100
坏账损失率/%	>20	10~20	5~10	2~5	1~2	0.5~1	0~0.5

如果企业的信用标准为允许坏账损失率等于 5%，则对信用评为 75 以上的顾家提供信用。

2. 如果是老顾客，其情况又未发生大的变化，一般不必再对其进行信用分析。主要是决定给予一个信用频度，即允许顾客在任何时候赊购货物的最大限度。例如，核定给某顾客的信用额度为 30 万元。第一次购货金额为 20 万元，若货款尚未支付，则第二次购货时，最多允许共赊购 10 万元的货物。信用额度一般必须定期核定，以适应顾客情况的变化，否则可能给企业带来经济损失。

（四）收账策略

收账策略是指对顾客愈期未付的应收账款采取的方法和措施。一般来说，大多数顾客都能按期付款，但总有一小部分会出现愈期未付的情况。理想的收账策略是既要顺利收回账款，又要维护好与顾客的关系，并降低收账费用，催收账款的程序是：信函通知、电话催收、派人面谈和法律解决。

当顾客愈期未付时，可先发一封措词礼貌的信函，提醒对方是否忘记付款日期了；如果未见效果，可寄出措词较严肃的信件；如果还没有效果，则打一个催账电话；若仍无反应，企业就得派专人登门催收，如果顾客确实暂时有困难，可以协商延期付款的时间。假如上述方法都不成功，最后不得不采取法律措施。要注意的是，企业在决定采用法律手段解决问题之前，必须慎重考虑两个因素：一是会恶化同顾客的关系；二是由法律解决后收回款项的可能性。因为对方可能正希望通过法律手段宣告破产，解除其财务困境。而待其清算的资产付清法律费用、职工工资、国家税金及有担保的债务后，已所剩无几。因此，法律手段主要用于个别不讲信誉、故意拖欠、试图赖账的顾客。

（五）其他日常管理

除上述方法外，还有其他日常管理应收账款的方法。如 ABC（重点）管理法；账龄分析法，即通过编制应收账款账龄分析表，时常检测应收账款账龄发展趋势。当账龄分析表显示过期账户所占的百分比逐渐增加时，就必须考虑紧缩企业的信用政策。

在国外，对应收账款还有信用保险的管理办法。如果企业的财务状况不理想，其应收账款又集中于一两个风险较大的顾客身上，就十分有必要向保险公司申请对其应收账款进行信用保险。

第四节 旅游企业存货管理

一、存货的概念及内容

(一)存货的概念

存货是指企业在生产经营过程中为销售或耗用而储备的物资,主要包括原材料、在产品及产成品,就旅游企业而言,存货主要包括各种原材料、燃料、物料用品、低值易耗品、商品等。凡是其所有权属于企业的用于生产耗用和销售的物资,不论它存放在何处,都属于企业的存货。因此,已经购入、尚未入库的物品或者虽已出库,但所有权尚未转移给对方的物品,都属于企业的存货;反之,按合同已售出,虽然尚未出库,但不能算为企业的存货。要注意,委托其他企业代销的商品,商品的所有权未发生改变,亦属于企业存货,而顾客赊购的商品,虽暂时未收货款,但所有权已发生转移,就不属于企业存货,而是企业的应收账款。

(二)存货的内容

旅游企业的存货主要包括以下内容:

1. 原材料,是指企业为制造产品而购进,最终形成产品实体或有助于产品形成的各种劳动对象。具体是指企业的食品原材料及饮料,以及月末盘存未售出的产品、半产品等。

2. 燃料,是指企业在经营过程中耗用的,通过燃料为企业提供热能或产生动力的各种材料。具体是指企业储备的各种固体、液体、气体燃料等。

3. 低值易耗品,是指单位价值在规定限额以下,使用年限在一年以内的各种次要劳动资料。具体指企业不作为固定资产核算的各种用具和家具,以及经营过程中周转使用的包装容器等。

4. 物料用品,是指企业用于业务经营的在库和在途的作原材料、燃料、低值易耗品以外的其他物料用品的总称。主要包括:(1)日常用品:客房、餐厅等营业部门的日常用品,如清洁用品、玻璃器皿等。(2)办公用品:各种纸张、文具等。(3)包装物品:企业各部门使用的桶、箱、瓶、坛、袋等。(4)日常维修用材料、零配件等:企业备用的各种修理材料、修理零件、估价入账的旧材料等。(5)特定业务用品:企业专用的大宗物料用品,如饮食企业的餐具、浴池业的蒸馏水瓶等。(6)特殊物料用品:企业在经营或销售过程中所使用的各种标证、筹牌等作为服务、零售的凭证,如就餐券、饭菜票、筹码牌子、取像和取物发票、理发券、洗澡券等。

二、旅游企业存货的目的

1. 用于旅游企业日常周转的需要

企业出于保证生产经营正常运转的目的,为了防止出现停工待料、停售待货等现象,需要有一定的存货用于周转。按批量进行订货可以获得订货的规模经济性以减少订货成本和得到数量折扣。

2. 保证旅游企业安全经营

安全存货又称缓冲存货,是指为应付需求和供给的波动,防止缺货造成的损失而设置的一定数量的存货。安全存货的数量与需求和供给的稳定性程度与企业要求达到的顾客服务水平相关联。

3. 用于旅游企业的某种预期

由于需求或采购的季节性,或预期产品需求或材料供给可能发生大的变化而建立的存货。然而存货增加所带来的另一方面影响不仅加大资金占用,同时也导致处理成本和储存成本的增加。

三、旅游企业存货的成本

存货成本是指取得或生产存货和为保持存货正常状态而发生的各种费用。存货成本包括取得成本、保管成本和短缺成本。

(一)取得成本

1. 订货成本

每批订货所需发生的各种费用。如为订货发生的差旅、谈判、签约费用等。订货成本可分为两类,与订货次数成正比例变动的变动订货成本(电报、电话费、差旅费等),与订货次数无关,全年发生额固定的订货成本(采购机构经费)。订货成本可由下述公式计算:

$$年订货成本 = (D/Q) \times K + F_1$$

式中:D 为存货年需要量;

Q 为每次订货批量;

K 为每次订货的变动成本;

F_1 为全年固定订货成本。

2. 购置成本

企业购买存货所发生的成本。它是存货本身的价值,等于存货数量与单价的乘积。

$$购置成本 = D \times U$$

式中:U 为单位成本。

综上所述:

取得成本＝订货成本＋购置成本

(二)存储成本

企业为保管存货所发生的成本。如为存货占用的资金的机会成本;存货在保管期间发生的损坏损失、贬值损失;存货保管人员的人工费用;存货库房占用费用;为使存货保持正常的使用功能而发生的保管费用等。

存储成本也可以分为两部分:在存储成本中,总额稳定与存储存货数量无关的成本,称为固定存储成本(如仓库折旧、仓库职工工资等);总额大小取决于存货数量和存储时间的成本,称为变动存储成本(如存货占用资金应计的利息、保险费、损耗费等)。

$$存储成本 = 存储固定成本 + 存储变动成本 或 T_{cc} = F_2 + K_c$$

式中:T_{cc} 为存储成本;

F_2 为存储固定成本;

K_c 为存储变动成本。

(三)短缺成本

因存货不足而造成的损失。如因缺货不能向顾客供货而减少的销售收入和销售利润;因不能及时供货而造成的顾客流失等。

这里所提到的存货成本是从管理角度来考虑的,它和会计核算中存货成本的意义不尽相同。依据《企业会计准则》,会计核算的存货成本仅包括采购成本、加工成本和其他使存货达到目前场所和状态所发生的成本,不包括仓储费用。

四、存货管理的关键控制

存货管理的关键环节主要表现在以下几个方面。

(一)销售预测

准确的销售预测(需求量预测)是存货管理中最为重要的一环,相对准确的销售预测,是确保存货不超过合理数量的基础。销售预测的方法很多,有些销售预测需要用到较复杂的数学方法,其中多因素分析方法是比较常用的一种。

销售预测考虑的因素有:上年同月销售量、上月销售量、新产品引入对现有产品销售的影响、相关产品对销售的影响、促销活动(如广告宣传)对销售的影响、营业扩展(如新开辟服务区域)对销售的影响等。

(二)数字统计

数字统计是对现有各种存货数量的统计。只有统计数字准确全面,管理者才能对实际存货状况做到"心中有数",为确定合理的订货量和订货时机提供依据。

(三)确定订货量与订货时点

合理的订货数量和订货时点有助于减少存货成本。

(四)有效的沟通

生产商、分销商和零售商之间的有效沟通可以使各方对市场需求和产品供应状况有全面清晰的了解,从而有效地控制存货。

五、确定订货数量与订货时点——存货管理模型与方法

(一)定量订货模型(订货点订货法)

定量订货是指在存货量下降到一定数量时,发出订货指令,根据需要订购适当数量的货物以补充库存。如有可能,这一订货量将选择为经济订货批量。

1. 基本模型

定量订货的基本模型如图5-4所示。

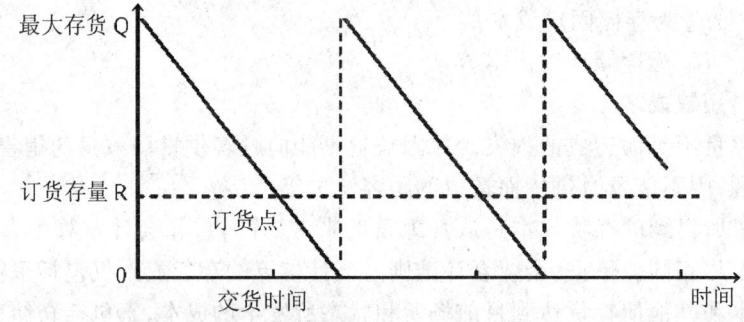

图5-4 定量订货基本模型

该模型所描述的系统为固定订货量系统,其主要特点是每次订货量相同,订货点相同,需求率固定,一次性到货。

由图可见,该系统的最大存货量Q,最小存货量为0,不存在缺货,存货按固定的速率减少。当存货降到订货点时,就按固定的订货量Q发出订货通知,经过一固定的交货期(又称为订货提前期)后,新的一批订货恰好在存货下降为0时到达。

2. 经济订货批量

经济订货批量是指在考虑生产(购置)成本、保管成本和订货成本(不考虑短缺成本)的情况下,使总存货成本最低的订货批量。

总存货成本＝订货次数×订货成本＋平均存货×保管成本＋总需求量×生产(购置)成本

$$经济订货批量 = \sqrt{\frac{2 \times 期间内总需求量 \times 每次订货费用}{单位存货期间内保管成本}}$$

【例5】 某酒店预计某型号产品年需求量为 3600 台,设每次订货成本为 500 元,产品购置成本每台 600 元,每件产品每年保管成本 10 元,则其经济订货批量为:

$$经济订货批量 = \sqrt{\frac{2 \times 3\,600 \times 500}{10}} = 600(台)$$

【例6】 续前例,设每次订货的交货期为 30 天,根据定量订货模型求订货点。

由前例可知,该产品日均需求量为 10 台(3600 台/360 天),由于交货期为 30 天,为保证交货期内的销售,订货点应选为 10 台×30＝300 台。每次订货量为经济订货批量 600 台。

3. 安全存货与订货点

由于实际经营活动中商品的供给和需求是不确定的,为防止因供给和需求的波动导致存货短缺,企业总要保留一定的超出平均需求量的存货,此即为安全存货。安全存货的高低与以下几个因素有关:

(1)需求与供给的稳定性。需求与供给的稳定性高,安全存货就低;反之,安全存货就高。

(2)短缺成本的高低。缺货造成的损失越大,短缺成本越高,安全存货越高;反之,安全存货就低。

(3)保有安全存货的成本高低。保有安全存货的成本越高,安全存货越低;反之,安全存货就高。

(4)服务水平的高低。服务水平是指发生缺货可能性的大小。发生缺货的可能性越小,服务水平越高。要求的服务水平越高,安全存货越高,反之安全存货就低。

考虑安全存货后的定量订货模型(如图 5-5)的订货点为交货期平均需求量加上安全存货的数量。如前例中,若企业需要保持 200 台的安全存货,则订货点由原来的 300 台变为 500 台。

所以,考虑安全存量时,其订货点的计算为:订货点＝交货期×平均耗用量＋安全存量。

(二)定期订货模型

定期订货是指订货者事先确定订货的时间和固定的间隔期,在订货期来临时盘查存货状况,根据需要补充存货,使之达到目标存货水平。与定期订货相对应的存货盘存系统为定期盘存系统。定期订货模型如图 5-6 所示。

定期订货模型所描述的系统也称固定订货间隔期系统。这是以时间为基础的存货管理模型,当订货到达时,系统的存货达到最高水平,然后逐渐减少,每经过一个订货的间隔期,企业盘查存货状况,发出一次订货通知,经过交货期后,存货再次恢复到目标存货水平。

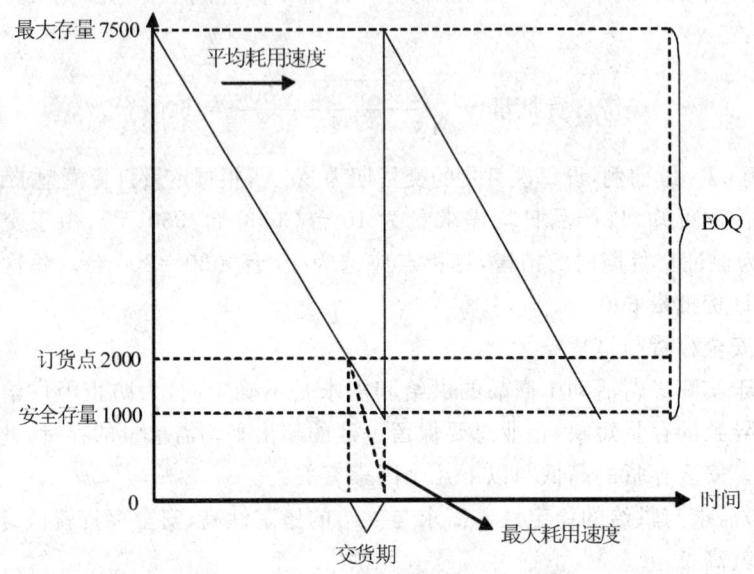

图 5-5 有安全存货的定量订货模型

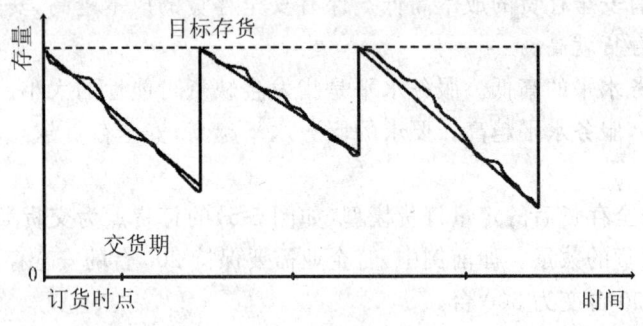

图 5-6 定期订货模型

六、存货分类管理方法——ABC 控制法

对存货的管理,除了根据企业的情况定出经济批量、安全存量及订货点外,尽量减少其管理费以及损坏、变质、过时等损失也是存货日常管理的内容之一。

企业应制定出具体的存货日常管理制度,以保证存货能最大限度地发挥其功能。

在对存货的日常管理中,常用 ABC 重点管理法来提高其管理效果。由于企业存货有很多不同的种类。因而不可能对每种存货都进行相等程度的管理。应把精力放在价值高而数量相对较少的存货上。ABC 分类管理法就是对存货进行分类,然后按其价值大小分别控制。具体方法是:价值高数量少的存货为 A 类,对其进行严格管理;价值低而数量多的存货为 C 类,对其进行简单管理即可;B 类是介于 A 类与 C 类之间的存货,对其控制的方法也介于二者之间。对存货分类的一般标准是:

A 类存货:品种数量约占总存货的 10%,其价值约占总存货价值的 70%。
B 类存货:品种数量约占总存货的 20%,其价值约占总存货价值的 20%。
C 类存货:品种数量约占总存货的 70%,其价值约占总存货价值的 10%。

第五节 旅游企业流动负债的管理

一、流动负债的概念及特点

(一)流动负债的概念

流动负债也叫短期负债,是指将在 1 年(含 1 年)或者超过 1 年的一个营业周期内偿还的债务,包括短期借款、应付票据、应付账款、预收账款、应付工资、应付福利费、应付股利、应交税金、其他暂收应付款项、预提费用和一年内到期的长期借款等。

(二)流动负债的特点

1. 偿还期限短,以债权人所提出的期限要求为准,一般在 1 年(含 1 年)或者超过 1 年的一个营业周期内必须偿还。

2. 要用企业的资产或负债清偿,即必须运用资产、提供劳务或举借新的负债来偿还。

二、流动负债筹资的方式

短期负债筹资主要有短期借款和商业信用两种方式。

(一)短期借款

1. 短期借款的概念

短期借款是指企业向银行或其他金融机构借入的期限在 1 年以下的各种借

款。我国目前的短期借款按照目的和用途分为若干种,主要有生产周期借款、临时借款、结算借款等。

企业在生产经营过程中所需的资金,除由投资各方投入以及生产经营过程中积累形成以外,对于临时所需的资金,可以向银行及其他金融机构申请取得短期借款解决。取得短期借款主要是为了维持企业正常生产经营活动所需的资金,如用于购买材料、支付各种费用等。有时也可用短期借款偿还到期的其他债务。

2.短期借款的种类

(1)短期借款的种类主要有如下几种:(1)按是否需要担保,分为信用借款和担保借款。信用借款是指不用保证人做保证或没有财产作抵押,仅凭借款人的信用而取得的借款。信用借款又可以分为信用额度借款和循环协议借款。担保借款是指有一定的保证人做保证或利用一定的财产作抵押或质押而取得的借款。担保借款又包括保证借款、抵押借款和质押借款。保证借款是以第三人承诺在借款人不能偿还借款时,按约定承担一般保证责任或连带责任而取得的借款;抵押借款是以抵押方式以借款人或第三人的财产作为抵押物而取得的借款;质押借款,是以借款人或第三人的动产或权利作为质押物而取得的借款。

(2)按借款的用途分为生产周转借款、临时借款和结算借款。经营周转借款亦称生产周转借款或商品周转借款。企业因流动资金不能满足正常生产经营需要,而向银行或其他金融机构取得的借款。办理该项借款时,企业应按有关规定向银行提出年度、季度借款计划,经银行核定后,根据借款借据办理借款。临时借款是指企业因季节性和临时性客观原因,正常周转的资金不能满足需要,超过生产周转或商品周转款额划入的短期借款。临时借款实行"逐笔核贷"的办法,借款期限一般为3~6个月,按规定用途使用,并按核算期限归还。

结算借款是指在采用托收承付结算方式办理销售货款结算的情况下,企业为解决商品发出后至收到托收货款前所需要的在途资金而借入的款项。企业在发货后的规定期间(一般为3天,特殊情况最长不超过7天)内向银行托收的,可申请托收承付结算借款。借款金额通常按托收金额和商定的折扣率进行计算,大致相当于发出商品销售成本加代垫运杂费。企业的货款收回后,银行将自行扣回其借款。

(3)按利息支付方法分为收款法借款、贴现法借款和加息法借款。收款法借款是指在借款到期后向银行支付利息的计息方法,银行向企业发放的贷款多采用这种计息方法。票据贴现法借款是指持有银行承兑借款或商业承兑借款的,发生经营周转困难时,申请票据贴现的借款,期限一般不超过3个月。如现借款额一般是票据的票面金额扣除贴现息后的金额,贴现借款的利息即为票据贴现息,由银行办理贴现时先进行扣除。加息法借款是银行发放分期等额偿还贷款时采用的利息收取方法。在分期等额偿还贷款的情况下,银行要将根据名义利率计算的利息加到贷款本金上,计算出贷款的本息和,要求企业在贷款期内分期偿还本息之和的金额。由于贷款分期均衡偿还,借款企业实际上只平均使用了贷款本金的半数,却支付全额利息。这样,企业所负担的实际利率便高于名义利率大约1倍。

(4)按偿还方式分为一次性偿还借款和分期偿还借款。一次性偿还借款是指借款人按照贷款协议规定在还款期限到时将本金与利息一次性还清的借款。一般的短期借款都是一次性偿还借款。分期偿还贷款(Loan Amortization)是指借款人按贷款协议规定在还款期内分次偿还贷款,还款期结束,贷款全部还清。这种贷款适合于借款金额大、借款期限长的贷款项目。分期偿还贷款按具体偿还方式,又可分为完全分期等额偿还法与部分分期等额偿还法。完全分期等额偿还法是指贷款本息按某一相同的金额定期偿付,而不是在到期日一次还本付息的方法,可使贷款人减少因借款人到期无法偿付借款所带来的风险;部分分期等额偿还法是指部分贷款分期等额偿付,其余部分贷款分期付息、到期一次还本的方法。

3. 短期借款的信用条件

按照国际惯例,银行发放短期借款往往带有一些信用条件,主要有以下几种:

(1)信贷限额。信贷限额是指银行对借款人规定的无担保贷款的最高额。如借款人超过规定限额继续向银行借款,银行则停止办理。一般来讲,企业在批准的信贷限额内,可随时使用银行借款。但是,如果企业信誉恶化,即使银行曾经同意按信贷限额提供贷款,企业也可能得不到借款。这时,银行不会承担法律责任。

(2)周转信贷协定。周转信贷协定是指银行具有法律义务承诺提供不超过某一最高限额的贷款协定。在协定的有效期内,只要企业借款总额未超过最高限额,银行必须满足企业任何时候提出的借款要求。

周转信贷协定与信贷限额的区别在于:信贷限额一般不具有法律约束力,银行并不承担必须提供全部信贷限额的义务。而周转信贷协定具有法律约束力,银行有承担在限额内提供贷款的义务,如果银行拒绝贷款,则可视为违法。另外,企业采用周转信贷协定,除支付利息以外,还要支付承诺费。承诺费是对贷款限额的未使用部分收取的费用,是银行向企业提供此项贷款的一种附加条件,一般收取周转信贷限额内未使用部分的0.5%。

【例7】 银行向某旅游企业提供的周转信贷限额为5 000万元,承诺费率为

0.5%,企业年度内使用了 4 000 万元,该企业应向银行支付承诺费多少元?

$$承诺费 = 1\,000 \times 0.5\% = 5(万元)$$

(3)补偿性余额。补偿性余额是指银行要求借款人在银行中保持按贷款限额或实际借用额的一定百分比(通常为 10%~20%)计算的最低存款余额。银行要求补偿性余额是为了降低贷款风险,补偿其可能遭受的损失。但是,补偿性余额提高了借款的实际利率,增加了借款企业的负担。

【例 8】 某旅游企业向银行借款 100 万元,年利率 10%,银行要求保留 20%的补偿性余额。该项借款的实际利率为多少?

$$实际利率 = 10\% \div (1 - 20\%) \times 100\% = 12.5\%$$

4.短期借款利息的支付方式

短期借款利息的支付方式有三种:收款法、贴现法和加息法。

(1)收款法。收款法(又称利随本清法)是指在借款到期时向银行支付利息的方法。收款法使得借款企业一次性偿还借款本息,增加了企业的财务负担,加大了无法偿付的风险。

(2)贴现法。贴现法是指银行向企业发放贷款时,先从本金中扣除利息部分,而到期时借款企业再偿还全部本金的一种计息方法。贴现法使得企业可利用的贷款额只有本金扣除利息后的差额,提高了借款的实际利率。

【例 9】 某旅游企业从银行取得借款 100 万元,期限 1 年,年利率 10%,按照贴现法付息,该项贷款的实际利率为多少?

$$实际利率 = 10 \div 90 \times 100\% = 11.1\%$$

(3)加息法。加息法是指在分期等额偿还借款的情况下,银行要求企业在借款期限内分期偿还本息之和。加息法使得借款企业实际上只平均使用了借款本金的一半,却支付了全额利息,提高了借款的实际利率。

【例 10】 承例 8,如采用加息法付息,该项贷款的实际利率为多少?

$$实际利率 = (100 \times 10\%) \div (100 \div 2) \times 100\% = 20\%$$

(二)商业信用筹资

1.商业信用的概念

商业信用,是指在商品交易中由于延期付款或预收货款所形成的企业间的借贷关系,是企业之间的一种直接信用关系。

2.商业信用的形式

商业信用主要分为应付账款、应付票据、预收货款等形式。

(1)应付账款。应付账款是指因企业购买货物或接受劳务等而发生应付供应单位的款项。应付账款与应付票据是不同的,前者是尚未结清的债务,后者是延期付款的证明。应付账款一般应按应付金额入账,而不应按到期应付金额的现值入账,如果购入资产形成应付账款时带有折扣(现金折扣、销售折扣)不影响账务处理。

(2)应付票据。应付票据是指企业在商品购销活动进行结算时因采用商业汇票结算方式而发生的,由出票人出票,委托付款人在指定日期无条件支付确定的金额给收款人或者票据的持票人,它包括商业承兑汇票和银行承兑汇票。应付票据按是否带息分为带息应付票据和不带息应付票据两种。

(3)预收货款。预收货款是指卖方在交付货物之前向买方预先收取部分或全部货款。在这种形式下,卖方要先向买方收取货款,但要延期到一定时期以后交货,这等于卖方向方先借一笔资金。紧俏商品、生产周期长、资金需要量大的商品的交易往往采用这种信用形式。

此外,旅游企业往往还存在一些在非商品交易中产生,但亦为自然性融资的应计费用,如应付工资、应交税金、其他应付款等。

三、短期负债筹资方式的优缺点比较

短期借款和商业信用作为短期负债筹资方式,可以解决企业短期资金的不足,但需要短期内偿还。这两种方式的区别如表5-9所示。

表5-9 短期负债筹资方式的优缺点比较

筹资方式	优点	缺点
短期借款筹资	筹资速度快,容易取得 筹资富有弹性 筹资成本较低	筹资风险高 限制条款较多
商业信用筹资	筹资便利 筹资成本相对较低 限制条件少	期限一般较短 放弃现金折扣的成本较高

小组讨论案例

案例 1

某旅游企业信用期间(即指企业允许顾客从购货或消费到付款之间的时间长度,或者说是企业给予顾客的付款时间)若为 30 天,营业量为 1000 单位;若信用期延长为 60 天,则此时营业量可达 1500 单位。有关资料如下表。

旅游企业信用条件分析表

	30 天	60 天
营业量	1000	1500
营业收入(每单位 100 元)	100 000	150 000
营业成本(元)		
其中:变动成本(每单位 60 元)	60 000	90 000
固定成本(元)	20 000	20 000
毛利(元)	20 000	40 000
可能发生的收账费用(元)	1 000	5 000
可能发生的坏账损失(元)	1 000	8 000

请思考:企业是否应采纳信用期从 30 天延长至 60 天这一方案。

案例 2

某酒店客房 600 间,年平均出租率 80%,床单年度更新率为 35%,每房间配套床单 3 套,每套为每间 4 条床单,小香皂每间房每天配备 4 块。饭店每次订货成本为 10 元,床单和小肥皂单位保管成本分别为:0.30 元/条和 0.15 元/块。

根据以上资料,试分析该酒店的床单和小肥皂的经济批量和年度采购次数。

本章思考题

1. 什么是旅游企业营运资金?营运资金的特点是什么?
2. 为什么要持有现金?现金的最佳持有量如何确定?
3. 应收账款产生的原因是什么?如何评价企业的信用标准?
4. 简述存货管理模型与方法。
5. 什么是坏账损失?对于坏账国际上通用的做法是什么?
6. 短期负债筹资的方式是什么?

第六章 旅游企业损益管理

学习目的

- 掌握收入、税金、成本费用和利润管理的基本概念、作用及分类
- 理解旅游企业的定价策略、成本费用的控制方法及原则
- 了解营业收入、税金及成本费用的日常管理、利润管理的作用

第一节 旅游企业营业收入管理

一、旅游企业营业收入的概念及特征

（一）营业收入的概念

营业收入是指企业在日常活动中形成的会导致所有者权益增加的、与所有者投入资本无关的经济利益的总流入。营业收入包括销售商品收入、提供劳务收入和让渡资产使用权收入。

（二）营业收入的基本特征

1. 收入从企业的日常活动中产生，而不是从偶发的交易或事项中产生。

2. 收入可表现为企业资产的增加，也可能表现为企业负债的减少，或者两者兼而有之。

3. 收入能导致企业所有者权益的增加。

4. 收入只包括本企业经济利益的流入，不包括为第三方或客户代收的款项。

二、旅游企业营业收入的分类

目前，旅游企业主要分为酒店业和旅行社，下面我们就以酒店业和旅行社为

例,来介绍一下旅游企业营业收入的种类。

(一)酒店业的营业收入

酒店的营业收入从大的方面分为客房收入、餐饮收入、商品部收入、车队收入及其他收入。

1. 客房收入

客房是酒店的基本设施和重要组成部分,是以出租和劳务方式供给旅客的投宿场所,是酒店经营收入的主要来源之一。客房收入主要包括长住客人收入、团队收入、散客收入和其他收入。长住客人收入通常是指饭店将客房出租给租房期限在半年以上的长住客人而取得的房租收入;团队收入,是指饭店将客房出租给由旅行社或某项活动组织者,集体安排租房的团体客人而取得的房费收入;散客收入,是指饭店将客房出租给个人外出旅游者、商务工作者等散客而取得的收入;其他收入,是指向客人提供其他额外客房服务等的收入。客房部要以财务部门和计划部门核定的经济指标为依据制定出客房部的业务经营计划。在组织经营核算时,除保证客房的床位和基本设施利用外,还必须注意提高服务质量,降低经营费用,以较少的耗费,取得较多的收入。

2. 餐饮收入

在酒店中,除了客房收入外,另一项重要的收入来源就是餐饮收入了。餐饮收入是指酒店为客户提供饮食、酒席、宴会等而取得的收入。主要包括:食品收入,是指餐厅、酒吧及宴会厅销售各种菜、汤、主食、水果、牛奶等而取得的收入;饮料收入,是指餐厅、酒吧及宴会厅销售各种酒类和饮料而取得的收入;香烟收入,是指餐厅、酒吧及宴会厅销售各种香烟的收入;服务费收入,是指餐厅、酒吧及宴会厅接待客人按消费标准的一定比例收取的费用;其他收入,是指餐饮部门取得的除食品、饮料、香烟、服务费收入以外的其他各项收入,如开瓶费收入、娱乐活动的门票收入、宴会厅的租金收入等。

3. 商品部收入

商品部收入是指酒店附设的零售商场、购物中心、商品部、小卖部销售商品取得的收入。商品部收入主要为零售收入,也有商品代销收入和批发收入等。这些商品部销售的商品,主要是以住客为销售对象的,同时,也有一些是面对非住店客人的。旅游酒店商品销售交易频繁,数量零星,一般不需要填制销货凭证。而且旅游酒店的商品部一般规模不大,综合性经营,要求加速周转,勤进快销,杜绝商品积压。

4. 车队收入

车队收入是指酒店为宾客提供交通工具和配套服务而取得的收入。包括设有出租车为客人提供服务所取得的收入和提供除出租车以外的其他交通服务而取得的收入等。

5.其他收入

其他收入是指饭店除上述收入以外而取得的收入。主要包括:(1)电话收入,主要是指对入住饭店的客人使用电话设备而收取的服务费收入,以及为长住客人或出租的写字楼办公室提供专用电话线而收取的电话线租金收入等。(2)洗衣收入,是指提供洗衣服务而取得的服务费收入,包括店内湿洗收入、店内干洗收入、店内烫衣收入、店外(即饭店客人以外)湿洗收入、店外干洗收入、店外烫衣收入。(3)游乐或健身服务收入,是指为客人在饭店的娱乐或健身场所提供各种设备、服务而取得的收入,如游泳池及浴室收入、健身收入、保龄球收入、台球收入以及各种杂项收入等。(4)商务中心服务收入,是指对客人在饭店内使用商务中心的设备而取得的收入,包括为客人提供电传、传真、复印、打字等服务取得的收入以及其他杂项收入。(5)美容美发收入,是指为客人提供美容、理发服务以及各杂项而取得的收入。(6)租金收入,是指饭店出租办公楼、公寓等场所的租金。

(二)旅行社的营业收入

旅行社是旅游业的一大支柱。它肩负着对旅游者的招揽、联系、接待和安排等各项服务工作,是旅游者的需求和旅游业的服务相互联系的场所。旅行社通过向旅游者提供各种服务工作,收取一定的服务费用。旅行社为旅游者提供的服务主要包括:为旅游者提供翻译、导游;代订房间、代租汽车;机场、车站、码头抵离接送;代办出入境、过境、居留和旅行的必需证件,如护照等;代购、代订、代签飞机、火车、轮船和长途汽车等客座票;代客接送行李;代向海关办理申报、检验手续;代办旅行意外事故保险、行李保险等手续。而这些劳务所取得的收入就是旅行社主要的收入来源。主要包括以下几个方面:

1.综合服务收入,是指在一定时期内,为旅行团(者)提供综合服务所收取的综合服务收入。综合服务收入包括:住房、餐饮、旅游交通、翻译导游和文娱活动等服务所收取的包价费用的收入。

2.组团外联收入,是指由组团社自组外联而收取的旅游者住房、用餐、旅游交通、翻译导游、文娱活动等费用的收入。凡有外联权的一类组团旅行社,可以直接与国外旅行机构联系业务,公布旅游路线,招揽游客,签订旅游合同或协议组织国外旅游团(者)来华旅游。旅行社为了确保旅游活动能够顺利进行,按旅游路线提供各项服务,按规定的标准和价格综合计费,在收费方式上采用包价形式,向旅游者一次结清费用。

3.零星服务收入,是指旅行社接待零星旅客和受委托代办事项所得的服务收入。零星服务收入的服务对象主要是单个的或极少数的旅游者。零星服务收入和综合服务收入的最大区别是服务对象的旅游者的数量不同。

4.劳务收入,是指旅行社派出翻译导游人员参加全程陪同的劳务收入。劳务收入主要包括旅行社派出的导游人员参加全程陪同的劳务收入、国外游客来我国旅游而派出的翻译导游全程陪同的劳务收入,以及国内游客去国外旅游而派出的翻译导游全程陪同的劳务收入。

5.票务收入,是指旅游社代理代售国际联运客票和国内客票的手续费收入。

6.地游及加项收入,是指旅游者某地一日或二日游的小包价及增加游览项目和风味餐饮等所增加的收入。

7.其他服务收入,是指不属于以上各项的其他服务收入。

对于不属于旅行社业务经营的收入,如礼品折价收入、外汇差价收入、利息收入,没收包装物押金收入、收回调入职工欠款、罚款收入、废品处理收入等均不得列入营业收入,而应列入营业外收入。

三、旅游企业营业收入的确认

旅游、饮食服务企业的营业收入是指企业在销售商品或提供劳务等经营业务中实现的收入,包括基本业务收入和其他业务收入。旅游、饮食服务企业的营业收入主要是提供劳务取得的收入。它是企业经营取得的总成果,亦称劳动总成果。该类企业大多是多功能的,经营项目繁杂,收入结算方法较多,必须合理确认营业收入的实现,并将已实现的劳务收入按时入账。营业收入的确认,一般应以提供了劳务、收到了货款或取得了收取货款凭据时确认营业收入的实现。

旅行社(不论是组团社还是接团社)组织境外旅游者到国内旅游应以旅行团离境(或离开本地)时确认营业收入的实现;旅行社组织国内旅游者到境外旅游,应以旅行团旅行结束返回时确认营业收入的实现;旅行社组织国内旅游者在国内旅游,也应以旅行团旅行返回时确认营业收入的实现。饮食业以收到货款或取得了货款凭据时确认营业收入;先服务后收款的服务业,以提供劳务时确认营业收入;照相、洗染业等服务业,以接受服务时反映营业收入,期末扣减未完成作业部分。

(一)销售商品收入的确认

销售商品收入同时满足下列条件的,才能予以确认。

1.企业已将商品所有权上的主要风险和报酬转移给购货方

企业已将商品所有权上的主要风险和报酬转移给购货方,构成确认销售商品收入的重要条件,它是指与商品所有权有关的主要风险和报酬同时转移。与商品所有权有关的风险,是指商品可能发生减值或毁损等形成的损失;与商品所有权有关的报酬,是指商品价值增值或通过使用商品等产生的经济利益。判断企业是否已将商品所有权上的主要风险和报酬转移给购货方,应当关注交易的实质,并结合所有权凭证的转移进行判断。通常情况下,转移商品所有权凭证并交付实物后,商品所有权上的主要风险和报酬随之转移,如大多数零售商品。在某些情况下,转移商品所有权凭证但未交付实物,商品所有权上的主要风险和报酬随之转移,企业只保留了次要风险和报酬,如交款提货方式销售商品。有时,已交付实物但未转移商品所有权凭证,商品所有权上的主要风险和报酬未随之转移,如采用支付手续费方式委托代销的商品。

2.企业既没有保留通常与所有权相联系的继续管理权,也没有对已售出的商品实施有效控制

通常情况下,企业售出商品后不再保留与商品所有权相联系的继续管理权,也不再对售出商品实施有效控制,商品所有权上的主要风险和报酬已经转移给购货方,通常应在发出商品时确认收入。如果企业在商品销售后保留了与商品所有权有关的继续管理权,或能够继续对其实施有效控制,说明商品所有权上的主要风险和报酬没有转移,销售交易不能成立,不能确认为收入。

3.收入的金额能够可靠地计量

收入的金额能否可靠地计量是确认收入的基本前提。企业在销售商品时,售价通常已经确定,但销售过程中由于某些不确定因素,也有可能出现售价变动的情况,在新的售价未确定之前,即使款项已经收到,也不应确认收入,而应将其实际收到的款项作为预收账款处理。等新的售价确定后,再按预收款销售产品的有关规定,进行确认收入、补收或退回多收款项的账务处理

4.相关的经济利益很可能流入企业

经济利益是指直接或间接流入企业的现金或现金等价物。在销售商品的交易中,与交易相关的经济利益即为销售商品的价款。经济利益流入企业的可能性超过50%,销售商品的价款能否有把握收回,是收入确认的一个重要条件。企业在销售商品时,估计价款收回的可能性不大,即使收入确认的其他条件均已满足,也不应当确认收入。

5.相关的已发生或将发生的成本能够可靠地计量

根据收入和费用相配比的原则,与同一项销售有关的收入和成本应在同一会计期间予以确认。因此,如果成本不能可靠地计量,即使其他条件已满足,相关的收入也不能确认,如已收到价款,收到的价款应确认为一项负债。

(二)提供劳务收入的确认

1.企业在资产负债表日提供劳务交易的结果能够可靠估计的,应当采用完工百分数法确认提供劳务收入。

2.企业在资产负债表日提供劳务交易结果不能够可靠估计的,则不能按完

工百分比法确认收入。这时企业应正确预计已经收回或将要收回的款项能弥补多少已经发生的成本,并按以下办法处理:

(1)如果已经发生的劳务成本预计全部能够得到补偿,应按已收或预计能够收回的金额确认收入,并结转已经发生的劳务成本;

(2)如果已经发生的劳务成本预计部分得到补偿的,应按能够得到补偿的劳务金额确认提供劳务收入,并按已经发生的劳务成本结转成本,确认的收入金额小于已经发生的劳务成本的差额反映为损失;

(3)如果预计已经发生的劳务成本预计全部不能得到补偿的,则不应确认收入,但应将已经发生的成本确认为当期损益(主营业务成本或其他业务成本)。

(三)让渡资产使用权收入的确认

让渡资产使用权收入包括利息收入、使用费收入等。让渡资产使用权收入同时满足下列条件的,才能予以确认:(1)相关的经济利益很可能流入企业;(2)收入的金额能够可靠地计量。

四、旅游企业营业收入的意义

1. 营业收入是企业生产持续经营的基本前提

企业的经营活动要不断地进行,必须用取得的营业收入来补偿经营支出,才能重新购回原材料、支付工资和其他费用。如果一个企业的商品滞销,营业收入不能及时或根本无法取得,就不能补偿经营支出,企业资金周转难以进行,就会威胁到企业的生存。因此营业收入的取得关系到企业再生产活动的正常进行。加强营业收入管理,保证营业收入的及时实现,能使企业的各种耗费得到补偿,从而为企业继续经营提供基本条件。

2. 营业收入的取得是企业实现盈利、上缴税费的前提

以营业收入为基础减去营业成本、营业税金及附加、管理费用、财务费用、销售费用、资产减值损失,加上公允价值变动收益(减去公允价值变动损失)和投资收益(减去投资损失),计算出营业利润。以营业利润为基础,加上营业外收入,减去营业外支出,计算出利润总额。以利润总额为基础,减去所得税费用,计算净利润(或净亏损)。

从上面可见,企业只有通过销售,并及时取得营业收入,生产经营活动中创造的盈利才能实现,从而按规定计算缴纳税费。企业取得的营业收入,除了补偿生产经营支出外,在正常经营条件,还应有经营积累,从而为企业提高技术水平,扩大经营规模创造条件。总之,营业收入是企业实现盈利的基础,也是企业上缴税费的前提。

3. 营业收入的取得是加速资金周转的重要环节

营业收入是企业流动资金周转额的表现,企业取得营业收入,说明流动资金完成一次周转。在流动资金占用额一定的条件下,流动资金周转速度取决于营业收入的大小,企业及时取得或扩大营业收入,就会加速流动资金周转,减少资金占用,节约使用资金。并且,及时取得营业收入,对企业增加现金流入量,及时偿还债务,加速社会资金周转也有重要作用。因此,企业应加强营业收入管理,扩大销售量、及时取得营业收入,从而加速资金周转,提高资金利用效率。

4. 加强营业收入管理,能提高企业素质和市场竞争力

企业营业收入主要是通过市场来实现的。企业应根据市场需求变化来调整自己的经营活动,形成具有特色的外单位不能复制的竞争力。加强营业收入管理,能促使企业研究市场变化,做出正确经营决策,经营适销对路的商品,避免盲目经营,从而提高企业素质和市场竞争力。

五、旅游企业营业收入的日常管理

(一)正确核算

营业收入核算正确与否直接关系到盈利的准确性。一般来说,营业收入的核算有权责发生制和收付实现制。权责发生制,又称应收应付制或应计制,按权责发生制核算营业收入要求,凡是在本期取得的收入,不论其款项是否在本期收到,都被视作本期收入。收付实现制,又称现收现付制或现金制,它是以货币的实际收入为标准来确定营业收入的归属期,即凡是在本期实际收到的款项,不论其是否应当属于本期,都作为本期的收入,反之,即使属于本期的收入,只要实际款项未收到,就不得作为本期的收入。

按照有关规定,酒店应采用权责发生制来核算营业收入。酒店应当在劳务已提供、商品已发出,同时收讫价款或取得收取价款权利证据时,确认营业收入的实现。由于实行权责发生制,在收入方面就会有预收收入和应收收入之分。预收收入是指本期或前期已经收到并已入账,但要到以后的会计期才能获得的收入,如预收的房费等。预收收入中只有那些属于本期的部分,才能作为本期的收入。应收收入是指本期已经售出,但尚未收到款项的收入,如客人已住宿尚未付款的收入。根据权责发生制,这些应收收入应作为本期的收入。营业收入核算时应按实际价款进行。当期发生的销售折扣、销售退回及折让,应冲减当期营业收入。

(二)及时办理结算,尽早收回营业收入

旅游企业营业收入的取得主要有三种方式:(1)预收,即在提供服务之前,预先收取全部或部分服务费。例如,酒店在客房预定确认后,向客户收取一部风预

订金;长住户也往往要在年初支付该年的全部费用。(2)现收,即在为客人提供服务的同时收取服务费。比如,在那些总台只负责结算房费的酒店,客人在餐厅、商场的消费即采取现收形式。(3)事后结算,即在向客人提供服务后,一次性或定期地进行结算。例如,酒店对客人的一次性结账。这种形式还常常在单位之间进行,如酒店和旅社之间常采用事后结算方式。不同的收费方式要用不同的方式进行管理,对预收订金的客人到期未来消费,则订金不予退回。采用现收方式时应对各收银点进行严格管理,做好记录,及时入账。对事后结算方式更要加强管理,及时办理结算,对结算期过长的款项要设专人催收,以减少资金占压。

(三)广开渠道,扩大销售来源

酒店经营利润的增加,一方面取决于成本费用的降低,另一方面就是营业收入的增加。在增加营业收入方面应该广开思路,提供多项目服务。现代酒店的发展越来越不满足于只为住店客人提供服务,其扩大收入的重要途径是走向店外,主动出击。例如,美国芝加哥的凯悦酒店就很重视餐饮的店外销售。此外,搞一些文艺演出或讲座等,不仅能使酒店收入增加,也树立了酒店在社会上的知名度。因此,酒店必须在开放性经营思维的指导下,以强烈的服务意识不断开创特色服务,为酒店获取更多盈利。

(四)认真执行合同规定

信誉是持续盈利的基础。严格按服务合同服务是酒店赢得信誉的保证。比如,酒店都有预订程序,预订确认后,店客双方即达成服务合同。凡经过预定的服务项目都要认真执行,如果酒店单方面不执行预订的服务项目,没有提供相应的服务,就是单方面的毁约行为,并因此而失去信誉,进而失去获取收入的机会。一旦发生这种情况,酒店要从酒店业利润中开支相应的赔偿费,促使酒店从经济利益上关心合同的执行。

六、旅游企业价格管理

(一)影响旅游企业价格的可控因素

1.成本因素

旅游产品的成本是制定价格的基础。一般情况下旅游产品成本越高,旅游产品的价格相应也会提高。旅游企业在制定价格时,不仅要考虑本企业旅游产品的个别成本,更重要的是要把个别成本和社会平均成本进行比较,如果个别成本比社会平均成本低,制定旅游产品价格时回旋余地就比较大。因此适当降低成本,争取使个别成本低于社会平均成本,争取成本领先是许多旅游企业谋求价格竞争优势的利器。

旅游产品成本由固定成本和变动成本两部分组成。固定成本是指不因产量或销售额变化而变化的成本,如固定资产折旧费、租金、办公费、固定工资等,这些成本只要企业存在就必须分摊到旅游产品中去。变动成本是随产量或销售额变化而变化的成本,如采购成本、奖金等。

2. 市场需求

市场需求规定了产品价格的最高限度。在正常情况下,产品的需求量与产品价格成反比。当商品富于需求弹性时,企业采取低价销售有利;当商品具有一般需求弹性时,企业不宜采用价格手段进行竞争;当商品缺乏需求弹性时,采用较高的定价对企业有利。

3. 旅游产品品质与特性

旅游产品品质高、市场认知形象好,游客购买会有一种荣耀感,营销管理人员可选择高定价,而旅游产品品质一般、市场认知形象一般则可定中低价;旅游产品特色显著、垄断性强、不可替代性强,营销管理人员可定高价,而平平常常、大众化的旅游产品则宜制定中低价。

4. 营销目标

旅游产品定价目标要服从旅游企业营销战略,如实行市场渗透战略的企业在定价时很可能会采取低价策略。旅游营销管理人员要根据不同阶段营销目标的不同来制定不同的价格。企业的营销目标主要有:

(1) 以扩大市场占有率为目标

一些企业把扩大旅游市场占有率作为营销目标,这一目标一旦实现后不仅可以占有更多的市场份额,而且会随销售量提高而带来规模效益,还可逼退竞争对手。当竞争对手被迫退出市场时或不再构成威胁时,可再调高价格,得到提高市场占有率和利润及赶走一部分竞争对手的结果。在旅游市场竞争激烈的情况下,一些企业怀着"宁让利润不让市场"的心态,为提高或维持一定的市场占有率,大打价格战,有时甚至不考虑固定成本只以变动成本来定价。

(2) 以取得最大利润为目标

以取得利润最大化为目标就是利用潜在竞争者从研发到产品投放旅游市场之间的时间差,尽可能多地赚取利润。

以取得最大利润为目标不一定就是给旅游产品定高价,对于需求价格弹性较大的旅游产品定价高需求会下降,单位成本会相对上升,总收入反而会下降,进而会影响总利润。

(3) 以求生存为目标

当企业遇到经营困难时,为维持业务、等待市场转机,让企业渡过生存危机,旅游企业管理人员一般会采取低价策略,以低价吸引游客,获得喘息机会。有时营销管理人员会把旅游产品价格定在成本线附近,这种做法看起来不赚钱但却有相对利益。比如旅游产品销不出去,固定成本将全部损失,以酒店客房为例,固定成本占相当大比重,即使一间客房销售不出去,也会发生这些费用;如果以成本价销售出去,企业虽不能盈利但却可以减少损失。旅游企业在市场低迷时可以求生存为目标,待旅游市场情况好转后再从求生存转变为谋发展。

5.非价格竞争策略

提升旅游产品品质、增强特色、提升形象就是非价格竞争策略的具体形式。随着旅游市场竞争的白热化,旅游市场价格混战十分惨烈,许多旅游企业不得不卷入价格战。

明智的企业不在万不得已时不参加恶性价格战,而采取非价格竞争策略与同行角逐,非价格竞争策略有很多形式,如加强促销、疏通销售渠道、提升服务品质等。

(二)影响旅游企业价格的非可控因素

影响价格决策的非可控因素包括旅游市场需求、宏观经济状况和法律法规因素。

1.旅游市场需求

旅游市场政策性垄断经营的情况几乎不存在(国际旅游业务尚须得到特许经营但经营者数量已大大增加),基本上是竞争性市场。旅游产品到底值多少钱最终取决于旅游者的认知。旅游产品是非生活必需品,需求弹性大,因此旅游产品价格决策一定要考虑市场需求因素。一般来讲,供给不变,需求上升会推动价格上涨;需求下降,价格有下调的压力。一定时期旅游产品供给是个既定的量,而旅游产品需求的季节性特点又很明显,当旺季来临时,一些旅游产品价格会随之上涨。如海南岛在每年12月到次年2月是旅游旺季,酒店客房价格往往会上涨50%左右;又如旅游黄金周期间,需求十分旺盛,一些包价旅游线路的价格上涨20%~30%。一般来讲,旅游产品供不应求时价格可定高些,供过于求时价格可定低些。供求关系的变化,要求旅游产品价格要有一定的灵活性。

旅游者对旅游产品价值的认知对价格决策有重要影响,决策者在定价时也必须以旅游者为导向,如同样是用餐,在大排档就餐和去五星级酒店用餐,从生理上都是为了填饱肚子,而环境的不同、氛围的差异,吸引某些游客愿付高价去五星级酒店用餐。决策者要了解旅游者所认知的价值,根据不同的价值认知找到最佳卖点,进而制定对不同细分市场有吸引力的价格。

2.宏观经济状况

经济景气状况、物价因素、汇率因素等都对旅游产品价格有一定的影响。

(1)经济景气状况

在经济发展较快、宏观经济处于景气状况时,人们的收入得到了提高,除了满足基本生活外,还有许多资金用于消费,旅游就是众多项目中较好的一个,因此,旅游产品较为旺销,对旅游产品的需求就会增加,价格也就有上升的要求;当经济增长速度趋缓,宏观经济处于萧条时,人们的收入就会相对减少,人们对未来报悲观的态度,不敢进行基本生活以外的消费,大多数人就会将钱存起来以备后用,因此,旅游业也会跟着萧条,对旅游产品的需求就会减少,旅游产品就会销路不畅,价格有下降的要求。如2008年美国次贷危机金期间,美国、英国等国民众财产大幅缩水,旅游人次大幅减少,当地一些旅游企业不得不降价促销。

(2)物价因素

物价对旅游产品价格也有较大的影响。由于政府实行宽松的货币政策,印制了大量的货币,货币的大量过剩导致通货膨胀、货币贬值,在这样的时期,市场上流通着大量的货币,相对着市场上所需要的货币来说,货币就超发了,这就会导致了货币的贬值,物价就会相对上升。同样,旅游产品的数量相对于人们手中的货币就会变得相对不足,因而旅游产品的价格有上调的趋势,这是通货膨胀牵动所导致的。反之,政府实行紧缩的货币政策,就会减少货币的印制,流通在市场上的货币就会减少,这就会导致货币相对升值,物价就会相对下降,同样,旅游产品的价格也会相对下降。因而,当通货紧缩、货币升值时,旅游产品价格又有下调的压力。

(3)汇率因素

一国的汇率常常因各种因素而变动,汇率变动对旅游产品价格有一定影响。通常本币升值,外币就会相对贬值,旅游企业要考虑提高外币定价;相反,本币贬值,外币就会相对升值,旅游企业要考虑适当降低外币定价。例如,某五星级标准客房以美元计价为每天100美元,假定美元与我国货币比价为1∶5,本币定价应为每天500元,当本币升值,假定本币与美元比价为1∶4,该企业为保持原有收入不变,就会把标准客房房价定为每天125美元;相反,当本币贬值,假定美元与本币比价为1∶5.5时,标准房价就应订为每天90美元。

3. 法律法规因素

现在的商品市场不但受到市场自身的调节,还会受到政府这个看的见的手的调节。各国政府对有关商品价格的制定,都建立了一系列的法律法规,从而对商品的价格进行约束,如价格法等相关法律法规对旅游产品定价具有约束力。因此,旅行社等不论是通过价格欺诈行为获得暴利,还是低价倾销赢得利润,都要受到相关法律法规的制裁。例如,一些旅游企业在暴利心态驱使下进行的价格欺诈行为就一定会受到相关法律的惩处。因此,旅游产品价格的制定一定要遵守当地相关的法律法规,否则就会受到一定的制裁。

在旅游市场日益国际化时代,旅游产品定价还应遵守有关国际法和国际惯例。由此可见,有关法律法规是影响旅游进行价格决策的重要因素。

(三)旅游企业的定价策略

1. 新产品定价策略

(1)撇脂定价策略。撇脂定价策略是指当生产厂家把新产品推向市场时,利用一部分消费者的求新心理,定一个高价,像撇取牛奶中的脂肪层那样先从他们那里取得一部分高额利润,然后再把价格降下来,以适应大众的需求水平。撇脂定价策略是一种聪明的定价策略。

这种定价策略的优点是能快速收回投资,获取高额利润;缺点是产品刚进入市场,在消费者中尚未建立一定的声誉之前,不利于开拓市场,如果产品销路好,易导致竞争者加入,致使竞争加剧。

(2)渗透定价策略。渗透定价策略,又称薄利多销策略,是指企业在产品上市初期,利用消费者求廉的消费心理,有意将价格定得很低,使新产品以物美价廉的形象,吸引顾客,占领市场,以谋取远期的稳定利润。

这种策略的优点是能使产品销路增加,快速开拓新产品市场,可排斥竞争者加入;缺点是产品投资回收缓慢,一定时期内获利较少。

(3)满意定价策略。这是一种折衷价格策略,是介于撇脂定价和渗透定价两者之间的一种定价策略,所制定的价格既可使企业获得相当利润,又使顾客感到合理。满意定价策略的最大优点是"稳",通过对前面两种策略的调和和折衷来避免前两者的明显缺点,但同时也在很大程度上将前面两种策略优点抹煞了。

2. 区分需求定价策略

(1)时间差价策略。时间差价策略是指旅游企业对相同的旅游产品或服务,按旅游者需求的时间不同而指定的价格。有利于鼓励旅游中间商和消费者增加购买的频率与力度。

(2)地理差价策略。地理差价策略是指旅游企业对统一旅游产品或服务以不同的价格在不同的地区营销,以形成同一产品或服务在不同空间的横向价格策略组合。

(3)对象差价策略。对象差价策略是指旅游企业对不同旅游者的需要和购买数量等因素,对统一旅游产品或服务实行不同的价格。如针对青年旅游者急剧上升的趋势,采取降价的策略。

(4)产品差价策略。产品差别定价是指企业对不同型号或形式的产品分别制定不同的价格。但是,不同型号或形式产品的价格之间的差额和成本费用之间的差额并不成比例。例如,宾馆的客房分为豪华、中等和标准几个等级,不同等级的客房价格不同;飞机的头等仓、商务仓、经济仓的价格也不相同。

3. 折扣定价策略

折扣价格策略是指旅游产品或服务的基本标价不变,而通过调整实际销售价格,把一部分价格转让给购买者,鼓励旅游者大量购买、及早购买、用现款购买自己的产品或服务的价格策略。

(1)现金折扣。现金折扣,又称销售折扣,为敦促顾客尽早付清货款而提供的一种价格优惠。现金折扣的表示方式为:2/10,1/20,n/30。例如,A 公司向 B 公司出售商品 30 000 元,付款条件为 2/10,N/60,如果 B 公司在 10 日内付款,只须付 29 400 元,如果在 60 天内付款,则须付全额 30 000。

(2)数量折扣。数量折扣又称批量作价,是企业对大量购买产品的顾客给予的一种减价优惠。一般购买量越多,折扣也越大,以鼓励顾客增加购买量,或集中向一家企业购买,或提前购买。尽管数量折扣使产品价格下降,单位产品利润减少,但销量的增加、销售速度的加快,使企业的资金周转次数增加了,流通费用下降了,产品成本降低了,导致企业总盈利水平上升,对企业来说利大于弊。

(3)功能折扣。功能折扣是指企业对卖给帮助其完成一定功能、提供一定服务的销售渠道的各个环节(指批发商、零售商)的产品按零售价格给予一定折扣的策略。

4. 心理定价策略

(1)非整数定价策略。这种定价策略也称为尾数定价策略,即给旅游产品定一个带有零头数结尾的非整数价格。如很多零售商业较多地利用尾数 6、8 或 9 为定价策略,美国市场上尾数以奇数为多,一般是 9 美分、49 美分、99 美分等。

(2)整数定价或方便定价策略。这种定价策略是指旅游企业在定价时,采用合零凑数的方法制定整数价格。如租金 500 美元一天的豪华套房不宜改为 495 美元。

(3)分级定价策略。分级定价策略就是把某一类旅游商品按不同品牌、不同规格、不同型号划分为若干档次,对每一档次的商品制定一个价格。同样的旅行线路产品可分为豪华、普通和特价三种价格。

(4)声望定价策略。这种定价策略是指针对旅游消费者"价高质必优"的心理,对在消费者心目中有声誉的产品制定较高的价格,以满足某些消费者追逐名牌商品、崇尚名店的心理。

(四)旅游企业的定价方法

旅游企业经营不同的旅游产品,由于其成本和经营方式具有不同的特点,因此,旅游企业应根据这些特点和定价策略采取不同的方法,灵活地制定价格,以实现经营目标。

1. 产品的定价方法

(1) 成本定价法。成本定价法是以客房成本为基础,通过分析成本、税金的数量关系,然后根据客房出租率来制定客房价格的一种方法。

计算公式为:

理论成本=客房总成本费用÷(365×客房总面积)×平均每间客房面积

出租成本=理论成本÷(1−房间闲置率×每天每间客房中固定成本费用占单位成本费用百分比)

平均房价=出租成本÷(1−税率−利润率)

【例1】 某旅游饭店有客房300间,客房总面积6600平方米,预算客房年度固定成本费用5 250 000元,单位变动成本费用30元/每天,每天每间客房中固定成本费用占单位成本费用的50%,预计出租率为60%,营业税金及附加率为5.56%,利润率为35%,计算饭店客房的平均价格。

总成本=5 250 000+30×300×60%×365=7 221 000(元)

理论成本=客房总成本费用÷(365×客房总面积)×平均每间客房面积
=7 221 000÷(365×6600)×(6600÷300)=65.95(元)

出租成本=理论成本÷(1−房间闲置率×每天每间客房中固定成本费用占单位成本费用百分比)=65.95÷(1−50%×40%)=82.44(元)

平均房价=出租成本÷(1−税率−利润率)=82.44÷(1−5.56%−35%)
=138.69(元)

(2) 目标利润定价法。目标利润定价法是在客房成本预算的基础上,通过确定目标利润来制定客房价格的一种方法。计算方法如下:

首先,预算年度成本费用,包括人工费用、固定资产折旧、开办费用、能耗、物耗、利息、保险费、办公费等。

其次,确定目标利润。计算公式为:

目标利润=年度总成本费用×成本费用利润率

最后,制定平均房价。计算公式为:

平均房价=(年度总成本费用+目标利润)÷(客房数量×客房出租率×365)

【例2】 某旅游饭店有客房200间,年度总成本费用4 200 000元,客房出租率60%,目标成本费用利润率45%,计算平均房价。

平均房价=(年度总成本费用+目标利润)÷(客房数量×客房出租率×365)=(4 200 000+4 200 000×45%)÷(200×60%×365)=139(元)

③总经费法。总经费法是在客房成本预算的基础上制定客房价格的一种方法。计算公式为:

每日经费=全年总经费÷日历天数

日均目标营业额＝每日经费÷(1－税率－利润率)

平均房价＝日均目标营业额÷(客房数量×客房出租率)

其中：全年总经费是指客房经营过程中全年的费用开支，包括固定费用和变动费用。

【例3】 某旅游饭店有400间客房，客房销售有季节性波动，全年客房固定成本费用总额为7 300 000元，单位变动成本费用30元/天，淡季120天，利润率10%，出租率50%；旺季245天，利润率40%，出租率80%，营业税金及附加率5.56%。计算不同时期的客房平均价格。

计算客房总经费：

淡季客房总成本费用＝7 300 000＋30×400×50%×120＝3 120 000(元)

旺季客房总成本费用＝7 300 000＋30×400×80%×245＝7 252 000(元)

计算客房每日经费：

淡季每日经费＝全年总经费÷日历天数＝3 120 000÷120＝26 000(元)

旺季每日经费＝全年总经费÷日历天数＝7 252 000÷245＝29 600(元)

计算客房日均目标营业额：

淡季客房日均目标营业额＝每日经费÷(1－税率－利润率)
＝26 000÷(1－5.56%－10%)＝30 791.10(元)

旺季客房日均目标营业额＝每日经费÷(1－税率－利润率)
＝29 600÷(1－5.56%－10%)＝54 371.79(元)

计算客房平均价格：

淡季客房平均价格＝日均目标营业额÷(客房数量×客房出租率)
＝30 791.10÷(400×80%)＝153.96(元)

旺季客房平均价格＝日均目标营业额÷(客房数量×客房出租率)
＝54 371.79÷(400×80%)＝169.91(元)

2.饮食制品的定价方法

(1)销售毛利率法。饮食制品的销售毛利率是饮食制品的毛利与其销售额之间的比率。销售毛利率法就是依照毛利与销售额之间的比例关系，计算饮食制品销售价格的方法。

销售毛利率法也称为内扣毛利率法或内扣法。采用销售毛利率计算价格，对毛利率在产品销售额中的比重十分清楚，一目了然，有利于销售核算。计算公式为：

销售价格＝食品原材料成本÷(1－销售毛利率)

(2)成本毛利率法。饮食制品的成本毛利率是饮食制品的毛利与其成本之间的比率。成本毛利率法就是按照既定的成本毛利率加成计算饮食制品销售价格的方法。计算公式为：

销售价格＝食品原材料成本×(1＋成本毛利率)

成本毛利率法也称为外加毛利率法或外加法。用成本毛利率法计算饮食制品的销售价格，简单明了，易于掌握，但不易反映饮食制品营业收入中毛利所占的比重，所以一般不采用此法。

3.旅行社的定价方法

(1)中国现行旅游价格构成。第一，综合服务费。包括全程陪同费、翻译导游费、领队减免费、组团社和接团社手续费、旅游宣传费、杂费等。第二，房费。房费单列，旅游者的住房费一般有三种方式：海外旅行社自订、组团社代订、委托接团社代订。第三，餐费。餐费单列，餐费标准采用标准加餐差的办法，即早餐标准不分地区统一按规定标准安排，与饭店房费一起收取，午、晚餐采用标准餐加餐差的办法，各旅行社最低的订餐标准不能低于国家规定的标准餐费。第四，车费。车费单列，即市内交通费(含行李运输费)、停车费等，目前均采用包车计价方式，包车价＝车公里租价×包车公里＋附加费。第五，文娱活动费。它是旅行社为游客安排文化娱乐等项目而收取的手续费和门票费。游览日程在3天以上的，活动不少于一次，4～7天的不少于两次，8天以上不少于三次。第六，城市间交通费。包括飞机、轮船、内河及古运河船和汽车客票价格。第七，专项附加费。包括汽车超公里费、游江游湖费、特殊游览点门票费、风味餐费、专业活动费、责任保险费、不可预见费等。

(2)中国现行旅游价格形式。第一，全包价。全包价是指价格中包含了综合服务费、房费、餐费、交通费(市内车费)、文娱活动费、城市间交通费和专项附加费等七个部分。全包价费用的多少是按旅游路线所涉及城市的远近，旅游团的人数、等级和所要求加项服务的多少来决定的。第二，小包价。小包价的确切含义是"选择性旅游价"，即旅游者可按本人意愿选择所需的旅游项目。可提供小包价旅游服务的旅行社将所有旅游项目单列定价并印制服务券，每张服务券上标明旅游项目价格，旅游者需要哪个项目就买哪种服务券，费用现付。第三，半包价。半包价与全包价的区别主要在于提供服务的内容不包括午、晚餐两项，其他服务完全一样。第四，委托代办费。委托代办费简称单项服务价格，即旅行社接受游客的委托，提供单项旅游服务的费用。委托代办费项目主要有九类：翻译导游费；全程陪同费；接送费；接送汽车费；代办旅华签证、签证延期、签证分离、旅行证等服务的收费；本市内代订饭店、代订汽车、代购交通票、代购文娱票、联系参观等项目的收费；提取、托运行李的服务费；国际回电委托费；国内城市间委托，包括委托手续费、确认回电费、接送费、接送汽车费、代订饭店费、代订交通票费等。第五，特殊形式的旅游收费。特殊形式的旅游是指旅行社销售毛利率法也称为内扣毛利率法或内扣法。采用销售毛利率计算价格,对开展的新婚旅游、休学旅游、会议旅游、体育旅游、山间旅游、青年旅游、学术交流旅游等特殊形式的旅游项目,在执行组团包价时,要按客人的特殊要求收取特殊服务费用,并扣除没有发生的费用。

第二节　旅游企业税金管理

一、税金的概念和作用

(一)税金的概念

税金是国家财政收入的组成部分,是企业在业务经营过程中,按照国家税法规定向国家缴纳的一部分收入,是国家以权力参与国民收入分配和再分配的一种形式。

(二)税金的作用

1. 税金是国家预算收入的重要组成部分,是国家积累资金的重要来源。
2. 税收是国家取得财政收入的主要手段,也是对国民经济实施宏观调控的重要手段。
3. 税收是国家管理经济的一个有力的经济杠杆。
4. 税收取之于民,用之于民,是国家发展生产、提高人民物质生活和文化水平的资金来源。

二、旅游企业税金的种类

税收是国家为了满足社会公共需要,凭借政治权力,依照法律规定的标准,强制、无偿地参与社会剩余产品分配,以取得财政收入的一种重要形式。

(一)营业税

1. 营业税的概念

营业税是指在我国境内提供劳务、转让无形资产或销售不动产的单位和个人按其营业收入征收的一种税。饭店、旅馆等企业应按营业收入计征营业税,旅行社应按营业收入净额(营业收入扣除代收代缴房费、餐费和车费等)计征营业税。

2. 征税对象

在中国境内征税对象包括提供应税劳务、转让无形资产或者销售不动产三个方面。其中应税劳务是指属于交通运输业、建筑业、金融保险业、邮电通信业、文化体育业、娱乐业、服务业税目征收范围的劳务。

3. 计税依据

纳税人从事应税劳务、转让无形资产、销售不动产所取得的营业额为计税依据,应税营业额是指纳税人从购买方所收取的全部价款和价外费用。

4. 税率

按行业设计税目和税率,实行固定比例税率,中国现行营业税的税率水平分为四档,即3%、5%、8%和20%。旅游企业经营业务范围内的旅店业、饮食业、旅游业等服务业执行5%的税率;娱乐业,包括歌厅、舞厅、卡拉OK歌舞厅、音乐茶座、台球、高尔夫球、保龄球、游戏厅等,税率为20%;交通运输业税率为3%;转让无形资产或销售不动产税率为5%。此外,现行营业税制度还规定,纳税人兼营不同税率的应税项目的,应当分别核算不同税目的营业额,未分别核算营业额的,从高适用税率。例如,某饭店在提供住宿的同时,还用自己的汽车从事运输服务。如果能将提供住宿的营业收入和从事运输业务的营业收入分开核算,就分别按照5%、3%的税率征税;如果不能分别核算,则应就其全部营业额按照5%的税率征收营业税。

5. 纳税期限

营业税的纳税期限分别为5日、10日、15日或1个月。纳税人的具体纳税期限,由主管税务机关根据纳税人应纳税额的大小分别核定;不能按照固定期限纳税的,可以按次纳税。纳税人以一个月为期纳税的,自期满之日起10日内申请纳税;纳税人以5日、10日或者15日为一期纳税的,自期满之日起5日内预缴税款,于次月1日起10日内申报纳税并结清上月应纳税款。

6. 营业税应纳税额的计算

可直接将营业收入和适用税率两者相乘,计算出营业税应纳税额。营业税应纳税额的计算方法一般有两种:

(1) 按营业收入全额计算。计算公式为:

应纳税额=营业收入×适用税率

(2) 按营业收入差额计算。计算公式为:

应纳税额=(营业收入-允许扣除金额)×适用税率

(二) 增值税

1. 概念

增值税是指对在我国境内销售货物或提供加工、修理修配劳务,以及进口货物的单位和个人,就其取得的货物或应税劳务销售额以及进口货物金额计算税款,并实行税款抵扣的一种流转税。旅游服务企业从事的商品购销业务应缴纳增值税。

2. 征税对象

增值税以在中国境内销售货物或者提供加工、修理修配劳务以及进口货物为征税对象。其征收范围不仅包括货物的生产、批发、零售三个环节和进口环节,也包括提供加工、修理修配劳务,而提供加工、修理修配以外的劳务则不属于增值税的征收范围。

3. 纳税人

为加强增值税征管,税法将增值税的纳税人划分为一般纳税人和小规模纳税人。小规模纳税人是指年销售额在财政部门规定数额以下、会计核算不健全的纳税人,除此之外的应纳增值税纳税人为一般纳税人。它们的核算方法是不同的。小规模纳税人按4%的征收率计征增值税,购进商品时,增值税计入成本,不得抵扣。一般纳税人购进商品时,按专用发票上列明的税款,借记"应交税费——进项税额"科目。

4. 计税依据

增值税的计税依据是在中国境内销售货物或提供加工、修理修配劳务以及进口货物的单位和个人所取得应征增值税的销售额,简称计税销售额。

销售货物或提供应税劳务采用销售额和增值税合并定价的,称为含税销售额。

旅游服务企业主要以零售业务为主,在销售商品时一般填制普通发票或不填发票,商品的售价中已包含了增值税额,取得的销售收入也是含税收入。增值税是价外税,因此,在月末应将含税收入调整为不含税的销售额,以此作为计税依据计算销项税额。其计算公式如下:

不含税销售额=含税销售收入÷(1+增值税税率)

销项税额=销售额×增值税税率

应纳税额=销项税额-进项税额

5. 税率

增值税采用比例税率,分设三档,包括基本税率17%、低税率13%和零税率。绝大部分货物和应税劳务都适用基本税率,少量货物适用低税率,出口货物适用零税率。这些税率适用于增值税一般纳税人。小规模纳税人适用6%和4%的征收率。

6. 纳税期限

增值税的纳税期限分别为1日、3日、5日、10日、15日或1个月。不能按照固定期限纳税的,可以按次纳税。纳税人的具体纳税期限由主管税务机关根据纳税人应纳税额的大小分别核定。纳税人以1个月为一期纳税的,自期满之日起 10 日内申报纳税。以 1 日、3 日、5 日、10 日、15 日为一期纳税的,自期满之日起 5 日内预缴税款,于次月 1 日起 10 日内申报纳税并结清上月应纳税款。纳税人进口货物,应当自海关填发税款缴纳证的次日起 7 日内缴纳税款。

7. 增值税的计算

(1)一般纳税人增值税的计算。

销项税额＝不含税销售额×税率

应纳税额＝销项税额－进项税额

纳税人的当期销项税额小于当期进项税额不足抵扣时,其不足部分可以结转下期继续抵扣。

【例 4】 某宾馆本月购入饮料,共计 100 000 元,进项税 17 000 元,销售额 128 700 元,购入彩电 10 台,单价 2 600 元,共计 26 000 元,进项税额 4 420 元,用于职工福利购入啤酒等共计 8 000 元。其中,用于固定资产购置的彩电、用于福利购入的啤酒都不计增值税,只有饮料计算增值税,其增值税计算如下:

不含税销售额＝含税销售收入÷(1＋增值税税率)

＝128 700÷(1＋17％)＝110 000(元)

销项税额＝销售额×增值税税率＝110 000×17％＝18 700(元)

①月末计算销项税额,编制会计分录如下:

借:银行存款　　　　　　　　　　　　　18 700

　　贷:应交税费——应交增值税(销项税金)　18 700

②根据规定可予以抵扣的进项税额为 17 000 元,因此缴纳增值税的会计分录编制如下:

借:应交税费——应交增值税(已交税金)　17 000

　　贷:银行存款　　　　　　　　　　　　17 000

(2)小规模纳税人增值税的计算。小规模纳税人不允许使用增值税专发票,只能使用普通发票,其进项税额不允许抵扣,而是以不含税销售额和规定的征收率直接计算应纳税额,小规模纳税人增值税征收率的规定是:生产环节 6％,商业环节 4％。小规模纳税人应纳增值税额的计算公式为:

应纳税额＝不含税销售额×征收率

【例 5】 某旅游饭店内设的商品部被定为小规模纳税人,2006 年 6 月份销售商品取得货款 156 000 元,同期购入商品 50 000 元,支付增值税 3 000 元,发生运费 1 000 元,该商品部销售额为含税价格,计算旅游饭店当月应纳增值税款。

不含税销售额＝含税销售额÷(1＋征收率)

＝156 000÷(1＋4％)

＝150 000(元)

应纳增值税额＝150 000×4‰＝6 000(元)

(三)城市维护建设税

1. 概念

城市维护建设税是国家为了扩大和稳定城市乡镇公共设施和基础建设,对享用市政设施的企业,以其应纳营业税、消费税和增值税为计税依据征收的一种地方税。

2. 征税对象

纳税人所缴纳的增值税、消费税、营业税。但海关对进口产品代征的消费税、增值税,不征收城市维护建设税;对中外合资企业和外资企业,也暂不征收城市维护建设税。

3. 计税依据

城市维护建设税的计税依据是纳税人所缴纳的增值税、消费税、营业税的税额。

4. 税率

城市维护建设税根据纳税人所在地的不同,分别规定不同的比例税率。纳税人所在地为市区的,税率为7%;纳税人所在地为县城、镇的,税率为5%;纳税人所在地不为市区、县城或镇的,税率为1%。

5. 城市维护建设税的计算

应纳税额＝(增值税＋消费税＋营业税)×适用税率

6. 城市维护建设税的会计处理

为了总括地反映和监督营业税的交纳情况,会计上设置"应交税费"及"应交营业税"和"应交城市维护建设税"明细科目核算。本科目贷方发生额反映企业应交纳的营业税与城市维护建设税,借方反映交纳金额,期末贷方余额反映企业应交未交营业税与城市维护建设税,借方余额则表示多交税款金额。

城市维护建设税发生时,一并借记"营业税金及附加"科目,计入当期费用。

【例6】 某旅游企业2010年3月份应缴增值税80 000元,应缴消费税3 000元,应缴营业税150 000元,适用的城市维护建设税税率为7%,计算企业3月份应纳城市维护建设税税款。

应纳城市维护建设税额＝(增值税＋消费税＋营业税)×适用税率
　　　　　　　　　　＝(80 000＋3 000＋150 000)×7%＝23 310(元)

(四)房产税

1. 概念

房产税是指拥有房产的企业按其计税价值(余额或出租收入)征收的一种

税。房产税在城市、县城、建制镇和工矿区征税,不在农村征收。

2. 征税对象

房产税的征税对象是房产。房产税在城市、县城、建制镇和工矿区征税,不在农村征收。

3. 计税依据

房产税的计税依据是指房产的计税价值或房产的租金收入。按房产计税价值征税的称从价计征,按房产租金收入计征的称从租计征。企业、单位和个人自用的房产有原值的,按原值一次减除10%～30%后的余值计税,具体减除幅度,由省、自治区、直辖市人民政府规定。没有房产原值的,则由房产所在地税务机关参考同类房产核定。房产出租的,以房产租金收入为计税依据。

4. 税率

房产税采用比例税率,税率分为两种:从价计征的,年税率为1.2%;从租计征的,年税率为12%。

5. 房产税的计算

(1) 从价计征。计算公式为:

应纳税额＝应税房产原值×(1－扣除率)×税率

② 从租计征。计算公式为:

应纳税额＝房产租金收入×税率

【例7】 某旅游企业2010年初账面共有房产原值4 000万元,当年房产使用情况如下:1月1日将一栋原值800万元的办公楼用于投资联营(收取固定收入,不承担联营风险)投资期为五年,已知该企业当年取得固定收入为50万元;同时在1月1日将原值200万元、占地面积400平方米的仓库出租,租期为一年,取得租金收入为20万元;其余房产为经营自用。已知:当地规定房产税计算余值的扣除比例为20%。根据上述资料,计算该旅游企业2010年要交的房产税。

用于出租的房地产2010年所交的房产税＝房产租金收入×税率

＝(50＋20)×12%＝8.4(万元)

用于自用的房地产2010年所交的房产税＝应税房产原值×(1－扣除率)×税率

＝(4 000－800－200)×(1－20%)×1.2%＝28.8(万元)

该旅游企业2010年所交的房产税＝8.4＋28.8＝37.2(万元)

(五) 车船使用税

1. 车船使用税的概念

车船使用税是对拥有并使用车船的单位和个人,按应税车船的种类吨位实行定额征收的一种税。

2.征税对象

车船使用税的征税对象是中国境内车船管理部门登记的车辆、船舶。车辆包括机动车和非机动车,船舶包括机动船和非机动船。

3.计税依据

车船使用税对各类车船分别以车辆、净吨位和载重吨位为计税依据。一般载客汽车、电车、摩托车,以"辆"为计税依据;载货汽车、三轮汽车、低速货车,按自重每吨为计税依据;船舶,按净吨位每吨为计税依据。

4.税率

车船使用税采用定额税率,具体分为两种情况:

(1)车辆实行幅度税额,由各省、自治区、直辖市人民政府根据当地的具体情况,在规定的幅度内,确定本地区的适用税额。

(2)船舶实行分类分级的固定税额。

5.车船使用税的计算

(1)载客汽车、电车、摩托车的应纳税额=辆数×适用年税额

(2)载货汽车、三轮汽车、低速货车的应纳税额=自重吨位数×适用年税额

(3)船舶的应纳税额=辆数×适用年税额

【例8】 2009年某旅游公司拥有3辆载客汽车,4辆载货汽车,其自重吨位分别为3吨、4吨、2.5吨、2吨。当地车船税的年税额为:载客汽车每辆100元,载货汽车自重吨位50元,根据以上材料,计算该旅游企业2009年应交的车船税。

载客汽车的应纳税额=辆数×适用年税额=3×100=300(元)

载货汽车的应纳税额=自重吨位数×适用年税额
$$=(3+4+2.5+2)×50=575(元)$$

2009年应交的车船税=载客汽车的应纳税额+载货汽车的应纳税额
$$=300+575=875(元)$$

(六)土地使用税

1.城镇土地使用税的概念

城镇土地使用税是对在中国境内使用城镇土地的单位和个人,就其实际使用土地面积从量定额征收的一种税。

2.征税对象

城镇土地使用税的征税对象是纳税人实际占用的土地。城镇土地使用税的征税范围是城市、县城、建制镇和工矿区。

3.计税依据

城镇土地使用税以纳税人实际占用的土地面积为计税依据。

4.税率

城镇土地使用税采用定额税率,即采用有幅度的差别税额,按大、中、小城市和县城、建制镇、工矿区分别规定每平方米土地使用税年应纳税额。具体标准如下:

(1)大城市 0.5～10 元。

(2)中等城市 0.4～8 元。

(3)小城市 0.3～6 元。

(4)县城、建制镇、工矿区 0.2～4 元。

5.土地使用税的计算

计算公式为:全年应纳税额=实际占用应税土地面积(平方米)×适用税额(定额税率)

【例9】 县城的某旅游企业经税务机关核定,实际占地面积为 50000 平方米。该旅游企业所处地段适用城镇土地使用税税率,即每平方米年税额为 2 元,所以该旅游企业全年应缴纳的城镇土地使用税为:50 000×2=100 000 元。

(七)印花税

1.印花税的概念

印花税是指对经济活动和经济交往中书立、使用、领受的凭证征收的一种税。

2.征税对象

印花税的征税对象是应纳税凭证。印花税只对印花税条例列举的项目征税,没有列举的不征税。征税对象具体包括:

(1)合同类:主要包括购销合同、加工承揽合同、建设工程勘察设计合同、建筑安装工程承包合同、财产租赁合同、货物运输合同、仓储保管合同、借款合同、财产保险合同、技术合同等。

(2)产权转移书据:包括财产所有权和版权、商标专用权、专利权、专有技术使用权等转移书据。

(3)营业账簿:包括日记账簿和各种明细分类账簿。

(4)权利许可证照:包括政府部门发给的房屋产权证、工商营业执照、商标注册证、专利证、土地使用证。

(5)财政部确定征税的其他凭证。

3.计税依据

印花税分别采取从价定率、从量定额两种计税方法,所以其计税依据也就分为计税金额和计税数量。也就是说,从价定率征收印花税的,以书立凭证的金额为计税依据;从量定额征收印花税的,以书立凭证的数量为计税依据。

4. 税率

印花税的税率分为两种,即比例税率和定额税率。比例税率适用于各类经济合同及合同性质的凭证、记载资金的账簿、产权转移书据等,定额税率是按件贴花5元,适用于其他营业账簿、权利许可证照等。

印花税应纳税额,根据应纳税凭证的性质,分别按比例税率或定额税率计算。

5. 印花税的计算

计算公式如下：

(1)按比例税率计算的应纳税额＝计税金额×适用税率

(2)按定额税率计算的应纳税额＝计税数量×单位税额

(八)企业所得税

1. 企业所得税的概念

企业所得税是指对在中国境内的企业(外商投资企业和外国企业除外)就其生产经营所得和其他所得而征收的一种税。

2. 征税对象

所得税以企业的生产经营所得和其他所得,即实现的利润额为征收对象。生产经营所得是指从事物质生产、交通运输、商品经营、劳务服务和其他营利事业取得的纯收益,其他所得是指从联营企业分得的利润和取得的股息,除购买国库券以外的各种债券的例子以及营业外收益等。

3. 计税依据

企业所得税的计税依据是应纳税所得额,应纳税所得额不是企业的利润总额,而是纳税人的收入总额扣除与纳税人取得收入有关的各项成本、费用和相关损失后的余额。

4. 税率

企业所得税实行比例税率,基本税率为33%。同时,为了照顾小型企业的实际困难,还规定了两档优惠税率,即对年应纳税所得额在3万元(含)以下的企业,减按18%的税率征收所得税;对年应纳税所得额在3万元以上至10万元(含)以下的企业,减按27%的税率征收所得税。

5. 纳税期限

企业所得税实行按年计算、分月(季)预缴、年终汇算清缴、多退少补的办法。月份或者季度终了后15日内预缴,年度终了后4个月内汇算清缴。

6. 企业所得税的计算

(1) 应纳税所得额的确定。应纳税所得额是指纳税人每一纳税年度(自公历1月1日至12月31日止)的收入总额减去允许扣除项目金额后的余额。计算公式为：

应纳税所得额＝收入总额－准予扣除项目

(2) 应纳所得税税额的计算。正确确定应纳税所得额之后,乘以适用税率,即可得出应纳所得税税额。计算公式为：

应纳所得税税额＝应纳税所得额×税率

式中,收入总额包括：生产经营收入、财产转让收入、利息收入、租赁收入、特许权使用费收入、股息收入和其他收入。准予扣除项目包括：成本、费用、税金和损失。不得扣除项目包括：资本性支出,无形资产受让、开发支出,违法经营的罚款和被没收财物的损失,各项税收的滞纳金、罚金和罚款,自然灾害或者意外事故损失有赔偿的部分,超过国家规定允许扣除的公益、救济性的捐赠以及非公益、救济性的捐赠,各种赞助支出,与取得收入无关的其他各项支出。

【例10】 A 旅游公司 2010 年有关所得税资料如下：

(1) A 旅游公司所得税采用资产负债表债务法核算,所得率为 25%；年初递延所得税资产余额为 49.5 万元,其中存货项目余额为 29.7 万元,未弥补亏损项目余额 19.8 万元；年初递延所得税负债为 0。

(2) 本年度实现利润总额 500 万元,其中取得国债利息收入 20 万元,因发生违法经营被罚款 10 万元,因违反合同支付违约 30 万元(可税前抵扣)。

(3) 年末计提产品保修费用 40 万元,计入销售费用,预计负债余额 40 万元。税法规定,产品保修费实际发生时可以在税前抵扣。

(4) 至 2009 年末止尚有 60 万元亏损没有弥补,其递延所得税资产余额为 19.8 万元。

(5) 年末计提固定资产减值准备 50 万元(年初减值准备为 0)使固定资产账面价值比其计税基础小 50 万元。转加存货跌价准备 70 万元,使存货可抵扣暂时性差异由年初余额 90 万元减少到年末的 20 万元。税法规定,计提的减值准备不得在税前抵扣。假设除上述事项外,没有其他纳税调整事项。计算 2010 年应交所得税、递延所得税资产余额、递延所得税负债余额和所得税费用,并进行账务处理。

(1) 2010 年应交所得税＝应纳所得额×所得税率
＝(利润总额－国债收入＋违法经营罚款＋计提保修费＋计提固定资产减值－转回的存货跌价准备－弥补亏损)×25%
＝(500－20＋10＋40＋50－70－60)×25%＝450×25%＝112.5(万元)

(2)预计负债项目的递延所得税资产年末余额
＝预计负债项目的年末可抵扣暂时性差异×所得税税率
＝40×25％＝10(万元)

固定资产项目的递延所得税资产年末余额＝固定资产项目的年末可抵扣暂时性差异×所得税税率＝50×25％＝12.5(万元)

存货项目的递延所得税资产年末余额＝存货项目的年末可抵扣暂时性差异×所得税税率＝20×25％＝5(万元)

弥补亏损项目的递延所得税资产年末余额＝亏损弥补项目的年末可抵扣暂时性差异×所得税税率＝0×25％＝0(万元)(因为年末时已在税前弥补)

(3)2010年末递延所得税资产总余额＝10＋12.5＋5＋0＝27.5(万元)

2010年末递延所得税负债总余额＝0

(4)2010年所得税费用＝2007应交所得税＋(期末递延所得税负债－期初递延所得税负债)－(期末递延所得税资产－期初递延所得税资产)＝112.5＋(0－0)－(27.5－49.5)＝112.5＋22＝134.5(万元)

会计分录为：

借：所得税费用　　　　　　　　　134.5
　　贷：应交税费——应交所得税　　　　112.5
　　　　递延所得税资产　　　　　　　　22

三、旅游企业税金的管理任务和日常管理

(一)旅游企业税金管理任务

1.旅游企业必须按国家税法规定，正确计算向国家应纳税金，不错计、不漏计。

2.旅游企业应按国家规定期限，及时、定额的缴纳税金，不漏税、不挪用和拖欠税金。

3.旅游企业正确、及时、完整地反映税金的应缴情况和已交情况，监督企业依法履行纳税义务，保证国家预算收入的实现。

(二)旅游企业税金的日常管理

旅游企业税金管理是旅游财务管理的重要内容，也是政策性极强的一项工作，必须指定专人负责税金的计缴工作。向国家税务机关缴纳税金一般应做好以下几方面工作。

1.办理税务登记

税务登记是税务机关对纳税人的生产、经营活动进行登记管理的一项制度，通过企业申请税务登记，使税务机关掌握税源、积累资料，为搞好征管工作打下

基础。对纳税人来说,是主动接受税务机关监督,依法纳税所必须履行的手续。

税务登记包括开业登记、变更登记、注销登记和注册登记。

饭店、酒店和旅行社等应在经工商管理部门批准开业、领取营业执照起 30 日内,持有关证件向当地税务机关办理税务登记。登记的内容包括:纳税人名称、地址、法定代表人、经济性质、企业形式、核算方式、经营方式、经营范围以及其他有关事项。主管税务机关审核后,发给税务登记证。

饭店、酒店和旅行社等办理税务登记后,发生转业、分设、合并、联营、歇业、停业、破产,以及其他需要改变税务登记的情况时,如改变经营方式、经营范围等,都应当在有关部门批准或宣告之日起 30 日内,向主管税务机关申报办理变更登记、重新登记或注销登记。

饭店、酒店和旅行社等所属的跨地区的非独立经济核算的分支机构,应当在设立之日起 30 日内,向该分支机构所在地的税务机关申报办理注册。

2. 申报纳税鉴定

按规定办理税务登记后的饭店、酒店、旅行社等,还应办理纳税鉴定。纳税鉴定是税务机关对纳税单位和个人的有关纳税事项所做的一种书面鉴定,它是把税务政策、法令贯彻落实到纳税单位或个人的一种具体形式,是征纳双方共同办税的依据。通过纳税鉴定,可以帮助他们了解国家税收政策、法令,明确本单位该交哪几种税、税率是多少,以及如何计算纳税税额、何时缴纳等。

纳税鉴定是通过填写纳税鉴定申报表,向主管税务机关申报。纳税鉴定申报表主要有以下一些内容:所有制形式、经营方式、经营范围、职工人数、人均标准工资、适用的财务会计制度类别,以及收入、所得和其他应税项目。主管税务机关依法对纳税人的纳税鉴定申报表进行认真地审核,确定其适用的税种、税目、税率、纳税环节、计税依据、纳税期限和征收方式等,作出纳税鉴定书,交纳税人执行。纳税鉴定书是对税法的具体运用,因此它具有与税法同等的效力。

凡属于下列情况需修订纳税鉴定:(1)纳税人纳税鉴定项目发生变化时,应当自发生变化起 15 日内,向主管税务机关申报修订纳税鉴定书。(2)纳税人经营新的项目,应报纳税机关确定使用的税种、税目和税率等,进行补充鉴定。(3)国家新定、修订纳税法规时,税务机关应及时通知纳税人按新的规定修订纳税鉴定书。修订鉴定书的期限一般为一个月。

3. 认真做好纳税申报工作

纳税申报是纳税人根据征收管理制度的规定,向税务机关报送纳税申报表、财务会计报表和有关纳税资料的一项管理制度,是纳税人履行纳税义务的法定手续。通过纳税人纳税申报,可以为税务机关办理税款征收业务、开具纳税凭证提供依据,同时也便于税务机关的监督。

凡有纳税义务的饭店、酒店、旅行社等,在发生纳税义务之后,都应按规定的期限进行纳税申报。

纳税申报的具体内容,因税种不同而异。如饭店所得税的纳税申报,应写明本期销售收入、本期利润总额、本期按规定扣除的单项留利、本期归还专项贷款的利润额、本期申报课税所得额,以及上述各项对应的累计额、适用税率、累计应纳税额、本期实际应纳所得税额等。

饭店、酒店、旅行社等因特殊情况不能按期纳税申报的,必须报告税务机关,酌情准予延期,并根据税务机关先核定的纳税额预缴税款,带申报后结算。饭店、酒店、旅行社等发生纳税义务超过税务机关核定的纳税期限15日,为向税务机关申报纳税的,税务机关有权确定其应纳税额,限期纳税。

4. 如实按期缴纳税金

一般来说,税款的征收方式主要有查账征收、定期定额征收、自核自缴及代征、代扣、代缴等。旅游企业按规定对不同税种采用不同的缴纳方式,如实按其办理税款的缴纳。逾期不报或不缴纳税款的,税务机关除按规定限期追缴外,还要视不同情况处以不同比例的罚款或滞纳金,并将其从旅游企业税后利润中扣除,对偷税漏税行为,一经查出,除处以罚款外,还要追究个人责任甚至法律责任。因此,旅游企业要严格执行由税务机关核定的应纳税款的期限,做到月税月清,季税季清,各税年清,防止拖欠税款和交纳滞纳金,保证不节流应缴税款。

5. 加强账务票证管理

会计账册及报表等有关会计资料是计税的依据。根据《税收征管条例》第二十六条规定,饭店、酒店、旅行社等必须按照国家财务会计法规和税务机关的规定,建立健全财务会计制度,设置人员办理纳税事项,并完整保存账簿、凭证、缴款书、完税证等纳税资料。同时,还应执行旅游、饮食服务会计制度,当它们的财务会计制度和具体的财务会计处理方法,同税法规定的有抵触时,应当按照税法的规定执行。

发票是财务收支的法定凭证,是会计核算的原始凭证,是税务稽查的重要依据。饭店、酒店、旅行社等在提供劳务、销售商品及其他业务活动取得收入时,提供给付款方的各种票据,均属发票管理的对象。

发票管理是税收征收管理的重要内容。长期以来,发票虽然一直由税务部门管理,但没有制定全国统一的发票管理办法,因此,在实际工作中对发票的管理范围、管理形式、填开要求和违章处理等,各地规定不一。为了适应经济发展和强化税收征管工作的客观要求,经国务院批准,财政部制定并颁布了《中华人民共和国发票管理办法》。目前,它是我国发票管理的基本法规。根据这个法规,发票由税务机关统一管理,其主要内容如下:

(1)发票的印刷和发售

发票一般由税务机关统一设计式样,指定印刷厂印刷。印刷的发票必须套印发票监制章。有些行业因其特殊性,可以自行设计式样。如饭店,经税务机关批准后,饭店可以自行设计账单式样,自行印刷;凡未办理税务登记的,不批准印刷发票。

(2)发票的使用、检查和保管

发票、账单只限于饭店、酒店等使用的不得转让或转借,并不得带到本省、自治区、直辖市以外填写。使用发票的饭店、酒店等因发生转业、分设、联营、歇业、停业,以及改变隶属税务机关时,按税务机关的规定需要缴销或更换发票的,应在税务机关规定的期限内向批准印制发票的税务机关办理发票的缴销或更换手续,不准私自处理。

一切印制、使用发票、账单的饭店、酒店等都必须接受税务机关的检查监督。税务机关需要将使用的发票调出查验时,应向对方开具"发票换票证"。"发票换票证"与所对应的发票、账单有同等效力。税务机关对发票账单的检查,主要是检查其合法性、真实性和发票的支付范围。

饭店、酒店、旅行社等必须建立必要的发票、账单的印、领、用、存管理制度,对发票、账单的印刷、入库、发放、购用、结存、销毁、缴销等事项,均应设置专项账簿并由专人负责,如实进行记录和统计,并定期向税务机关报告。

6.接受税务检查

税金是国家财政收入的主要来源,为了确保国家财政收入,每个企业都应自觉地履行纳税义务。税务机关对企业纳税要进行检查,这是税务机关根据税法和财会制度规定,对纳税个人和单位履行纳税义务的情况进行监督检查的一项管理制度,是税务机关行使其职权,贯彻执行税务政策法令的一种经营性的业务工作,是征收管理的重要环节。旅游企业应主动接受税务检查,通过检查,促使企业建立和健全财务管理制度,加强经济核算,提高经济效益。

第三节 旅游企业成本费用管理

一、旅游企业成本费用的概念及分类

(一)旅游企业成本费用的概念

关于成本费用的概念,不同的学科有不同的理解。从会计学的角度来看,成

本是指取得某项资产或提供劳务所垫支的以货币表现的耗费,所以会计核算中更加注重成本的补偿问题。按照收入和费用相支配的原则,一般把尚未消耗的支出称为成本,已经消耗并能产生收入的支出称为费用。从经济学角度来看,成本是属于价值范畴中的概念,即产品生产过程中物化劳动的转移价值和劳动创造价值中为补偿必要劳动消耗的那部分价值,即 $c+v$。成本费用作为财务管理的一项重要内容,对其概念的深刻理解至关重要,从不同角度加深对它的认识有助于在成本控制中更好地把握控制对象,以最大限度地实现控制目标。

一般来说,成本是购进商品和雇佣劳动力时发生的支出,体现为取得经营活动所必需的资产的价值,如旅游饭店经营过程中购买的各种原材料、商品等的支出,而费用则是某个时期获取收入时发生的耗费,将上述商品或劳务耗用以后,成本就转化为费用,费用仅与某个时期或当期的收益有关。成本与费用一方面存在着上述区别,另一方面又存在着密切的联系,二者都是未取得收入而发生的可以用货币衡量的资产耗费,主要包括营业成本、营业费用、管理费用和财务费用四大项。

1. 营业成本

营业成本是指旅游企业在经营过程中发生的各项直接支出,包括以下内容:(1)餐饮成本:制造食品菜肴和饮料的原材料、配料、调料的买价。(2)商品成本:旅游企业销售商品的进价,分国内购进商品进价和国外购进商品进价。(3)洗涤成本:旅游饭店洗涤房洗涤衣物时使用的用品用料的支出。(4)其他成本:其他营业项目所支付的直接成本,如复印项目的复印纸等。

2. 营业费用

营业费用是指各营业部门在经营中发生的各项费用,包括运输费、装卸费、包装费、保管费、保险费、燃料费、水电费、展览费、广告宣传费、邮电费、差旅费、洗涤费、清洁卫生费、低值易耗品摊销、物料消耗、经营人员的工资(含奖金、津贴和补贴)、职工福利、工作餐费、服装费以及其他营业费用。

3. 管理费用

管理费用是指旅游企业为组织和管理经营活动而发生的费用以及由旅游企业统一负担的费用,包括公司经费、工会经费、职工教育费、劳动保险费、待业保险费、劳动保护费、董事会费、外事费、租赁费、咨询费、审计费、诉讼费、排污费、绿化费、土地使用费、土地损失补偿费、技术转让费、研究开发费、税金、燃料费、水电费、折旧费、修理费、无形资产摊销、低值易耗品摊销、开办费摊销、交际应酬费、坏账损失、存货盘亏和毁损、上级管理费以及其他管理费。

4. 财务费用

财务费用是指旅游企业经营期发生的利息净支出、汇兑净损失、金融机构手续费、加息及筹资发生的其他费用。

(二)旅游企业成本费用的分类

1.按照成本费用与经营业务量的关系划分

按照成本费用与经营业务量的关系可以将成本费用分为固定成本、变动成本和混合成本。

(1)固定成本或固定费用：是指其总额不随着经营业务量的增减而变动的成本(费用)。固定成本(费用)一般包括工租金、折旧费、利息费、保险费等。如客房固定资产的折旧不会因为租客房数量增多而增加，也不会因租客数量的减少而降低。虽然固定成本(费用)的总额不随业务量的变化而变化，但单位固定成本(费用)却与业务量有关，即随着经营业务量的增加而减少。由此可见，随着业务量的增加，固定成本(费用)总额不变，但单位固定成本(费用)确实下降的。

(2)变动成本或变动费用：是指其总额随着经营业务总量的变化而成比例变化的成本(费用)。变动成本主要包括经营中的各项直接支出。如售出的食品饮料成本、供客人消耗的客房用品费用等。虽然变动成本(费用)总额随业务量的增加而增加，但是单位变动成本(费用)却不随业务量的变化而变化，即无论业务量是增加还是减少，单位变动成本(费用)却是不变的。由此可见，随着经营业务量的增加，变动成本(费用)总额成比例变化，但单位变动成本(费用)却是固定不变的。

(3)混合成本(费用)：是指其总额中既包括变动成本(费用)部分也包括固定成本(费用)部分的成本(费用)项目。混合成本(费用)主要包括电话费用、汽车租赁、行政报酬、维修保养费等。如电话费用中，固定部分是指系统租金，无论打电话次数多少都必须支付的固定费用，变动部分是随打电话次数增加而增加支出的费用，即电话计次费用。对混合成本(费用)要采用一定方式将其进行分解，使之分为固定部分和变动部分。分解的方式可以采用高低点法、散点图法和回归分析法。采用何种方法进行分解应依据旅游企业管理的不同目的及具备的条件灵活选择。

(三)按照管理责任划分

成本费用按照管理责任划分为可控成本费用和不可控成本费用。

1.可控成本费用

可控成本费用是指在会计期间由一个责任单位能事先确定成本项目及预计发生额，并能准确计算其实际发生额，对成本项目和耗费进行直接调节、控制的成本。如材料的买价和采购费用属于采购部门的可控成本费用。

2.不可控成本费用

不可控成本费用在一定会计期间由责任单位对成本项目和耗费无法确定、

计算,并无法直接调节、控制的成本。如外购材料的成本对加工部门或某些服务部门来说,是不可控成本。

划分可控成本费用与不可控成本费用是相对一定时间和空间而言的,是为了明确各责任单位的职责,起到更有效的控制成本费用的目的。

二、旅游企业成本费用管理原则

(一)严格遵守国家规定的成本开支范围及费用开支标准

为了保证国家财政收入有可靠的来源,使旅游企业成本费用负担合理及利润核算准确,国家对旅游企业发生的各项支出,哪些应计入成本,哪些应计入费用都做了明确的规定。旅游企业要根据各项支出发生的不同用途和资金来源,在国家规定的成本支出范围内列支相关的成本,不得随意扩大支出范围。在费用开支上,也要遵守国家的有关费用开支标准规定,不得随意提高。

(二)按权责发生制原则严格旅游企业成本费用的核算

权责发生制要求各期的支出应当归属各期,凡属于本期的成本费用,不论其是否已经实际支付,均应列入本期的成本费用;凡不属于本期负担的成本费用,即使在本期已经实际付出,也不应作为本期成本费用处理,应由各收益期分担。由于权责发生制强调在各会计期收支相配合的原则,因此对正确确定各期的收支、损益状况,提供准确的分析数据起着重要作用。旅游企业必须按权责发生制的要求,核算成本费用,确定其归属期。

(三)正确处理好降低成本费用与保证质量、增加数量的关系

降低成本费用的含义是指在不影响产品质量的前提下,旅游企业经过努力,使单位产品成本费用得到降低或控制。旅游企业是以提供非物质的服务为特点的企业,它不同于一般的有形商品,发现质量不好可以退换。旅游企业这种"服务产品"不可以退换,因此服务质量的好坏对旅游企业的剩余乃至生存具有极其重要的意义。如果不考虑产品的质量而单纯地以降低成本费用为目的,即使经过努力把成本费用降低了,也失去了降低成本费用的实际意义。以低劣产品换来成本费用的下降是得不偿失的。这就要求旅游企业从其内部挖掘潜力,力求节约,减少了浪费。在保证服务质量的前提下,还要处理好降低费用与提高服务质量的关系。

(四)健全成本管理责任制,实行全员成本管理

旅游企业成本费用是在整个经营过程中逐步形成的,它涉及各个部门、班组和个人,因此必须实行全员成本管理,为此要建立健全成本管理责任制,将成本费用计划指标分解落实到有关部门、班组和个人,并且和岗位责任制结合起来,将成本费用计划的完成情况作为评定考核的一个内容;为调动各部门、班组、个

人降低成本费用的积极性,要将成本费用管理方面的责任、权利和利益结合起来。只有人人都注意成本,人人都关心成本的降低,旅游企业的成本费用才能真正得到控制。

三、旅游企业成本费用控制

(一)旅游企业成本费用控制的含义及原则

1.旅游企业成本费用控制的含义

旅游企业在生产经营活动中,根据一定的控制标准,对成本费用形成的全过程进行指导、监督和限制,并采取有效措施及时纠正偏差,从而实现控制成本费用目标的一系列行动称为成本费用控制。这一概念阐述的核心是要有控制标准,要有控制对象即成本费用形成的全过程,要有合理有效的控制方法即指导、监督和限制,要有控制行动即纠正偏差,要有控制目标即实现既定控制目标,要有控制过程即这是一系列控制行动的总合。

2.旅游企业成本费用控制的基本原则

(1)节约性原则。这一原则强调控制要以事前控制为主,通过加强事中控制,做好事后反馈控制,力争达到防患于未然的目的。

(2)全面性原则。这一原则包含两层含义,一方面是强调全员的成本控制,另一方面是强调全过程的成本控制。

(3)目标管理原则。成本控制中强调的目标要明确,如标准成本和预算成本为控制目标,在实际运作中使成本控制在允许的范围之内。

3.责权利相结合原则

在成本控制中要调动全体员工的主动性和积极性,将责权利真正结合起来,将成本控制与经济责任制挂起钩来。

(二)旅游企业成本费用控制的基本方法

1.预算控制法

预算属旅游企业未来一定时期计划的货币数量。预算成本是按标准成本计算的一定业务量下的成本开支额。这种控制方法是以预算指标作为控制成费用支出的依据,通过分析对比,找出差异,采取相应的改进措施,来保证成本费用预算的顺利实现。

为了与现行的会计核算制度相衔接,更好地实现预算控制,必须按不同的经营项目,分别预算营业成本和营业费用,并且将预算时期进行细分,如划分为月度成本预算等,这样才便于分部门、分项目、分时期地进行成本费用控制。

2.制度控制法

制度控制法是利用国家及旅游企业内部各项成本费用管理制度来控制成本

费用开支。从财务管理的角度来看,国家规定了成本开支范围及费用开支标准,财政、税务及上级主管部门也有各自的规定,这些都是旅游企业在进行成本费用控制时应遵循的。成本费用控制制度中还包括相应的奖惩制度规定,对于努力降低成本费用有显著效果的要予以重奖,对成本费用控制不力造成损失的要予以惩罚,只有这样才能真正调动全体员工节约成本、降低消耗的积极性。

3. 标准成本控制法

标准成本实际上就是单位成本消耗定额。它是采用科学的方法,经过调查、分析和预测而制定的在正常生产经营条件下应该实现的一种目标成本。它是控制成本开支、评价实际成本高低、衡量工作质量和效果的重要依据。

运用标准成本控制法进行成本控制的基本步骤是:首先,制定标准成本(费用)。这是一项极其重要的工作,标准制定得过高或过低都不利于成本费用的控制,应该掌握在平均先进的水平上,即在过去一定时期平均实际成本的基础上,考虑到未来变动趋势,经过努力能够达到的成本水平。为使标准成本制定的更科学合理,必须广泛吸收有关人员参加,既要有财务管理人员参加,又要有各部门标准成本的执行者参加。

制定标准成本时,为分清不同部门的责任,每个成本项目都要包括价格标准和耗用量标准。如食品原料标准成本＝标准耗用×标准价格,前者反映单位产品原料耗用量标准,后者反映采购原料支付的单位价格标准。其次,进行成本差异分析,就是将实际成本与标准成本的差异找出来,并分析形成差异的原因。例如食品原料差异＝实际价格×实际耗用量－标准价格×标准耗用量

食品原料的量差＝(实际耗用量－标准耗用量)×标准价格

食品原料的价差＝(实际价格－标准价格)×实际耗用量

运用上式找出形成食品原料差异的原因,提出改进措施,从而提高成本费用控制水平。

最后,对成本差异实施管理。无论标准成本制定的如何科学合理,由于影响旅游企业经营的许多因素都在随时发生着变化,因此成本差异总是存在的。财务管理的目的就是通过对可控差异进行管理,寻找降低成本费用的有效途径。通过对各部门重大差异的分析,找到旅游企业可控的因素,分清差异形成的责任,提出处理意见。

4. 保本点的分析及计算

保本点又叫盈亏临界点或损益平衡点,是指企业收入和成本相等,即边际贡献等于固定成本时企业所处的既不盈利也不亏损的状态。也就是说,企业经营达到不赔不赚时,应取得的营业收入的数量界限。

【例11】 某旅行社推出了"沙漠探险七日游"的旅行线路,每位游客的变动

费用为1 200元,每人需交2 000元,该旅游团的固定费用为100 000元,该社接待多少游客时可达到保本。盈亏临界状况可以用表6-1表示。

表6-1 盈亏临界点 单位:元

游客人数	变动费用	固定费用	总费用	收入	盈亏状况
1	1 200	100 000	101 200	2 000	(一)亏损
25	30 000	100 000	130 000	50 000	(一)亏损
50	60 000	100 000	160 000	100 000	(一)亏损
100	120 000	100 000	220 000	200 000	(一)亏损
125	150 000	100 000	250 000	250 000	盈亏临界点(保本点)

也就是说,当游客达到125人时,总成本与总收入相等,那么这125人便是保本点的游客数量,收入250 000元为保本点的营业收入。

除上述图表方式外,还可以采用控制本量利图(盈亏平衡图)进行。利用该图可以直观地看到营业量、成本与利润之间的变动关系,如图6-1所示。边际贡献是保本分析中的一个重要概念,是指营业收入扣除变动成本后的余额。

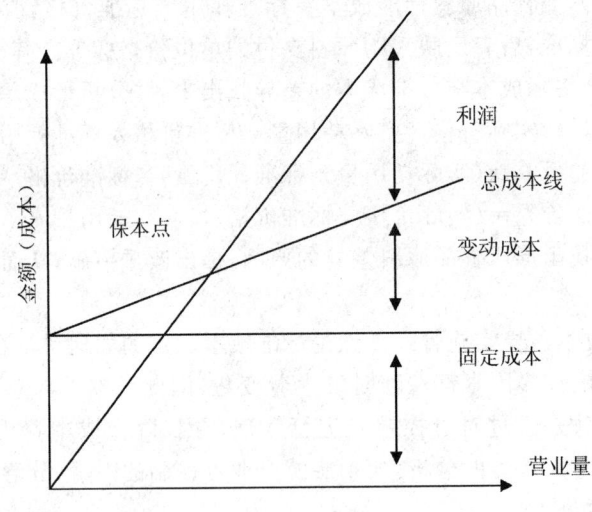

图6-1 基本本量利图(盈亏平衡图)

边际贡献＝营业收入－变动成本总额
　　　　＝销售总价×营业量－单位变动成本×营业量
　　　　＝(销售总价－单位变动成本)×营业量

用单位产品来表示边际贡献,就产生单位边际贡献的概念,是指每增加一个单位营业量所得到的营业收入扣除单位变动成本后的余额。

单位边际贡献＝销售单价－单位变动成本

而单位边际贡献占销售单价的比率，就是边际贡献率。

边际贡献率＝单位边际贡献/销售单价
　　　　　＝(销售单价－单位变动成本)/销售单价
　　　　　＝1－单位变动成本率

边际贡献首先要用来补偿固定成本，其余额才能为旅游企业提供利润。当边际贡献正好与固定成本相等时，旅游企业的经营活动就处于保本状态。如旅游饭店客房的平均房价为150元，每间客房的变动费用为30元，则边际贡献＝150－30＝120元，这是用绝对数来表示的边际贡献；边际贡献率＝120/150×100％＝80％，这是用相对数表示的过际贡献。保本点分析法的一般公式为：

保本点(盈亏临界点)销售量＝固定成本/边际贡献
　　　　　　　　　　　　＝固定成本/(单位售价－单位变动成本)

保本点销售额＝销售单价×保本点销售量
　　　　　　＝固定成本/边际贡献率
　　　　　　＝固定成本/(1－变动成本率)

(三)旅游企业成本费用的日常控制

由于各旅游企业经营业务不同，所以它的日常控制的重点也有所不同。旅游饭店应从以下几个方面入手：

1.客房营业费用的日常控制

因客房费用可分为固定费用和变动费用，所以，控制客房费用的支出，降低消耗需从两方面入手：

(1)降低单位固定费用

降低单位固定费用的途径是提高客房出租率，即通过出租量增加以降低每间客房分摊的固定费用。

客房出租率＝计算期客房实际出租天数/(可出租客房数量×计算期天数)×100％

(2)控制单位变动费用

主要是按照客房消耗品标准费用控制单位变动费用支出。消耗品定额是对可变费用进行控制的依据，要按旅游饭店的档次制定消耗品的配备数量和配备规定。要建立和健全客房原始记录(指客房产品销售记录、物料用品消耗记录、客房设备维修记录等)，同时要加强客房客用消耗品的管理。

对于一次性消耗品的配备数量，要按客房出租情况落实到每个岗位和个人。领班和服务员要按规定领发各种消耗品，并做好登记；对于非一次用品的消耗，尽量减少使用不当造成的损耗,加强部件房的领发控制和安全保卫工作,减少丢失。通过对固定费用和变动费用的有效控制和管理,就能达到降低消耗,增加盈利的目的。

2.餐饮成本的日常控制

餐饮成本包括直接成本和费用两部分,所以它的日常控制也从这两个方面进行:

(1)餐饮业务直接成本的控制

餐饮业务直接成本,即人们通常所指的餐饮食品的成本。而食品成本主要是指生产食品所消耗的原材料成本。为了控制餐饮成本的支出,可以实行标准成本控制法,对食品菜肴的成本支出实行定额管理。一般情况下实行"三标准"来控制成本:

①标准质量。将制作的食品菜肴出售给顾客时,每一份的份量应是标准化的,不能由于同顾客关系的亲疏而加大或减少供应量,形成厚此薄彼的现象,使大多数顾客难以接受,也使成本难以控制。

②标准菜谱(即标准成本卡)。这是制作食品菜肴的标准配方卡,是原材料耗用定额及成本标准的文件,是企业饮食成本控制标准的重要组成部分(见表6-2)。

表6-2 标准菜谱配方　　　　　　　单位:元

菜名		售价		成本		成本率	
制作份数:						份额规格:	
成份	用量	单位	单位成本	金额	操作要领(烹饪方法)		
主料							
配料							
调料							
合计							

确定了标准成本后,将它与实际成本进行比较,发现差异后,要进一步分析形成差异的原因,如是进价、净料率低、操作浪费、废品还是售价等,根据不同的原因采取具体措施解决问题,从而提高成本控制水平。

③标准采购规格。餐饮成本控制还取决于采购环节的控制,只有按要求采购到质优价廉的合乎规格的材料,才能提高原材料利用率,即提高成货率降低单位成本。因此,餐饮成本控制必须从原材料采购入手,层层把关,严格执行仓库的领发料制度,严格掌握用料标准,严格厨房内部调拨手续,在保证食品菜肴质量的前提下,降低成本,增加盈利。

除饮食制品外,酒水的成本控制也十分重要,在酒水成本控制中,同样使用标准酒水配方进行控制,并对调酒员、服务员进行严格培训。建立标准的质量制度,量酒器要标准化。通过标准成本控制,寻找差距,不断调整销售结构,以降低成本,增加盈利。

(2)餐饮费用的控制

餐饮部的营业费用包括人工费、经营用品费、水电燃料费及其他费用等。如广告费、物料消耗等。其计算公式为:

某项费用月度标准消耗定额＝该费用年度预算总额×季节指数

季节指数是利用相对数将费用的季节变动规律反映出来,使各季应分摊的费用更加合理,即各季(月)的平均额占总额的百分比。季节指数大,表明该季(月)是旺季,反之是淡季。在此基础上将实际发生的费用同预算相比较,寻找产生差异的原因,对主观能控制的因素提出解决措施,从而降低费用开支。

餐饮费用控制的另一个重点是餐具的损耗,这些物品极易丢失和损坏,控制不好会造成费用上升。为了降低损耗率,需要对这些物品实行管用相结合的办法,制定出合理的损耗率作为控制依据。

3.商品销售费用的日常控制

首先,要对入住客人的需求进行了解,针对不同的需求,组织能反映当地特色的适销对路的商品,以扩大商品流通额,这是相对节约商品销售费用的基本途径。

其次,要确定合理的储备定额,减少资金占用;对商品的采购要坚持就近原则,以减少各项费用的支出。

最后,要加强库存商品的保管工作,降低食品等商品的自然损耗率,防止由于商品霉烂、变质、变形、损坏等造成的损失。为此,要建立严格的管理责任制,以减少损耗,增加盈利。

对于旅行社来说,其成本费用由营业成本和期间费用两部分组成,营业成本是指直接用于接待旅游团队,为其提供各项服务所支付的费用,而期间费用是间接的为旅游团队提供服务发生的耗费和支出。其控制的重点是营业费用,它们在旅行社的经营支出中占有较大比重。营业费用的控制与饭店营业费用控制大体相同,也是通过费用预算来进行控制并要考虑到旅游业务的季节性。

四、旅游企业成本费用考核

成本费用考核是对旅游企业成本费用预算执行结果的评价。正确进行成本考核,可以促使旅游企业改善经营管理,加强经济核算,努力降低成本费用水平,增加盈利。旅游企业进行成本费用考核可以使用以下两个指标。

(一)成本率

成本率是指一定时期直接成本占营业收入的百分比。其计算公式为：

成本率＝一定时期直接成本/一定时期营业收入×100%

旅游企业可以用成本率对餐饮部、商品部等各个部门耗费的直接成本水平进行考核。由于直接成本支出与业务量和客人的消费水平等有很大关系，所以通常用考核分析毛利率的办法来达到考核分析成本的目的。一般情况下，为保证旅游企业服务质量，毛利率不能过高。对毛利率的考核，实际上就是对成本进行考核。当发现实际毛利率与计划毛利率有较大差异时，就说明在成本控制上可能出现了问题，需要采取措施，加以改善。

(二)费用率

费用率是指一定时期费用额占营业收入的百分比，说明每百元营业收入要支付多少费用。其计算公式为：

费用率＝一定时期费用额/一定时期营业收入×100%

将本期费用率与预算或去年同期费用率进行比较，所得差额表示费用率的变化程度，用公式表示为：

费用变化程度＝本期费用率－预算(或去年同期)费用率

如果所得差数为负数，说明费用水平下降了；如果为正数，说明费用水平上升了。

将费用率变化程度与基期(比较期)费用水平进行比值的计算，便可得到费用率变化速度，计算公式为：

费用变化速度＝(本期费用率－预算(或去年同期)费用率)/预算(或去年同期)费用率

用一定时期的营业收入乘以费用率变化程度便得到费用节约额。表6-3为某旅游饭店营业费用考核情况表。

表6-3　某旅游饭店营业费用考核情况表　　　　单位：万元

指标	2008年实际	2009年预算	差异
营业收入	700	910	
营业费用	245	300	
费用率	35%	33%	
费用变化程度			－2%
费用变化速度			－5.7%
费用节约额			18.2

从表中可以看出，2009 年预算费用率将比 2008 年费用率下降 2％，下降速度为 5.7％，该旅游饭店将因此节约费用 18.2 万元。

除了营业费用外，还要对管理费用进行考核，主要是考核管理费用总额及其结构的变化，找出各成分变化的原因，消除不利因素的影响。由于管理费用直接抵消旅游企业利润，所以要对管理费用的各个项目严格按要求控制支出，以降低消耗，增加利润。

第四节　旅游企业利润管理

一、利润的概念

利润是指企业在一定会计期间的经营成果。利润包括收入减去费用后的净额、直接计入当期利润的利得和损失等。直接计入当期利润的利得和损失，是指应当计入当期损益会导致所有者权益发生增减变动的、与所有者投入资本或者向所有者分配利润无关的利得或损失。

1. 利润总额

利润总额是指旅游企业在一定时期内实现的全部利润，是由营业利润、营业外收支净额组成。其计算公式为：

利润总额＝营业利润＋营业外收入－营业外支出

其中，营业利润是指由正常业务活动所取得的利润，是营业收入扣除营业成本、营业费用、营业税金、管理费用、财务费用等后的净额。用公式表示为：

营业利润＝营业收入－营业成本－营业税费－销售费用－管理费用－财务费用－资产减值损失＋公允价值变动净收益＋投资净收益

2. 净利润

净利润是企业当期利润总额减去所得税以后的余额，即企业的税后利润。其计算公式为：

净利润＝利润总额－所得税

二、旅游企业利润管理的动因

1. 需求动因

需求定律告诉我们，在一般情况下，需求引发供给。当前在对企业经营者的经营业绩进行考核和评价时，绝大部分都是将考核的重点放在利润总额上。利润之所以被绝大多数考评者选为考核被考核者的首选指标,是因为利润是企业生存和发展的基础。正是由于利润的重要性,企业有关利益主体就把利润当作了关注的重中之重。根据需求引发供给的原理,社会各方面重视利润,企业的有关方面就自然会把利润作为追求的首要目标,除了依靠经营从市场赚取利润外,如果有一些空间可从财务技术上或从管理行为的选择上适度扩大利润额,当然也不会放过。

2. 非对称信息的存在

信息经济学充分论证了现实世界中的信息不完全性和信息的非对称性。在两权分离的现代企业制度下,经营者总是比所有者对企业的经营状况更为熟悉;债权人相对于企业的所有者对信息的知晓程度往往处于弱势;大股东相对于小股东会掌握更多的信息;政府一般而言难以获取企业的内部管理信息。信息不对称程度直接影响企业利润管理能力的大小。

3. 会计人员的企业立场

在法规、准则许可的范围内,对影响利润的相关会计数据进行管理控制,是一项技术性较强的工作。从这个意义上讲,会计人员是否站在与经营者或所有者相同的立场上,是能否实施利润管理行为的关键之一。会计人员所面临的企业工作环境,决定了会计人员的"理性选择"是站在企业的立场上,同时会计人员也是"经济人",企业管理当局有太多的方法使其站在企业的立场上。虽然为了减小其消极影响,我国曾试行和推广过会计委派制,但这种做法是否符合现代企业制度的内在要求是值得商榷的。

4. 会计准则的推动

部分学者认为,会计准则的生命力在于其灵活性。相对瞬息万变的市场形势和经济环境,会计准则无论多么具体也只能是原则性的。即使准则规定只能用某一种会计方法,但在具体细节上,仍会给企业较多自主选择的机会,如折旧年限、残值、存货报废、坏账准备率等。就会计准则的具体性和复杂性而言,美国堪称世界之最。美国的会计准则给予企业较多自由选择的空间。正是会计准则的这种灵活性,给企业从事利润管理行为提供了技术处理的空间。

三、旅游企业利润日常管理

1. 做好利润的预测、决策和预算工作

旅游企业要根据本身的经济情况以及社会情况,做好本企业的销售预算、各项费用预算,进而做出本企业的预算利润。这样有利于企业日常经营活动各项费用的控制。

2. 实行利润目标管理责任制,加强利润的内部控制与管理

目标利润是指旅游企业根据需要制定的,在计划年度经营活动中努力要求实现的利润目标值。

3. 合理运用资金,加速资金周转

利润的取得来源于旅游企业的日常经营活动。通过产品的销售、劳务的提供取得营业收入。营业收入再减去相关的营业成本和费用等就可取得利润。可见,营业收入是利润取得的前提条件。因此,企业要合理地运用营运资金,加速资金的运转,提高资金的周转率,进而为创造更多的营业收入做准备。

4. 努力扩大销售,降低成本,合理投资,保证目标利润实现

我们在努力扩大销售,增加营业收入的同时,要努力降低相关成本和费用的支出,尽可能创造多的营业利润。另外,我们在进行项目的投资时,不但要考虑项目给企业带来的利润,还要想到该项目可能的风险,权衡收益和风险后再确定是否进行该项目的投资,不要一味地追求收益,而忽略风险,要进行合理的投资。

四、旅游企业利润分配

(一)旅游企业利润分配的核算

本年利润的会计处理如下:

1. 本科目核算企业当期实现的净利润(或发生的净亏损)。
2. 企业期(月)末结转利润时,应将各损益类科目的金额转入本科目,结平各损益类科目。结转后本科目的贷方余额为当期实现的净利润,借方余额为当期发生的净亏损。
3. 年度终了,应将本年收入和支出相抵后结出本年实现的净利润,转入"利润分配"科目,借记本科目,贷记"利润分配——未分配利润"科目;如为净亏损作相反的会计分录。结转后本科目应无余额。

本年利润账户的余额表示年度内累计实现的净利润或净亏损,该账户平时不结转,年终一次性地转至利润分配——未分配利润账户,借记本年利润,贷记利润分配——未分配利润。如为亏损则作相反分录。年终利润分配各明细账只有未分配利润有余额,需将其他明细账转平,借记利润分配——未分配利润,贷记利润分配——提取盈余公积、向投资者分配利润等。至此,所有结转分录可以划上一个圆满的句号。

(二)旅游企业利润分配的原则

旅游企业的利润分配是财务活动的一个重要方面,是对旅游企业实现的利润或亏损进行分配和处理的过程。旅游企业利润分配是一项政策性很强的工作,它体现着旅游企业与国家、投资者及职工之间的经济利益关系,因此,必须遵

循一定的分配原则。利润分配的基本原则如下:

1. 兼顾原则。我国有关政策制度明确规定,企业在确定投资者、企业和职工三者分配利润的比例时,要把握一个适度的比例,做到相互兼顾,我国对于企业法定盈余公积金和公益金的提取比例作了规定,而对于投资者和企业之间分配利润的比例未作明确的规定,投资者根据情况而定。

2. 资本保全的原则。投资者投入的资本在企业得以保全。

3. 合法性原则。企业在利润分配以前,应该根据国家税法和有关规定,正确计算应交纳企业所得税,然后按照国家规定的比例计提法定盈余公积金和公益金。

4. 弥补亏损原则。企业以前年度发生经营亏损,必然会影响到企业以后年度生产经营活动的正常进行,我国税务制度规定:企业发生的年度亏损,可以用下一年度的税前利润弥补亏损,以保证企业生产经营活动的正常进行;下一年度税前利润不能弥补亏损的,企业可以用以后年度的税前利润继续弥补亏损,但连续期限不得超过5年。5年内不足弥补的,用税后利润和盈余公积弥补。

(三)旅游企业利润分配的程序

利润分配是企业根据国家有关规定和投资者的决议,对企业净利润所进行的分配。企业本年实现的净利润加上年初未分配利润为可供分配的利润。

企业利润分配的内容和程序如下:

1. 支付被没收财物损失和各项税收的滞纳金、罚款。

2. 弥补企业以前年度亏损(指超过用所得税前的利润弥补亏损的期限,仍未补足的亏损)。

3. 提取法定盈余公积。法定盈余公积按照本年实现净利润的一定比例提取,公司制企业(包括国有独资公司、有限责任公司和股份有限公司,下同)依照公司法规定按净利润的10%提取。企业提取的法定盈余公积累计额超过其注册资本50%以上的,可以不再提取。

4. 向投资者分配利润。企业提取法定盈余公积后,可以按规定向投资者分配利润。

旅游企业如果发生亏损,可以用下一年度税前利润弥补,下一年度利润不足弥补的可以在5年内延续弥补;5年内不足弥补的,应用当期税后利润弥补。企业发生的本年度亏损以及超过用所得税前利润弥补期限的亏损,可以用以前年度提取的盈余公积弥补。企业以前年度亏损未弥补完,不能提取法定盈余公积。在提取法定盈余公积前,不得向投资者分配利润。

股份有限公司提取法定盈余公积后的余利,国家特别要求按下列顺序分配:

(1)支付优先股股利;

(2) 提取任意盈余公积,任意盈余公积按照公司章程或者股东会决议提取和使用;

(3) 支付普通股股利。

并且还规定:公司当年无利润,不得分配股利,但在用盈余公积弥补亏损后,经股东会特别决议,可用盈余公积分配股利,在分配股利后,公司法定盈余公积不得低于注册资本的 25%。

五、旅游企业利润管理的作用

根据国外学者的研究,适度利润管理是有利和必要的。如美国企业采取的"收益均衡化"利润管理行为,是为了提高股东的满意程度,进而实现经营者自身福利的提高;日本企业采用收益平滑化的会计处理方法,使利润管理行为具有长期的特征。利润管理的作用主要体现在以下几个方面:

1. 利润管理有利于更好地反映企业的经济效益

从传统的观念来看,衡量一个企业经济效益的公认标准就是利润。根据经典的经济学理论,某项投资实现了边际成本与边际收益相等,它就实现了利润的最大化。尽管现代理财观念不再把利润最大化作为理财目标,而是以企业价值最大化为理财目标,但企业最大限度地获得利润,整个社会的财富才能实现最大化,从而带来社会的进步和发展。利润可以从一定程度上反映出企业经济效益的高低和对社会贡献的大小。

2. 利润管理可为政策法规的制定提供借鉴和参考

通过为政策法规的制定提供借鉴和参考,利润管理一方面直接为企业内部的法规和准则的制定者提供了限制的目标,为政策法规的完善明确了方向;另一方面也为改进企业绩效考核提供了思路。通过研究发现,企业利润管理的重要动因是绝大多数的绩效考核是以利润为主,若要使企业利润管理不致过"度",可考虑改进考核指标体系,如引入 EVA 指标或平衡计分卡考核办法等。绩效考核指标的改进可引导企业的经营管理步入良性循环的轨道。

3. 利润管理可作为向外界传递有用信息的工具

在某些情况下,管理当局欲向外界传递某一内部信息,而内部信息往往是相当复杂并具有专业性,如果直接披露该信息,外界由于无法判别该信息的可靠性,或者即使能对该信息进行检验,但检验成本巨大,因不符合成本效益原则而放弃检验,外部信息使用者就会因此对管理层所披露的信息产生怀疑。管理当局通过利润管理,逐步披露该信息,是一条相对有效的传递信息的途径。

4. 利润管理有利于不断促进企业改变目标战略

适度的利润管理既是一个企业不断走向成熟的标志,也是企业人力资源素质较高的标志,它对企业的发展壮大起着非常重要的作用。研究和宣传适度利润管理,逐步形成一种对适度利润管理的理解和容忍,恢复和提高社会公众对财务信息的信任度,对社会主义市场经济秩序的建立和完善具有十分重要的意义。利润管理的不断完善与提高,有利于企业引进新的管理方式,提高经营业绩,从而相应地改变目标战略,更好地促进企业未来的发展。

小组讨论案例

案例 1

中青旅控股股份有限公司是以中国青年旅行社总社(现已更名为中国青旅集团公司)作为主发起人,通过募集方式设立的股份有限公司,1997年11月26日公司创立,12月3日公司股票在上海证券交易所上市,是我国旅行社行业首家 A 股上市公司、北京市首批 5A 级旅行社,现有总股本 4.1535 亿元。

中青旅控股股份有限公司 1998~2009 年底,中青旅累计接待游客 924 万人,实现营业收入 287.8 亿元。2009 年,公司接待游客突破 135 万人次,实现营业收入 61.9 亿余元。截止到 2009 年 12 月 31 日,公司总资产为 56.5 亿元,净资产为 21.5 亿元。

中青旅控股股份有限公司从事旅游、高科技、风险投资、证券行业的投资;经营入境旅游、国内旅游、中国公民自费出境旅游业务,承办国内会议及商品展览,以及高科技产品开发和技术服务、旅游资源配套开发、互联网信息服务等业务。2011年,中青旅控股有限公司的上年和今年利润表对比如下:

项 目	本期金额	上期金额
一、营业收入	1 167 518 957.31	949 777 201.09
减营业成本	1 016 669 870.38	850 568 863.14
营业税金及附加	9 314 048.03	7 426 736.40
销售费用	101 219 458.34	69 584 039.10
管理费用	60 689 923.49	54 542 807.68
财务费用	16 489 615.76	20 729 576.57
资产减值损失	2 981 185.38	10 453 264.19
加:公允价值变动收益		
投资收益	116 229 171.87	45 048 965.48
其中:对联营企业和合营企业的投资收益		
二、营业利润	115 325 630.08	22 980 032.63
加:营业外收入	3 344 256.26	2 629 665.99

项目	本期金额	上期金额
减:营业外支出	730 209.42	11 495 253.94
其中:非流动资产处置净损失	3 448.20	11 313 797.49
三、利润总额	117 939 676.92	14 114 444.68
减:所得税费用		
四、净利润	117 939 676.92	14 114 444.68

分析:中青旅控股股份有限公司今年的收入和费用情况与上年相比是好了,还是坏了?

案例 2

埃德温－卡斯休养处位于丹佛市附近的一座有 40 间客房的饭店。附近有 30 个座位的餐厅和马厩,业主埃德温和卡斯有兴趣请你使用 CVP 分析法帮助他们确定各种销售额水平。以下是 2009 年度收益表摘要。

	客房部	餐饮部	马厩	合计
收入				705 000
变动成本	500 000	200 000	5 000	304 000
毛利额	150 000	150 000	4000	401 000
固定成本	350 000	50 000	1000	151 000
利润				250 000

案例思考题

(1)餐饮部毛利率是多少?

(2)平均边际贡献率是多少?

(3)保本点是多少?

(4)卡斯需增加收益 30 000 元,他觉得仅增加客房销售额就能达到,请确定为达到这一要求所必需的客房销售额增加量。

(5)假定马厩的收入能够增加,但是只有在每一间里放进小册子做广告才能增加,其广告费为 500 元,则马厩必须达到多高的销售水平才能负担这笔费用?

案例 3

ZOL 旅游集团公司是一家地方性国有旅游企业。前些年,省政府确立了大力发展旅游业的发展趋势,并制定了相关的鼓励和优惠政策。在产业政策和巨大的旅游市场潜力的鼓舞下,全省迅速出现了许多民营和私营旅游企业,而这些新型的旅游企业凭借灵活的机制和新兴旅游产品,获得了较好的发展。而 ZOL 公司面对本地日益激烈的竞争,由于旅游产品更新较慢,加上资金相对不足,经济效益出现连续滑坡。但公司上下齐心协力,2008 年公司实现的利润总额达到 6 000 万元,公司财务部门根据有关规定,调整如下:

(1)投资收益 600 万元,其中国库券利息收入 90 万元;

(2)往年累计未分配利润为 2 000 万元;

(3)向职工集资 800 万元,按 10% 的利率支付利息 80 万元,同期银行贷款利息率 6%;

(4)支付职工工资 1 080 万元,税务部门核定工资总额为 1 000 万元;

(5)支付加收税款滞纳金 10 万元。

如果 ZOL 集团公司所得税的适用税率为 25%,请分析和计算该公司的应纳税所得额和应纳所得税。

本章思考题

1. 简述旅游企业中酒店及旅行社收入的种类。
2. 旅游企业的定价策略是什么?
3. 旅游企业税金的种类及具体内容是什么
4. 简述旅游企业成本费用的概念和内容。
5. 用边际贡献的概念来解释保本点。
6. 简述旅游企业利润分配的原则及程序。

第七章 旅游企业财务分析

学习目的
- 认识旅游企业的性质与类型
- 掌握旅游企业财务管理的基本内容
- 理解旅游企业财务管理的目标

第一节 旅游企业财务分析概述

一、旅游企业财务分析的作用

旅游企业财务分析是以旅游企业的财务报告等会计资料为基础,对旅游企业的财务状况和经营成果进行分析和评价的一种方法。财务分析是旅游企业财务管理的重要方法之一,是对旅游企业一定期间财务活动的总结,为旅游企业进行下一步的财务预测和财务决策提供依据。因此,财务分析在旅游企业财务管理工作中具有重要的作用。

1. 评估旅游企业过去的经营绩效

旅游企业管理者必须了解企业过去的经营绩效,如净利润的多少、投资回报率的高低、销售量大小以及现金流量充足与否等。获得上述信息后,可以协助旅游企业的管理者评估企业过去的经营绩效,并与同行相比较,评价经营情况。

2. 衡量旅游企业目前的财务状况

旅游企业管理者必须了解企业的财务状况,如企业拥有的各项资产价值、对外债务多少、可使用的现金数额、存货数量以及负债与所有者的比例关系等。在了解上述信息后,有助于旅游企业的管理者掌握企业当前的财物状况。

3. 预测旅游企业未来发展趋势

旅游企业的管理者通过对过去与现状的评价,必须估价企业未来的发展状况与趋势,为未来的财务预测、财务决策和财务预算指明方向。

二、旅游企业财务分析的目的

财务分析的目的受制于不同财务分析的主体和财务分析的要求,不同的财务分析主体进行财务分析的要求是不同的,因而有着不同的财务分析目的。

1. 企业投资者进行财务分析的目的是评价公司的盈利能力

企业投资者包括现实投资者和潜在投资者。他们通过分析,一方面要考核企业管理者的业绩,另一方面要评价重大财务决策的正确性。因此,企业投资者的财务评价分析比较侧重于企业经营成果,尤其是企业获利能力方面。

2. 企业债权人进行财务分析的目的是评价公司的偿债能力

他们通过分析,了解企业目前的财务状况,评价企业清偿到期债务的能力,以决定是否给其提供信用或进行债权性投资。企业债权人的财务评价分析比较侧重于企业财务状况,尤其是企业偿债能力方面。企业经营者进行财务分析的目的是评价公司资产的营运能力。

3. 企业管理者是企业财务活动的具体组织者和实施者

他们通过分析,具体目的是要了解企业当前的财务状况和考核一定时期内财务管理工作的绩效,总结经验和教训,为实施奖惩措施、提高财务管理水平提供依据。企业管理者的财务评价分析一般是比较全面的。

4. 会计师或其他审计人员以财务分析作为重要的查账工具之一

会计师或审计人员在对企业进行查账时,均以财务分析为手段,发现其不正常或错误之处,以便追究原因,并以此出具审计报告,并表达自己的审计意见。

5. 其他与企业有经济利益关系的相关人员也可以进行财务分析,以满足自己的需求

例如,税务机关,可以利用财务分析的方法作为查核纳税义务人报税所得是否合理的依据。供应商及客户,可以利用财务分析的方法评估企业的信用条件、生产质量与售后服务。企业的内部员工,可以利用财务分析的方法评估薪金水平,从而与资方确定合理的工资率。

三、旅游企业财务分析的种类

1. 根据分析的主体不同,可分为内部财务分析和外部财务分析

内部财务评价分析是指由旅游企业内部管理人员对企业进行的财务评价分析。内部财务评价分析所依据的资料比较全面,除了财务报告资料外,还有更详细的会计核算和其他相关的内部信息资料。另外,内部财务评价分析还具有考核企业过去财务活动的管理作用。因此,内部财务评价分析的广度和深度都强于外部财务评价分析。外部财务评价分析是指由旅游企业外部利益关系人对企

业进行的财务评价分析。企业外部分析者进行分析的具体目的与内部评价分析不尽相同,并且所依据的资料主要是企业提供的财务报告,其评价分析的深度和广度具有较大的局限性。

2.根据分析的内容分类,可分为单项财务分析和综合财务分析

单项财务分析是指对旅游企业财务某个方面的进行评价分析,具体包括单独评价分析旅游企业的偿债能力、营运能力、获利能力、社会贡献能力或成长能力等。综合财务分析是指在对旅游企业单项财务评价分析的基础上,将旅游企业财务的各个方面作为一个有机整体,对旅游企业财务进行全面的财务评价分析,以得出总体的、完整的结论。

3.根据分析的方法不同,可分为静态财务分析和动态财务分析

静态财务分析是指对某一时点或者某一个时期的旅游企业财务状况和经营成果进行的评价分析,揭示该期旅游企业管理效益与水平。动态财务分析是对连续、多个时期的旅游企业财务状况和经营成果变动趋势进行财务评价分析,揭示多期旅游企业管理效益与水平及发展前景。

四、旅游企业财务分析的方法

最常用的旅游企业财务分析方法有:比较分析法、比率分析法和趋势分析法。

1.比较分析法

比较分析法是将有关指标的本期实际数与历史数、本期计划数、企业历史最好水平、国内外同行业平均数等进行对比,求出增加或减少的差额,以便寻求其原因,从而探讨改进方法。使用比较分析法按照比较对象形式的不同可分为绝对数比较和百分比变动比较。

绝对数比较是将取得的财务报表数据与比较基准直接比较。绝对数比较最常用的是比较财务报表,将两期或多期的财务报表并行列示,进行对比,进而观察各个报表项目数据的增减变动,以分析这些变动表示的经济含义。

百分比变动比较,将分析项目变动的绝对数换算为相对数,即变动的百分比,并作进一步的分析。百分比变动比较能够反映不同规模分析对象之间的差异。例如,一个大公司与一个小公司的利润如果相对于比较标准都下降了10万元,对两个公司的影响是不同的,分析结论必然也有差异。百分比计算的方法为:

$$变动百分比 = \frac{分析项目金额 - 分析基准金额}{分析基准金额} \times 100\%$$

2.比率分析法

比率分析法是财务分析最基本、最重要的方法。比率分析法是将影响财务状况的两个相关指标联系起来,通过计算比率,反映它们之间的关系,借以评价

企业的财务状况和经营状况的一种分析方法。常用的比率分析法有结构比率和关系比率两种。

(1)结构比率

结构比率法就是通过计算某项指标的各个组成部分占总体的比重,即部分与全部的比率,进行数量分析的方法。其计算公式如下：

$$结构比率 = \frac{某项指标值}{总体值} \times 100\%$$

在实际分析中,比较常见的结构比率分析是共同比财务报表,即计算报表的各个项目占某个相同项目的比率。例如,资产负债表各个项目占总资产的比率,利润表的各个项目占营业收入的比率等,以此观察企业整体财务指标的结构是否合理,以及盈利能力的来源是否发生变动等。

(2)关系比率

关系比率就是通过计算两个性质不同但又相关的指标的比率,进行数量分析的方法。其计算公式如下：

$$关系比率 = \frac{A 指标值}{B 指标值} \times 100\%$$

企业财务报告中的数据虽然单独都可以表示一定的经济意义,但是相互之间又是有相关关系的,将两个相互关联的数据构建一个比率,可以揭示两个单独数据不能揭示的信息,有助于企业相关利益人的决策。在比率分析中,大部分的分析都是关系比率。例如,产值成本率＝成本/产值,成本利润率＝利润/成本,销售收入成本率＝成本/销售收入,这些都是关系比率。

(3)财务比率的分析标准

财务比率的分析标准主要有以下几种类型：

预算标准。它是本企业财务预算确定的在一定时期内企业财务状况和经营成果必须实现的目标。与此标准相比较,可以得出企业财务预算完成情况,以及企业经营效益目标实现情况的结论。

历史标准。它是本企业过去财务活动已达到财务指标的实际水平,包括上期实际水平、历史最好实际水平或者以前任意期实际水平。与此标准相比较,可以得出企业财务状况和经营成果发展变化趋势的结论。

行业标准。它是本企业经营业务所处行业财务指标水平,包括财务指标的行业平均水平、行业先进水平和行业确定的基准水平。与此标准相比较,可以得出本企业财务状况与经营成果在同行业中所处地位和与同行业先进水平差距的结论。

公认标准。它是在长期的企业财务管理实践中总结出来,并为社会上人们普遍认同的经验标准。与此标准相比较,可以得出本企业财务状况和经营成果水平是否适当的结论。

3.趋势分析法

趋势分析法是根据财务报表的有关资料,将各期的实际数值与基期数值相比,计算出百分数或指数,以揭示企业财务状况或经营成果变动趋势的一种分析方法。

依据采用的基期不同,计算出的指数有两种,即定基指数和环比指数。其计算公式如下:

$$定基指数 = \frac{分析期数额}{固定基期数额} \times 100\%$$

$$环比指数 = \frac{分析期数额}{前期数额} \times 100\%$$

在定基指数中,所有期间的项目都与一个固定期间的项目进行比较,计算比率,然后再观察每期之间的差异;环比指数是每期项目均与上期项目的数据进行比较,然后观察每期比率之间的差异。通过计算定基指数,可以观察企业指标总体的变动趋势,通过计算环比指数,可以明确指标的变动速度。所以,在实际应用中,应结合两种方法,综合考察相关财务指标的趋势。

五、旅游企业财务分析的基础

1.资产负债表

资产负债表是基本的财务报表之一,它是以"资产=负债+所有者权益"为平衡关系,反映企业在某一特定日期的财务状况的报表。其中:

资产是企业因过去的交易或事项形成的,并由企业拥有或控制、能以货币计量、预期会给企业带来经济利益的资源。

负债是指企业由于过去的交易或事项形成的,预期会导致企业经济利益流出的现时义务。

所有者权益是指企业资产扣除负债后由所有者享受的剩余权益,公司的所有者权益又称为股东权益。所有者权益的来源有:企业投资者对企业投入的资本、直接计入所有者权益的利得和损失、留存收益等。具体项目包括:实收资本(或者股本)、资本公积、盈余公积和未分配利润等。

2.利润表

利润表是反映企业某一会计期间财务成果的报表。它可以提供企业在月度、季度或年度内净利润(或亏损)的形成情况。利润表的各项目的关系可以用"收入-费用=利润"来概括。其中:

收入是指企业在日常活动中形成的、会导致所有者权益增加的、与所有者投入资本无关的经济利益的总流入。收入只有在经济利益流入从而导致企业资产的增加或者负债的减少,而经济利益流入额能够可靠计量时才予以确认。

费用是指企业日常活动中发生的、会导致所有者权益减少、与所有者分配利润无关的经济利益的总流出。不同类型的企业,其费用构成不尽相同。

3. 现金流量表

现金流量表是反映企业在一定会计期间现金和现金等价物流入与流出情况的报表。

需要说明的是,现金流量表中的现金等价物一般包括交易性金融资产等变现能力极强的资产项目。

4. 所有者权益变动表

所有者权益变动表是反映构成所有者权益的各个组成部分当期增减变动情况的报表。所有者权益变动表是中国2006年会计体系改革以后新增加的报表。

【例1】 中青旅控股股份有限公司(简称中青旅,英文缩写CYTS),是以创建于1980年的中国青年旅行社总社为主发起人,通过募集方式设立的股份有限公司。1997年11月26日公司设立,同年12月3日在上海证券交易所上市。中青旅是我国旅行社行业目前唯一的一家A股上市公司。中青旅作为我国骨干旅行社之一,在国家旅游局颁布的"中国百强国际旅行社"排名中,连续三年名列第二,在旅游行业内具有较强的影响力。公司经营范围:从事旅游、高科技、风险投资、证券行业的投资;入境旅游业务;国内旅游业务;特许经营中国公民自费出国旅游业务;航空运输销售代理业务;旅游景点、项目、基础设施的建设及配套开发;旅游客运业务;汽车租赁;电子产品、通信设备开发、销售;旅游商品的零售和系统内的批发;与以上业务相关的信息服务;中国公民出入境咨询服务;物业管理;宾馆经营;汽车出租;汽车维修。中青旅公司2009年的财务报表如表7-1、表7-2、表7-3所示。

表 7-1 资产负债表

中青旅公司　　2009年12月31日　　单位:百万元

资产	年初数	年末数	负债及股东权益	年初数	年末数
流动资产:			流动负债:		
货币资金	337	585	短期借款	530	208
应收票据		20	应付账款	1 120	1 644
应收账款	347	406	其他流动负债	46	213
预付账款	307	236	流动负债合计	1 695	2 065
其他应收款	153	427	非流动负债:		

续表

资产	年初数	年末数	负债及股东权益	年初数	年末数
存货	859	1 395	长期借款	331	470
流动资产合计	2 001	3 070	其他非流动负债	38	37
非流动资产:			非流动负债合计	370	508
长期投资	374	328	负债合计	2 065	2 573
固定资产	1 483	1 537	股东权益:		
无形资产	749	701	普通股东权益	1 958	2 146
其他非流动资产	21	12	少数股东权益	605	928
非流动资产合计	2 627	2 578	所有者权益合计	2 563	3 074
资产合计	4 628	5 647	负债及股东权益合计	4 628	5 647

表 7-2 利润表

中青旅公司　　2009 年 12 月 31 日　　单位:百万元

项目	上年	本年
一、营业务收入	4 588	6 191
减:营业成本	3 559	4 712
毛利	1 029	1 479
营业税金及附加	103	202
销售费用	367	418
管理费用	213	246
财务费用	14	14
资产减值损失	35	24
加:公允价值变动收益	0	0
投资收益	0	54
二、营业利润	297	628
加:营业外收入	14	22
减:营业外支出	2	13
三、利润总额	309	637
减:所得税	78	176
四、净利润	231	461
少数股东权益	101	208
归属于母公司净利润	130	253
五、每股收益		
(一)基本每股收益	0.313	0.608
(二)稀释每股收益	0.313	0.608

表 7-3　现金流量表

中青旅公司　　2009 年 12 月 31 日　　单位：百万元

项目	金额
一、经营活动产生现金流量：	
销售商品、提供劳务收到的现金	6 359
收到与其他经营活动有关的现金	27
经营活动现金流入小计	6 386
购买商品、接受劳务支付的现金	5 135
支付给职工以及为职工支付的现金	221
支付的各项税费	234
支付与其他经营活动有关的现金	209
经营活动现金流出小计	5 800
经营活动产生现金流量净额	587
二、投资活动产生现金流量：	
收回投资收到的现金	27
取得投资收益收到的现金	57
处置固定资产、无形资产和其他长期资产收回的现金净额	31
处置子公司及其他营业单位收到的现金净额	46
收到其他与投资活动有关的现金	168
投资活动现金流入小计	329
购建固定资产、无形资产和其他长期投资支付的现金	97
取得子公司及其他营业单位支付的现金净额	52
支付其他与投资活动有关的现金	348
投资活动现金流出小计	497
投资活动产生的现金流量净额	−167
三、筹资活动现金流量	
吸收投资收到的现金	105
其中：子公司吸收少数股东投资收到的现金	105
取得借款收到的现金	925
收到其他与筹资活动有关的现金	34
筹资活动现金流入小计	1 030
偿还债务支付的现金	1 108
分配股利、利润或偿付利息支付的现金	93
其中：子公司支付给少数股东的股利、利润	4
筹资活动现金流出小计	1 201
筹资活动产生的现金流量净额	−171
四、汇率变动对现金及现金等价物的影响	−0.2
五、现金及现金等价物净增加额	249
加：期初现金及现金等价物余额	337
六、期末现金及现金等价物余额	585

第二节 旅游企业偿债能力分析

偿债能力是指企业偿还到期所欠债务的能力。企业债务或负债，是指企业所承担的能以货币计量，将以资产或劳务偿付的债务。偿债能力是企业经济效益持续增长的文件保证，提高企业的偿债能力，不论能够使债权人避免风险损失，还是实现企业价值最大化的客观要求，因此，无论股东还是债权人都十分关心企业偿债能力的分析。对企业偿债能力的分析通常分为短期偿债能力分析和长期偿债能力分析。

一、短期偿债能力分析

(一)流动比率

1.流动比率的概念与计算公式

流动比率是流动资产与流动负债的比率。表示每一元的流动负债，有多少流动资产作为偿还保证。其计算公式为：

$$流动比率 = \frac{流动资产}{流动负债}$$

计算公式中流动资产主要包括货币资金、应收票据、应收账款、预付账款、其他应收款、存货等。流动负债主要包括短期借款、应付票据、应付账款、预收账款、其他应付款、应付利息、应付股利、应付税费、应付职工薪酬等。

2.流动比率分析

从财务观点看，流动资产高于流动负债，表明企业有偿付能力。一般来说，该指标越高，表明公司的短期偿债能力越强，企业的财务风险越小，债权人的权益越有保障。

根据西方经验，流动比率2∶1左右比较合适，但实际上，对流动比率的分析应结合不同的行业特点、企业流动资产结构及各项流动资产的实际变现能力等因素。比如房地产企业、商品流通企业的流动比率一般会较高，而制造业、公用事业等行业流动比率会较低，不可一概而论。有时流动比率较高，但企业的实际短期偿债能力却较弱，有可能是存货积压或滞销的结果。

流动比率究竟保持多高水平受到很多因素影响，一般从债权人立场，流动比率越高越好，因为流动比率越高，债权越有保障。但是从经营者的立场，过高的流动比率，往往表明企业滞留在流动资产上的资金过多，资金未能充分有效利用,造成企业的机会成本增加,这对企业的盈利能力会造成一定影响。企业应从风险与收益权衡的角度对流动资产与流动负债的规模进行合理的安排,并不一定盲目地追求流动比率的提高。

【例2】 根据表7-1中青旅2009年度的资产负债表的有关资料,计算的流动比率如表7-4所示。

表7-4　中青旅流动比率分析　　　　　　　单位:百万元

项目	流动资产	流动负债	流动比率(倍)
年初	2 001	1 695	1.18
年末	3 070	2 065	1.49
差异	+1 069	+370	+0.31

从表7-4的计算结果看,该公司2009年末较年初流动比率上升了0.31,说明与去年相比,公司的短期偿债能力有上升趋势,表明公司本年度短期偿债能力较去年有所提高。本年度流动比率提高的主要原因是流动资产的增加幅度10.69亿元大于流动负债的增加幅度3.7亿元。但是,公司年末流动比率1.49,与公认的标准值2相差较大。另外,从横向比较来看,公司的流动比率也要低于整个旅游业的平均水平,说明企业的短期偿债能力在同行业中表现较弱,有待提高,需要加强。

3. 流动比率的优点

流动比率是分析企业短期偿债能力最为常用的财务指标。流动比率被普遍采用,作为衡量企业短期偿债能力高低的标准,主要因为该指标有以下优点:

(1)流动比率可以揭示企业用流动资产抵补流动负债的程度,流动比率越大,对流动负债的保证程度越高,就越能保证债权人的权益。

(2)流动比率可以指出一个企业所拥有的营运资本与短期负债之间的关系,可以使指标的使用者了解企业营运资本是否充足,也可以据以判断企业抵抗经营中发生意外风险的能力,判断企业一旦发生风险,其营运资本是否足以抵偿其损失,而保证按期偿还债务。

(3)流动比率计算方法简单,资料来源比较可靠,即使企业外部关系人也能很容易计算出企业的流动比率,对企业的偿债能力做出判断。

4. 流动比率的缺点

(1)流动比率反映的是企业在某一时点上可以动用的流动资产存量与流动负债的比率,而这种静止状态的资产与未来的资金流量并没有必然的联系。流动负债是企业今后短时期内偿还的债务,而企业现存的流动资产能否在较短的时间内变成现金却难以保证。所以,流动比率值反映了短期内由流动资产和流动负债产生的现金流入与流出的可能途径,企业的经营、销售和利润的取得与分配又与现金流入和现金流出直接相关,这些因素在计算流动比率时没有考虑。

(2)流动比率没有考虑流动资产结构。

(3)流动比率没有考虑流动负债结构。

(4)流动比率易受到人为控制。

(二)速动比率

1. 速动比率的概念与计算公式

速动比率是速动资产与流动负债的比率,是用来衡量企业流动资产中可以立即变现偿付流动负债的能力。其计算公式为:

$$速动比率 = \frac{速动资产}{流动负债}$$

所谓速动资产,是指流动资产减去变现能力较差且不稳定的存货、预付账款、待摊费用等项目后的余额。这些被扣除的项目的资产变现能力相对于其他流动资产的变现能力较差。比如,在流动资产中,存货的流动性最差,变现时间长,而且可能发生冷背残次,不应包括在速冻资产之内。至于待摊费用和预付账款,本质上属于预付费用,只能减少企业未来时期的现金支出,其流动性实际上是很低的。

2. 速动比率分析

一般来说,速动比率越高,说明资产的流动性越强,对流动负债的偿还的保证程度越高,企业的短期偿债能力也越强。

根据西方经验,通常企业速动比率的公认标准是100%左右为宜,但不能一概而论,应根据行业特点有所差别。

【例3】 根据表7-1中青旅2009年度的资产负债表的有关资料,计算的速动比率如表7-5所示。

表7-5 中青旅速动比率分析　　　　　　　　　　单位:百万元

项目	速动资产	流动负债	速动比率(倍)
年初	835	1 695	0.49
年末	1 439	2 065	0.70
差异	+604	+370	+0.21

从表 7-5 的计算结果看,该公司 2009 年末较年初速动比率上升了 0.21,说明与去年相比,本年度公司的短期偿债能力有所提高。本年度速动比率提高的主要原因是速动资产的增加幅度 6.04 亿元大于流动负债的增加幅度 3.7 亿元。但是,从年末速动比率 0.70 来看,与公认的标准 1 相差较大,因此,应结合公司行业特点以及公司的资产结构、资产的周转情况以及流动负债结构等进行全面分析,才能做出正确评价。

3. 速动比率分析的局限性

速动比率考虑了流动资产的结构,因而弥补了流动比率的某些不足,但是在分析中也应注意以下问题:

(1)速动资产并不完全等同于企业现实的支付能力,因为速动资产也存在着难以短期变现的因素。比如,企业可能有相当一部分应收账款不能按期收回,对于有些应收账款超回收期一定期限后,其发生坏账损失的可能性非常大,为此有必要将可能形成坏账损失的应收账款金额从速动资产中剔除。

(2)一个企业的速动比率也不是越高越好。因为速动资产的流动性很强,但通常收益性差,或者根本没有收益,比如货币资金,过高的货币资金存量能使速动比率提高,但是货币资金的相对闲置会使企业丧失许多能够获利的投资机会。所以,对速动比率必须辩证分析,进行风险与收益的权衡。

(三)现金比率

1. 现金比率的概念与计算公式

现金比率是现金类资产与流动负债的比率。现金类资产包括库存现金、银行存款和现金等价物。其计算公式为:

$$现金比率 = \frac{现金资产}{流动负债} = \frac{现金 + 现金等价物}{流动负债}$$

其中,现金等价物是指企业持有的流动性强、价值变动风险很小、容易转换为确定金额的短期有价证券。现金比率可以反映企业的直接支付能力,因为现金是最终偿还债务的保证

2. 现金比率分析

一般来说,现金比率越高,表明企业可立即用于支付债务的现金类资产越多,企业的短期偿债能力越强,债务的偿还越有保障。但过高的现金比率也意味着现金类资产的闲置,特别是企业通过负债筹资方式流入的资金没有充分利用,导致企业的获利能力有所下降。所以,不鼓励企业保留更多的现金类资产,一般认为这一比率应在 20% 左右。

【例4】 根据表 7-1 中青旅 2009 年度的资产负债表的有关资料,计算的现金比率如表 7-6 所示。

表 7-6　中青旅现金比率分析　　　　　　　　单位:百万元

项目	现金资产	流动负债	现金比率(%)
年初	337	1 695	20%
年末	585	2 065	28%
差异	+248	+370	+8%

从表 7-6 的计算结果看,该公司 2009 年末现金比率较年初现金比率上升了 8%,说明与去年相比,公司的直接支付能力有很大提高。和经验标准相比,年末现金比率要高一些。如果按照现金比率来评价中青旅的短期偿债能力,应该说公司具有较强的偿债能力。对公司的流动比率和速动比率综合分析可以发现,由于该企业的流动资产结构中,速动资产、现金类资产比例较大,所以,尽管流动比率指标并不理想,但对于公司的短期偿债能力还是应当给予肯定评价的。

(四)现金流量比率

现金流量比率是指经营活动现金流量净额与流动负债的比率,衡量企业的流动负债用经营活动所产生的现金来支付的程度。其计算公式为:

$$现金流量比率 = \frac{经营活动现金流量净额}{流动负债}$$

这一指标是从动态方面反映企业短期偿债能力额变化,是建立在现金流量表和对经营中的现金流分析的基础上。经营活动现金流量净额的大小反映出企业某一会计期间的经营活动产生现金的能力,是偿还企业到期债务的基本资金来源。该指标等于 1 或大于 1 时,表示企业有足够的能力以生产经营活动的现金来偿还其短期债务;如果该指标小于 1,表示企业生产经营活动产生的现金不足以偿还到期债务,必须采用对外筹资或出售资产才能偿还债务。

【例 5】 根据表 7-1 和表 7-3 中青旅 2009 年度的资产负债表及现金流量表的有关资料,计算的现金流量比率如表 7-7 所示。

表 7-7　中青旅现金流量比率分析　　　　　　　单位:百万元

项目	经营活动现金流量净额	流动负债	现金流量比率(倍)
年初	231	1 695	0.14
年末	587	2 065	0.28
差异	+356	+370	+0.14

从表 7-7 的计算结果看,公司 2009 年年末较年初的现金流量比率提高 0.14,说明企业生产经营活动产生现金的能力有所提高,但是公司年末现金流量比率仅为 0.28,表明依靠生产经营活动产生的现金满足不了偿债的需要,公司必须以其他的方式取得现金,才能保证债务的及时偿还。

二、长期偿债能力分析

长期偿债能力分析是企业偿还长期负债的能力,企业的长期负债主要有长期借款、应付长期债券、长期应付款等。长期偿债能力分析运用的财务指标主要是资产负债率、股东权益比率、权益乘数、产权比率、有形净值债务率和利息保障倍数等,这些指标计算的资料来源是企业资产负债表和损益表。

(一)资产负债率

1.资产负债率的概念与计算公式

资产负债率是负债总额与资产总额的比率,它反映在企业的总资产中有多大比例是通过借债来得到的。资产负债率也可以用来衡量企业在清算时保护债权人利益的程度。其计算公式如下:

$$资产负债率 = \frac{负债总额}{资产总额} \times 100\%$$

2.资产负债率分析

一般,对于债权人来说,资产负债率越低越好,因为在企业清算时,股东提供的资本比例越大,企业偿还债务的程度则越有保证,债券人提供贷款的风险才能越低。但是,对于股东而言,则希望资产负债率高些,因为这样股东可以通过举债筹措更多的资金,从而在生产经营中发挥更大的作用,但过高又会增加企业的财务风险,影响企业再筹资的能力。如果资产负债率大于 100%,表明企业已经资不抵债,已达到破产的警戒线。至于资产负债率是多少才算合适,并没有一个确定的标准。不同的行业、不同类型的企业都有很大的差异,企业应充分考虑自身的经营环境,在收益和风险之间权衡利弊,才能做出正确的财务决策。

【例 6】 根据表 7-1 中青旅 2009 年度的资产负债表的有关资料,计算的资产负债率如表 7-8 所示。

表 7-8 中青旅资产负债率分析　　　　　　　　单位:百万元

项目	负债总额	资产总额	资产负债率(%)
年初	2 065	4 628	44.61%
年末	2 573	5 647	45.56%
差异	+508	+1 019	0.95%

从表 7-8 的计算结果看,公司年末资产负债率比年初提高了 0.95%,主要原因是负债总额增加了 5.08 亿元,较年初增长 24.6%,资产总额增加 10.19 亿元,较年初增长 22%,由于负债总额的增长率高于资产总额增长率 2.6%,所以导致年末资产负债率的提高,表明企业的债务负担有所加重。但是,从年末的比率看,这一比率并不太高,无论是企业本身,还是投资者或债权人都是可以接受的。

3. 资产负债率分析的局限性

(1) 资产负债率是考察企业破产前清算时债权人利益的保障程度,但是财务分析并不是建立在破产清算的基础上,在企业持续经营情况下,长期资产一般不用于直接偿付债务,并且随着时间的推移,长期资产的价值随企业运营而发生变化,因此,用资产负债率无法完全反映企业未来偿付债务的能力。

(2) 资产负债率中的负债总额,并没有考虑到负债的期限结构。事实上,不同的负债期限结构对企业的长期偿债能力是有不同影响的。

(3) 资产负债率中的资产总额,也没有考虑到资产结构。不同的资产结构对到期债务的偿付有着不同程度的保障。另外,企业资产的账面价值会受到会计政策的影响,这使得资产的账面价值与实际价值存在一定差异,导致资产负债率无法准确反映企业的偿债能力。

(二) 股东权益比率与权益乘数

股东权益比率是股东权益与资产总额的比率,它反映在企业的总资产中有多少是所有者投入的。其计算公式如下:

$$股东权益比率 = \frac{股东权益总额}{资产总额} \times 100\%$$

股东权益比率与资产负债率之和等于 1。因此,这两个比率是从不同侧面反映企业的长期财务状况,股东权益比率越大,资产负债率就越小,企业的财务风险也越小。

股东权益比率的倒数,称作权益乘数。权益乘数越大,说明股东投入的资本在总资产中的比例越小,企业的财务风险就越大。其计算公式为:

$$权益乘数 = \frac{资产总额}{股东权益总额}$$

【例 7】 根据表 7-1 中青旅 2009 年度的资产负债表的有关资料,计算的相关指标如表 7-9 所示。

表 7-9　中青旅股东权益比率和权益乘数分析　　　单位:百万元

项目	年初	年末	差异
普通股股东权益总额	1 958	2 146	188
资产总额	4 628	5 647	1 019
股东权益比率(%)	42.31%	38%	-4.31%
权益乘数(倍)	2.36	2.63	+0.27

从表 7-9 的计算结果看,公司年末的股东权益比率比年初下降 4.31%,表明公司的负债总额增加,财务风险加大,长期偿债能力有所下降。公司年末的权益乘数比年初提高 0.27,表明股东投入的资本在资产中所占的比重有所降低。

(三)产权比率与有形净值债务率

产权比率是负债总额与股东权益总额的比率,也叫做债务股权比率。其计算公式为:

$$产权比率 = \frac{负债总额}{股东权益总额} \times 100\%$$

该项指标反映股东提供的资本与债权人提供的资本的比例关系,这种比例关系也称为公司的财务结构,所以产权比率是反映公司财务结构是否稳定的重要指标。一般而言,产权比率高,是高风险、高报酬的财务结构;产权比率低,是低风险、低报酬的财务结构。

有形净值债务率是产权比率的延伸。它是指负债总额与有形净值的百分比。有形净值是股东权益减去无形资产净值后的净值。其计算公式为:

$$有形净值债务率 = \frac{负债总额}{股东权益总额 - 无形资产净值} \times 100\%$$

有形净值债务率更为保守地反映了企业在清算时股东权益对债权人投入资本的保障程度。显然,该比率越低,股东权益中的有形净值额越大,对债权人的债权越有保障。

【例 8】 根据表 7-1 中青旅 2009 年度的资产负债表的有关资料,计算的相关指标如表 7-10 所示。

表 7-10　中青旅产权比率和有形净值分析　　　　单位：百万元

项目	年初	年末	差异
负债总额	2 065	2 573	508
普通股股东权益总额	1 958	2 146	188
无形资产净值	749	701	−48
产权比率（倍）	1.05	1.20	+0.15
有形净值债务率（倍）	1.71	1.78	+0.07

从表 7-10 的计算结果看，公司年末的产权比率比年初略有提高，它和资产负债率、股东权益比率具有相同的经济意义，该指标的变化更直观地表示出负债受到股东权益的保护程度略有降低。公司年末有形净值债务率略有上升，该指标的变化更加谨慎地反映了债权人投入资本受到股东权益的保障程度有所下降。

(四) 利息保障倍数与现金利息保障倍数

以上所介绍的各项长期偿债能力的财务指标，是从静态分析的角度反映了企业现有资产对未来到期的债务的保障程度，但是资产的变现需要通过产品的销售来实现，因此应结合盈利能力对长期偿债能力进行动态分析更为重要。从盈利能力角度分析，反映企业长期偿债能力的指标主要有利息保障倍数和现金利息保障倍数。

利息保障倍数是指企业经营业务收益与利息费用的比率。它是用来衡量偿还借款利息的能力。其计算公式如下：

$$利息保障倍数 = \frac{息税前利润}{利息费用} = \frac{税前利润 + 利息费用}{利息费用}$$

其中，公式中的利息费用是指全部利息的费用，它不仅包括财务费用中的利息费用，而且还包括计入固定资产成本的资本化利息。一般来说，利息保障倍数越高，说明企业支付利息的能力就越强；反之，企业支付利息的能力就越弱。通常企业的利息保障倍数要大于 1，否则，就难以偿还债务利息。

使用利息保障倍数这一指标并不能完全准确地反映企业支付债务利息的实际能力，因为会计采用权责发生制来核算费用，所以本期的利息费用不一定是本期实际的利息支出，同时，本期的息税前利润也并非本期经营活动所得的现金。为此，可进一步用现金利息保障倍数来分析经营所得现金偿付利息支出的能力。

现金利息保障倍数反映了企业在一定时期经营活动所取得的现金是利息支出的多少倍，它避免了利息保障倍数衡量经营所得支付债务利息能力的片面性，更能揭示企业实际偿付利息支出的能力。

$$现金利息保障倍数 = \frac{息税前经营活动现金流量}{现金利息支出}$$

$$= \frac{经营活动现金净流量 + 现金利息支出 + 现金所得税支出}{现金利息支出}$$

【例9】 根据表7-1和表7-2中青旅2009年度的资产负债表、损益表的有关资料,计算的相关指标如表7-11所示。

表 7-11　中青旅利息保障倍数分析　　　　　　　　单位:百万元

项目	息税前利润	利息费用	利息保障倍数(倍)
年初	323	14	23.1
年末	651	14	46.5
差异	+328	0	+23.4

假定公司的财务费用都是利息费用,并且固定资产成本中不含资本化利息。从表7-11的计算结果看,公司的利息保障倍数大幅度提高,主要是因为本年度息税前利润的大量增加达3.28亿元,而利息费用却没有增加。这一比率的变化说明公司利润对债务利息的偿付保障程度大幅提高,企业支付债务利息的能力大大增强。

(五)到期债务本息偿付比率

到期债务本息偿付比率是经营活动产生的现金流量净额与本期到期的债务本息的比率。该指标将现金流量与负债相比较,可以比较真实地反映企业的实际偿债能力。其计算公式为:

$$到期债务本息偿付比率 = \frac{经营活动现金流量净额}{本期到期债务本金 + 现金利息支出}$$

到期债务本息偿付比率反映的是经营活动产生的现金净流量是本期到期债务本息的倍数,用来衡量本年度内到期的债务本金及相关的现金利息支出可用经营活动所产生的现金来偿付的程度。该项财务比率越高,说明企业经营活动所产生的现金对偿付本期到期的债务本息的保障程度越高,企业的偿债能力也越强。如果该指标小于1,表明企业经营活动产生的现金不足以偿付本期到期的债务本息。

【例10】 根据表7-1和表7-3中青旅2009年度的资产负债表及现金流量表的有关资料,计算的到期债务本息比率如表7-12所示。

表 7-12　中青旅到期债务本息比率分析　　　　单位:百万元

项目	经营活动现金流量净额	到期债务本息	到期债务本息比率(倍)
年初	231	913	0.25
年末	587	1 197	0.49
差异	+356	+294	+0.23

从表 7-12 的计算结果看,公司 2009 年末的到期债务本息比率有所提高,表明经营活动现金流量支付债务本息的能力有所提高,但是年末该比率小于 1,说明经营活动产生的现金流量不足以偿付到期的债务和利息支出,企业必须通过其他渠道或出售资产才能偿还债务。

第三节　旅游企业营运能力分析

营运能力是指企业运用营运资产的效率。企业营运能力分析是通过对企业运用的各项资产与企业的营业收入的比率关系,来评估企业运用各项资产效率的大小,故又被称为资产周转速度的分析。资产的周转速度是评价企业资本营运能力高低的重要财务指标。按照被分析资产的具体形态,企业营运能力分析包括应收账款周转速度分析、存货周转速度分析、流动资产周转速度分析、固定资产周转速度分析、全部资产周转速度分析等内容。

一、应收账款周转率或周转天数

应收账款周转速度是指企业一定时期销售收入净额与应收账款平均余额的比率,它反映了应收账款在一个会计年度内的周转次数,用来分析应收账款的变现速度和管理效率。其计算公式为:

$$应收账款周转率 = \frac{销售收入净额}{应收账款平均余额}$$

其中,销售收入净额是指销售收入扣除销售退回、销售折扣及折让后的净额。应收账款平均余额是指期初应收账款与期末应收账款之和的平均数。

一般认为,应收账款的周转率越高越好,因为这一比率越高,说明企业催收账款的速度越快,可以减少坏账损失,增强资产的流动性,由此企业的短期偿债能力也会增强。

应收账款周转天数也是反映应收账款周转情况的指标,又称为应收账款平均收现期,表示应收账款周转一次所需要的天数,从计算公式上看,它是应收账款周转速率的倒数。

$$应收账款周转天数 = \frac{360}{应收账款周转率} = \frac{应收账款平均余额 \times 360}{销售收入净额}$$

应收账款的周转天数越少,说明应收账款的变现速度越快,企业资金被占用的时间越短,应收账款管理的效率越高。

【例11】 根据表7-1和表7-2中青旅2009年度的资产负债表及损益表的有关资料,计算的比率如表7-13所示。

表7-13 中青旅应收账款周转情况分析　　　　　　单位:百万元

项目	年初	年末	差异
赊销收入净额	4 588	6 191	34.92%
应收账款平均余额	335.5	376.5	12.22%
应收账款周转率	13.68次	16.44次	+2.76次
应收账款周转天数	26天	22天	-4天

从表7-13的计算结果看,公司年末应收账款周转率为16.44,比上年增加了2.76次,年末应收账款的周转天数为22天,比上年同期减少了4天。公司年末应收账款周转次数提高,周转天数缩短的主要原因是,本年销售收入与去年同期相比大幅增长,销售收入的增长率达到34.92%,明显高于同期应收账款平均余额的增长率12.22%的水平。这些数据的变化表明,公司应收账款的变现能力增加,坏账损失的可能性降低,应收账款的管理效率进一步提高。

二、存货周转率或周转天数

存货周转率是指企业一定时期销售成本与存货平均余额的比率。它反映了存货变现速度的快慢。其计算公式为:

$$存货周转率 = \frac{销售成本}{存货平均余额}$$

存货周转天数也是反映存货周转速度的指标,它是存货周转速度的倒数。

$$存货周转天数 = \frac{360}{存货周转率} = \frac{存货平均余额 \times 360}{销售成本}$$

其中,销售成本是来自损益表,存货平均余额是指期初存货与期末存货的平均数。

存货的周转率指标,反映了企业的销售效率和存货的使用效率。一般认为,存货的周转率越高,存货周转天数越短,存货的变现速度就越快,企业的销售能力就会增强,营运资金占用在存货上的金额会越少。

【例12】 根据表7-1和表7-2中青旅2009年度的资产负债表及损益表的有关资料,计算的比率如表7-14所示。

表7-14 中青旅存货周转情况分析　　　　单位:百万元

项目	年初	年末	差异
销售成本	3 559	4 712	+32.4%
存货平均余额	875	1 127	+28.8%
存货周转率	4.07	4.18	+0.11
存货周转天数	88天	86天	-2天

从表7-14的计算结果看,公司年末存货周转率比上年同期增加0.11次,年末存货的周转天数比上年同期减少2天,说明公司存货的变现速度加快,销售能力增强。

三、流动资产周转率或周转天数

反映流动资产周转速度的指标有两个,流动资产周转率和流动资产周转天数。其计算公式如下:

$$流动资产周转率 = \frac{销售收入净额}{流动资产平均余额}$$

$$流动资产周转天数 = \frac{360}{流动资产周转率} = \frac{流动资产平均余额 \times 360}{销售收入净额}$$

其中,流动资产平均余额是指期初流动资产与期末流动资产的平均数。

一般来说,流动资产的周转率越高,流动资产周转天数越短,就会相对节约流动资产,等于相对扩大资产投入,增强企业的盈利能力;反之,流动资产的周转率越低,流动资产周转天数越长,就会降低企业的盈利能力。

【例13】 根据表7-1和表7-2中青旅2009年度的资产负债表及损益表的有关资料,计算的比率如表7-15所示。

表 7-15　中青旅应收账款周转情况分析　　　　单位:百万元

项目	年初	年末	差异
销售收入净额	4 588	6 191	34.92%
流动资产平均余额	2 011.5	2 535.5	26.05%
流动资产周转率	2.28 次	2.44 次	0.16 次
流动资产周转天数	158 天	148 天	−10 天

从表 7-15 的计算结果看,公司年末流动资产周转率比上年同期增加 0.16 次,年末存流动资产周转天数比上年同期减少 10 天,说明公司流动资产的变现能力增强,节约了流动资金,流动资产的利用效率进一步提高。这种变化的主要原因还是归功于本年度销售收入的大幅度增加,并且其增长率超过了同期流动资产平均余额的增长率。

四、固定资产周转率或周转天数

固定资产周转率是企业销售收入与固定资产平均净值的比率。其计算公式为:

$$固定资产周转率 = \frac{销售收入净额}{固定资产平均净值}$$

$$固定资产周转天数 = \frac{360}{固定资产周转率} = \frac{固定资产平均净值 \times 360}{销售收入净额}$$

其中,固定资产平均净值是指期初固定资产净值与期末固定资产净值的平均数。

固定资产周转率主要用于分析厂房、设备等固定资产的利用效率。一般来说,固定资产周转率越高,固定资产周转天数越短,说明固定资产的利用效率越高,管理水平越好;反之,如果固定资产周转率下降,固定资产周转天数延长,说明企业的生产效率降低,可能会影响企业的获利能力。

【例 14】　根据表 7-1 和表 7-2 中青旅 2009 年度的资产负债表及损益表的有关资料,计算的比率如表 7-16 所示。

表 7-16 中青旅固定资产周转情况分析 　　　　单位:百万元

项目	年初	年末	差异
销售收入净额	4 588	6 191	34.92%
固定资产平均净值	1 533	1 510	−1.5%
固定资产周转率	2.99	4.1	1.11 次
固定资产周转天数	120 天 107.3	88 天 81.8	−32 天

从表 7-16 的计算结果看,公司年末流动资产周转率比上年同期增加 1.11 次,年末存流动资产周转天数比上年同期减少 32 天,说明公司固定资产的变现能力增强,固定资产的利用效率进一步提高。这种变化的主要原因一是由于本年度销售收入的大幅度增加,二是本年固定资产平均资金占用额的减少。

五、总资产周转率或周转天数

反映总资产周转速度的指标有两个,总资产周转率和总资产周转期。其计算公式为:

$$总资产周转率 = \frac{销售收入净额}{总资产平均余额}$$

$$总资产周转天数 = \frac{360}{总资产周转率} = \frac{总资产平均余额 \times 360}{销售收入净额}$$

其中,总资产平均余额是指期初资产总额与期末资产总额的平均数。

一般来说,总资产的周转率越高,总资产周转天数越短,说明企业资产周转的越快,利用资产赚取收入的能力就强,企业的销售能力就越强。

【例 15】 根据表 7-1 和表 7-2 中青旅 2009 年度的资产负债表及损益表的有关资料,计算的比率如表 7-17 所示。

表 7-17 中青旅总资产周转情况分析 　　　　单位:百万元

项目	年初	年末	差异
销售收入净额	4 588	6 191	34.92%
总资产平均余额	4 604	5 137.5	11.59%
总资产周转率	0.99 次	1.21 次	+0.22 次
总资产周转天数	364 天	298 天	−66 天

从表 7-17 的计算结果看,公司年末总资产周转率比上年同期增加 0.22 次,

年末总资产周转天数比上年同期减少66天,发生这种变化的主要原因是本年销售收入的大幅提高,并且其增长率超过了总资产平均余额的增长率。这种变化表明了公司总资产周转的加快,使得总资产的获利能力有了进一步的增长,总资产利用效率得到进一步提高。

以上计算结果表明,从总体上看,公司2009年度各项资产的周转率指标都有所提高,各项资产的周转天数都有所减少,表明公司本年度内资本营运能力和资产的管理水平与上年同期相比大幅度提高。

第四节　旅游企业获利能力分析

获利能力是指企业赚取利润的能力。企业获利能力分析就是对企业在一定时期内获取利润水平高低及盈利能力强弱的评价分析。企业获利能力不仅影响企业所有者的收益,而且最终影响企业债权人、企业经营管理人员等各方面的利益,是企业财务评价分析的要点。反映企业获利能力的绝对数评价指标有:净利润、利润总额、息税前利润和利税总额等;反映企业获利能力的主要财务指标有:销售毛利率、销售净利率、总资产报酬率、净资产报酬率。

一、销售毛利率与销售净利率

(一)销售毛利率

销售毛利率是企业的销售毛利与销售收入净额的比率。其计算公式为:

$$销售毛利率 = \frac{销售毛利}{销售收入净额} \times 100\%$$

$$= \frac{销售收入净额 - 销售成本}{销售收入净额} \times 100\%$$

销售毛利率反映了企业销售成本与销售收入净额的比例关系。毛利率越大,说明销售成本占销售净额的比重越小,企业通过销售来获取利润的能力越强。

(二)销售净利率

销售净利率是企业的净利润与销售收入净额的比率。其计算公式为:

$$销售净利率 = \frac{净利润}{销售收入净额} \times 100\%$$

销售净利率反映了企业净利润占销售收入净额的比例。净利率越大,说明企业通过扩大销售来获取利润的能力越强。

【例16】 根据表7-2中青旅2009年度损益表的有关资料,计算的比率如表7-18所示。

表7-18　中青旅销售盈利情况分析　　　　　　　　　　单位:百万元

项目	年初	年末	差异
销售毛利	1 029	1 479	450
归属于母公司净利润	130	253	123
销售收入净额	4 588	6 191	1 603
销售毛利率	22.43%	23.89%	+1.46%
销售净利率	2.83%	4.09%	+1.26%

从表7-18的计算结果看,公司年末的销售毛利率比年初提高了1.46%,销售净利率比年初提高了1.26%,说明了本年度公司每百元销售收入获得毛利额比上年增加了1.46元,获得净利额比上年增加了1.26元。

二、总资产报酬率

总资产报酬率是企业的净利润与总资产平均余额的比率。其计算公式为:

$$总资产报酬率 = \frac{净利润}{总资产平均余额} \times 100\%$$

其中,总资产平均余额是指期初总资产与期末总资产的平均数。总资产报酬率反映了企业全部资产的获利能力。总资产报酬率越大,说明企业运用总资产获取利润的能力越强。

【例17】 根据表7-1和表7-2中青旅2009年度的资产负债表及损益表的有关资料,计算的比率如表7-19所示。

表7-19　中青旅总资产盈利情况分析　　　　　　　　　　单位:百万元

项目	年初	年末	差异
归属于母公司净利润	130	253	94.62%
总资产平均余额	4 604	5 137.5	11.59%
总资产报酬率	2.82%	4.92%	+2.1%

从表 7-19 的计算结果看,因为年末净利润的大幅增长,使得公司年末总资产报酬率比年初提高了 2.1%,这一比率增长表明了公司每百元总资产可以赚取 4.92 元净利润,比上年增加了 2.1 元,公司总资产的获利能力进一步增强。

三、净资产收益率

净资产收益率,又称为股东权益报酬率,它是一定时期的净利润与股东权益平均总额的比率。其计算公式为:

$$净资产收益率 = \frac{净利润}{股东权益平均总额} \times 100\%$$

其中,股东权益平均总额是期初股东权益与期末股东权益的平均数。净资产收益率反映股东投入资本的增值能力。该比率越大,股东投资的报酬越高。

【例 18】 根据表 7-1 和表 7-2 中青旅 2009 年度的资产负债表及损益表的有关资料,计算的比率如表 7-20 所示。

表 7-20　中青旅净资产收益率分析　　　　　　　　单位:百万元

项目	年初	年末	差异
归属于母公司净利润	130	253	94.62%
普通股股东权益平均总额	1 915	2 052	7.15%
净资产报酬率	6.79%	12.33%	+5.54%

从表 7-20 的计算结果看,公司年末净资产报酬率比年初增长了 5.54%,其增长的原因显然是净利润增长率超过了股东权益平均总额的增长率。这一比率的变化表明,股东每百元的投资比上年多获利 5.54 元,股东投资获取报酬的能力进一步增强。

四、成本费用净利率

成本费用净利率是净利润与成本费用总额的比率,它反映了企业生产经营过程中发生的耗费与获得的收益之间的关系。其计算公式为:

$$成本费用净利率 = \frac{净利润}{成本费用总额} \times 100\%$$

其中,成本费用是指企业为了取得利润而付出的代价,主要包括销售成本、销售费用、销售税金、管理费用、财务费用和所得税等。这一比率越高,说明企业获取收益而付出的代价越小,企业的获利能力越强。通过这个比率,不仅能评价企业获利能力的高低,也可以评价企业对成本费用的控制能力和经营管理水平。

【例19】 根据表7-1和表7-2中青旅2009年度的资产负债表及损益表的有关资料,计算的比率如表7-21所示。

表 7-21　中青旅成本费用净利率分析　　　　　单位:百万元

项目	年初	年末	差异
归属于母公司净利润	130	253	94.62%
成本费用总额	4 371	5 805	31.4%
成本费用净利率	2.97%	4.36%	+1.39%

从表7-21的计算结果看,因为净利润的增长率超过了成本费用总额的增长率,所以公司年末的成本费用净利率比年初提高了1.39%,表明公司本年每耗费100元可以比上年多获得1.39元的净利润,可以看出公司在年内加强了成本控制方面,取得了良好的经济效益,从而进一步提升了公司的成本管理水平。

五、每股收益与每股现金流量

(一)每股收益

每股收益是指年末税后净利润扣除优先股股息后的余额,除以年末在外发行的普通股股数,通常简写成 EPS,又称为每股利润或每股盈余。它是反映股份有限公司获利能力的最重要的财务指标。其计算公式为:

$$每股收益 = \frac{净利润 - 优先股股息}{发行在外的普通股平均股数}$$

一般来说,每股收益越高,说明公司盈利能力越强。这一指标的高低,往往对股票价格有很大影响。但是,在利用该指标进行财务评价分析时应注意:每股收益是指过去普通股获利能力的表现,不代表未来也是如此,每股收益并不直接反映普通股股票所含风险大小。另外,每股收益大,普通股现金红利不一定就高。不同公司的每股净资产和每股市价不同时,每股收益在公司间缺乏可比性。因此,应结合每股净资产、每股市价、市盈率、每股股利等指标进行分析。

(二)每股现金流量

每股现金流量是经营活动产生的净现金流量,与普通股发行在外的平均数的比值。其计算公式为:

$$每股现金流量 = \frac{经营活动现金净流量}{发行在外普通股平均股数}$$

对于注重股利分配的投资者来说，每股收益并不是公司决定分配股利的唯一因素。比如，一家公司的每股收益很高，但是缺乏现金，那么也无法分配现金股利。这时，必须分析每股现金流量，每股现金流量越高，说明公司越有能力支付现金股利。

在计算每股收益和每股现金流量时，公式分母中的发行在外的普通股平均数，如果年度普通股的股数未发生变化，则发行在外的普通股平均数就是年末普通股总数；如果年度内普通股股数发生了变化，则发行在外的普通股平均数应当使用按月计算的加权平均发行在外的普通股股数。

$$\frac{\text{加权平均在外的}}{\text{普通股股数}} = \frac{\sum(\text{发行在外普通股股数} \times \text{发行在外月份数})}{12}$$

【例20】 根据表7-2和表7-3中青旅2009年度的损益表及现金流量表的有关资料，计算的比率如表7-22所示。

表7-22 中青旅每股盈利情况分析　　　　　　　　单位：百万元

项目	年初	年末	差异
净利润	231	461	+230
减：少数股东损益	101	208	+107
经营活动现金净流量	231	587	+356
发行在外的普通股平均股数	415	415	0
每股收益	0.31	0.61	+94.25%
每股现金流量	0.56	1.41	+151.79%

从表7-22的计算结果看，公司年末每股收益0.61元，比年初增长了94.25%，年末现金流量1.41元，比年初大幅增长了151.79%，这两个比率的高增长显然是由于年度内净利润和经营活动现金净流量的增长所致，净利润年内增加额达2.3亿元，经营活动现金净流量的增加额更是高达3.56亿元，从绝对增加额的比较看，后者已经超过了前者。这两个比率的变化，直观地表明公司在2009年度的获利能力大幅增强，为此普通股股东的报酬也大幅增加，并且公司的现金十分充沛，是股东分配现金股利的可靠保障。

六、每股股利与股利支付率

(一)每股股利

每股股利是指股利总额与年末发行在外的普通股股数的比值，它表明每股

普通股获取现金股利的能力。其计算公式为:

$$每股股利 = \frac{现金股利总额 - 优先股股利}{发行在外的普通股股数}$$

一般来说,每股股利越高对投资者越有吸引力,但股利发放多少,不仅取决于公司获利能力的强弱,还会受到公司股利政策和现金流量等许多因素的影响,有时每股股利低并不说明普通股获利能力低。

(二)股利支付率

股利支付率是普通股每股股利与每股利润的比率。它代表股份公司净收益中有多少用于股利的分派。其计算公式为:

$$股利支付率 = \frac{每股股利}{每股利润} \times 100\%$$

股利支付率取决于公司的股利政策,没有一个具体标准来判断该比率是大好还是小好。一般来说,如果一家公司现金量比较充裕,并且没有更好的投资项目,则有可能倾向发放现金股利;如果公司有较好的投资项目,则会少发股利,而将资金用于投资。

【例21】 根据表7-2和表7-3中青旅2009年度的损益表及现金流量表的有关资料,计算的比率如表7-23所示。

表7-23 中青旅股利发放情况分析　　　　单位:百万元

项目	年初	年末	差异
每股股利	0.15	0	-0.15
每股收益	0.31	0.61	+0.30
股利支付率	48.39%	0	-48.39%

从表7-23的计算结果看,由于年末公司没有向股东发放现金股利,造成与年初相比,股利支付率大幅下滑48.39%的局面。形成这种局面的原因是本年度公司制定的股利分配政策决定的,由于公司预计进一步扩大现有的乌镇旅游开发项目以及公司为开展多元化的投资业务,如绿城慈溪房地产开发项目投资成本的增加,需要大量的投资资金,所以公司采取了本年度不分配现金股利的政策。

七、每股净资产

每股净资产是指年末股东权益总额与年末发行在外的普通股股数的比值,

它表明每股普通股所拥有的净资产账面价值,即账面"含金量"。其计算公式为:

$$每股净资产 = \frac{年末股东权益 - 年末优先股权益}{年末发行在外的普通股股数}$$

在利用该指标进行财务评价分析时应注意:每股净资产是按历史成本计算的,并不反映属于普通股的净资产现在的变现价值和获利能力,应结合普通股每股市价进行分析。

【例22】 根据表7-1中青旅2009年度资产负债表的有关资料,计算的比率如表7-24所示。

表 7-24　中青旅每股净资产分析　　　　　单位:百万元

项目	年初	年末	差异
年末普通股股东权益总额	1 958	2 146	+188
发行在外普通股股数	415	415	0
每股净资产	4.72	5.17	+0.45

从表7-24的计算结果看,公司年末每股净资产5.17元,比年初增加了0.45元,增长的主要原因是普通股股东所投入的净资产增长1.88亿元。再结合前面的每股收益指标的增长情况可以看出,净资产的增长也带来了公司盈利能力的大幅提高。

八、市盈率

市盈率是指每股市价与每股收益的比值,它反映普通股股东对每元净利润所愿支付的价格。其计算公式为:

$$市盈率 = \frac{每股市价}{每股收益}$$

市盈率指标是从市场角度反映普通股股票的获利水平和风险水平,市盈率越高,表明市场对公司的未来越看好。但是也应该注意到,在每股收益确定的情况下,某一股票的市盈率过高,也意味着这只股票的投资风险越高。在利用该指标进行财务评价分析时应注意:该指标不能用于不同行业公司的比较,通常新兴行业的市盈率普遍较高,而成熟行业的市盈率普遍偏低,这不能说明后者的股票没有投资者。另外,市盈率的高低受到每股市价和每股利润两方面的影响,由于市场投机炒作因素或公司会计政策因素,过高或过低的市盈率往往不说明任何问题。

【例23】 根据市场数据,2009年中青旅的股价区间在10元~18元,而年初和年末的股价均在17元左右,据此测算如表7-25所示。

表 7-25　中青旅市盈率情况分析　　　　　　　单位：百万元

项目	年初	年末	差异
每股市价(元)	17	17	0
每股收益(元/股)	0.31	0.61	+0.30
市盈率(倍)	54.8	27.9	−27

从表 7-25 的计算结果看，在每股市价 17 元的情况下，市盈率降低了，说明与年初相比较，公司目前的股价偏低，投资风险较小。

第五节　旅游企业财务状况的综合分析

综合财务分析是通过设计某一综合财务比率，分析影响这一综合财务比率的因素变化，从而评价企业一定时期的财务现状，揭示企业目前存在的问题，并提出今后改进措施的一种财务比率的综合分析方法。

一、沃尔评分法

沃尔评分法是指在对各类财务能力指标选择的基础上，确定各项指标的基准分数和标准值，通过计算得出实际综合分数并形成评价结论的一种分析方法。

(一)沃尔评分法的步骤

1. 选择财务指标

企业单项财务评价分析的指标有很多类，每一类中又有许多具体指标，不可能也没有必要把所有财务指标都用到综合评价分析中。因此，要从各类财务指标中选择若干具有代表性的相对数指标，不能遗漏类别和选用绝对数指标(绝对数指标可比性存在问题)。

2. 确定各项财务指标的权重

分析者根据其分析目的的需要对各类财务指标的重要程度进行判断，以此确定每一个所选财务指标的重要性系数即权重；也可以依据行业公布的参考分数，结合自身的情况确定。各项财务指标权重之和为 100 分。

3. 确定各项财务指标的标准值

各项财务指标的标准值可直接采用行业公布的参考值，或者根据企业的实际情况，以现时条件下的理想值作为财务指标的标准值。

4. 计算财务指标的实际值

各项财务指标的实际值就是企业财务评价分析中计算的各个财务比率的实际结果。

5.计算各项财务指标的实际得分

各项财务指标的实际得分,分成两个步骤:首先是计算相关系数,它是指各项财务指标实际数值与其标准数值的比值关系。然后是计算各项财务指标的得分,即各项财务指标的相关系数值与其权重的乘积。

6.计算综合得分

将各项财务指标实际分数汇总,即得到企业的综合得分。上述两步可用公式表示为:

$$综合实际分数 = \sum(某财务指标权重 \times 该指标相关系数)$$

根据计算的综合实际分数,得出对企业财务能力的综合评价结论。一般情况下,综合实际分数越接近于100分,则说明企业综合财务状况接近行业平均水平。企业的综合得分如果明显超过100分,则说明企业综合财务状况优于行业平均水平;相反,如果企业的综合得分大大低于100分,则说明企业综合财务状况较差,应积极采取措施加以改善。

(二)沃尔评分法的应用

运用沃尔评分法对中青旅公司2009年的财务状况进行综合评价,如表7-26所示。

表7-26 中青旅公司财务综合评分计算表

项目	权重 (1)	标准值 (2)	实际值 (3)	相关系数 (4)=(3)÷(2)	实际分数 (5)=(4)×(1)
净资产收益率	15	6.49	12.33	1.9	28.5
销售净利率	10	4.29	4.09	0.953	9.53
总资产报酬率	15	6.94	4.92	0.709	10.64
资产/负债	12	2.02	2.19	1.084	13.01
流动比率	10	1.16	1.49	1.284	12.84
速动比率	10	0.816	0.70	0.858	8.58
总资产周转率	10	0.446	1.21	2.713	27.13
存货周转率	8	4	4.18	1.045	8.36
应收账款周转率	10	12.19	16.44	1.349	13.49
综合分数	100				132.08

二、杜邦分析法

(一)杜邦财务指标分析体系

杜邦财务评价分析法是指利用图示表明各方面主要财务指标之间的内在联系,并以此来综合评价企业财务状况及经营成果的一种分析方法。该种分析方法最早由杜邦公司首创,也称为杜邦财务分析系统。中青旅公司 2009 年杜邦财务指标分析体系见图 7-1。

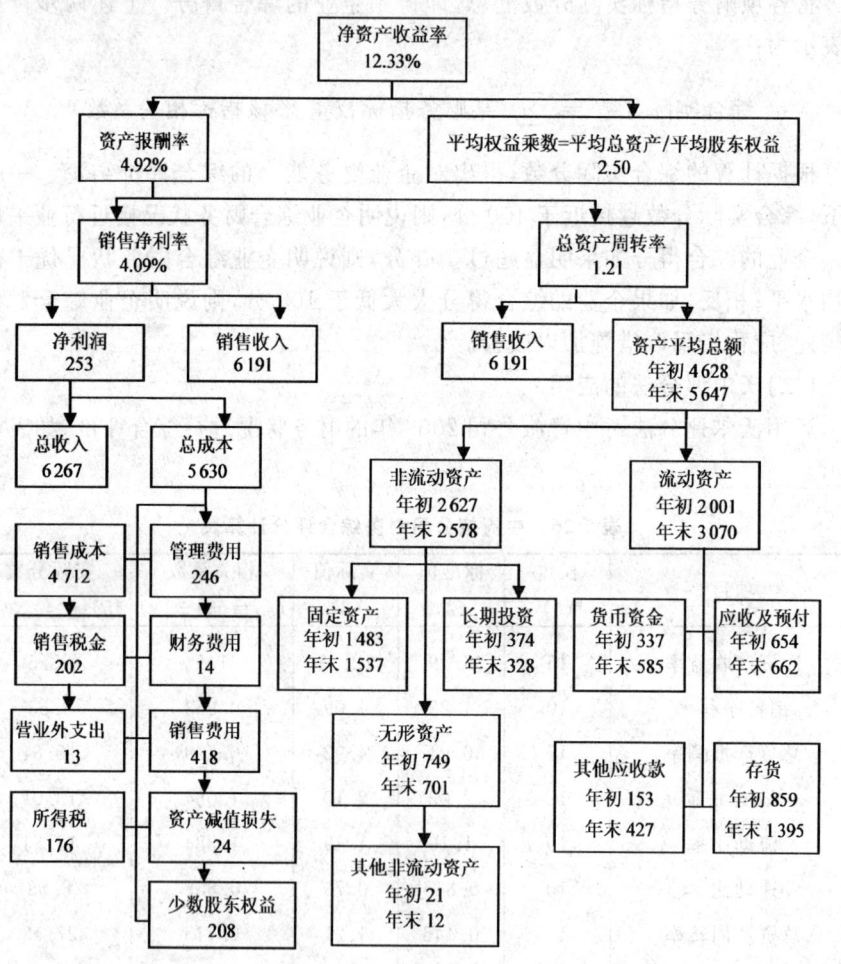

图 7-1　中青旅公司 2009 年杜邦分析系统图

杜邦财务分析图表明,净资产收益率是企业综合性最强的财务指标,它是杜邦财务分析体系的核心指标。该指标反映了所有者投入资本的盈利水平和能力,也表明了企业各项财务活动的综合结果。因此,企业所有者、债权人和管理者等各方面利益关系人都非常关心这一财务比率指标。

杜邦系统主要反映了以下两种财务比率关系:

$$净资产收益率 = \frac{净利润}{股东权益} = \frac{净利润}{总资产} \times \frac{总资产}{股东权益}$$

$$= 总资产报酬率 \times 权益乘数$$

$$总资产报酬率 = \frac{净利润}{总资产} = \frac{净利润}{销售收入} \times \frac{销售收入}{总资产}$$

$$= 销售净利率 \times 总资产周转率$$

由以上两组关系式,即得出杜邦等式:

净资产收益率 = 销售净利率 × 总资产周转率 × 权益乘数

可见,根据上述公式,净资产收益率指标的高低受到销售利润率、总资产周转率和权益乘数三个指标的影响,它们分别代表了企业获利能力、营运能力和偿债能力三个方面的财务能力。

(二)杜邦分析法的分析步骤

1. 净资产收益率分析

净资产收益率是一个综合性极强的财务指标,它是杜邦分析体系的核心。净资产收益率的高低反映了股东投入资金的收益能力的强弱,而增加股东财富是企业财务管理的重要目标。

净资产收益率的变化取决于资产报酬率和权益乘数。资产报酬反映了企业运用资产进行生产经营活动的效率,而权益乘数反映了企业的筹资情况,即企业资金的来源结构。

2. 资产报酬率分析

资产报酬率是反映企业获利能力的一个重要财务指标,它反映了企业所有资产的经营水平。资产收益率的高低取决于销售净利率和总资产周转率。这说明企业经营活动的获利能力和总资产的运转效率决定着企业全部资产的收益水平。因此,可以从企业的销售活动和资产管理两个方面来进一步分析。

3. 销售净利率分析

销售利润率反映了销售收入与净利润的关系,它受到销售收入、成本费用和各种税收等因素的影响。一般来说,销售收入增加,企业的净利润也随之增加,但是要想提高销售净利率,必须一方面提高销售收入,另一方面降低各种成本费用,这样才能使公司净利润的增长速度超过销售收入的增长速度,提高企业的盈利水平。

4. 总资产周转率分析

从总资产周转率来看，它受到总资产的内部结构及总资产各个组成部分周转率指标的影响。从总资产的内部结构看，最为重要的是流动资产与非流动资产的比例，一般来说，流动资产的比例越大，资产的变现能力越强，但同时也要关注流动资产的内部结构是否合理；从资产的周转率看，资产的周转速度越快，占用的资金就越少，这样就会减少资金成本，提高企业的盈利。

5. 权益乘数分析

从权益乘数来看，它受到负债比例的影响。负债比率越大，权益乘数越高，说明企业有较高的负债程度，给企业带来较多的杠杆利益，同时，也带来了较多的风险。

6. 企业收入与费用分析

企业的各项收入和费用决定企业最终的利润。增加收入是提高企业盈利水平的重要途径。企业各项收入的结构直接影响着收入的稳定性和可持续性。其中，主营业务收入是所有收入的核心部分，企业只有不断开拓市场，开发新产品、加强产品质量控制，才能增加企业的主营业务收入的比重。

降低成本费用是企业提高盈利水平的另一重要途径。企业成本费用结构是否合理，控制是否严格，直接影响着企业成本费用水平的高低。企业只有尽可能降低产品成本，同时严格控制企业的管理费用、财务费用等各种期间费用，降低各种耗费，才能增加利润。

7. 企业资产、负债与股东权益分析

分析企业的资产规模是否得当、结构是否合理，关系着企业整体资产的流动性和盈利性。一般来说，如果流动资产比例过高，可能影响企业的盈利水平；流动资产比例过低，则可能会影响企业的流动性，进而影响企业的短期偿债能力。此外，流动资产内部各项目的资金比例配置，也会影响到总资产的获利能力。

企业负债的规模是否恰当、结构是否合理，关系着企业负债的安全性。负债规模过大，企业财务风险越高；负债规模过小，又影响着财务杠杆作用的发挥。另外，流动负债比例过高，则企业还款压力增加；长期负债比例过高，又会增加企业的利息成本。因此结合流动资产与长期资产的比例进行分析，使资产与负债的期限相匹配。

企业的股东权益代表了企业自有资本的实力，它影响着企业的偿债能力和筹资能力。股东权益规模过大，说明企业安全有余，但财务杠杆不足；股权规模过小，说明企业风险太高，稳定性不够。股东权益内部结构的变化，也影响企业的资本实力。

综上所述，杜邦系统通过层层分解，全面系统地反映出企业的整体财务状况和经营成果，并揭示了系统中各因素之间的相互关系。

小组讨论案例

一、案例资料

(一)公司简介

上海锦江国际酒店发展股份有限公司(简称锦江股份)A股在上海证券交易所上市,主要控股股东为锦江国际(集团)。锦江股份的前身是锦江国际(集团)控股上市公司新亚股份,2003年正式更名为锦江股份,股票代码600754。锦江股份是中国最大的酒店、餐饮业上市公司,主营酒店管理、餐饮业务。

2010年公司发展战略将以经济型酒店等为重点发展方向,努力树立锦江之星国内经济型酒店行业标杆地位,继续拓展连锁快餐的投资经营,进一步提升在"管理、品牌、网络、人才"等方面的核心竞争能力,继续保持本公司在国内同行业市场的领先地位,实现公司价值最大化。

(二)会计报表

1. 资产负债表

合并资产负债表,2009年12月31日。

编制单位:上海锦江国际酒店发展股份有限公司　　单位:元　　币种:人民币

项目	期末余额	年初余额	项目	期末余额	年初余额
流动资产:			流动负债:		
货币资金	767 137 507	741 726 692	短期借款		5 500 000
应收票据	6 484	22 762	应付账款	53 240 363	54 710 370
应收账款	30 384 120	32 711 227	预收款项	24 641 451	22 856 262
预付款项	5 342 332	17 645 307	应付职工薪酬	67 948 859	73 920 250
应收利息	4 082 731	10 463 575	应交税费	14 267 697	18 470 659
应收股利		2 772 327	应付股利	7 615 147	182 173
其他应收款	17 893 422	26 566 107	其他应付款	47 334 838	33 104 932
存货	15 476 978	12 573 389	一年内到期的非流动负债	2 309 362	

续表

项目	期末余额	年初余额	项目	期末余额	年初余额
其他流动资产	10 000 000		流动负债合计	217 357 717	208 744 646
流动资产合计	850,323,574	844,481,386	非流动负债:		
非流动资产:			长期借款		2,040,000
可供出售金融资产	2 555 563 269	909 205 746	长期应付款	4 994 476	
			预计负债	2 206 889	
长期股权投资	864 197 663	951 434 437	递延所得税负债	544 601 195	181 112 399
固定资产	242 823 701	255 558 413	其他非流动负债	196 000	
在建工程	1 378 498	6 986 751	非流动负债合计	549 791 671	185 359 288
无形资产	209 700 907	216 135 073	负债合计	767 149 388	394 103 934
商誉	11 002 693	11 002 693	所有者权益(或股东权益):		
长期待摊费用	26 981 866	26 780 576	实收资本	603 240 740	603 240 740
			资本公积	2 430 549 393	1 339 091 917
递延所得税资产	464 036	365 333	盈余公积	475 382 523	443 867 213
			未分配利润	403 250 684	364 915 214
			归属母公司权益	3 912 423 340	2 751 115 084
非流动资产合计	3 912 112 633	2 377 469 022	少数股东权益	82 863 479	76 731 390
			所有者权益合计	3 995 286 819	2 827 846 474
资产总计	4 762 436 207	3 221 950 408	负债和所有者权益总计	4 762 436 207	3 221 950 408

2. 利润表

合并利润表, 2009 年 1~12 月。

编制单位:上海锦江国际酒店发展股份有限公司　　单位:元　币种:人民币

项目	本期金额	上期金额
一、营业总收入	782 557 223	793 625 751
其中:营业收入	782 557 223	793 625 751
二、营业总成本	746 917 774	669 669 727

续表

项目	本期金额	上期金额
其中:营业成本	258 321 986	248 546 377
营业税金及附加	33 904 020	32 657 353
销售费用	288 182 281	230 564 491
管理费用	179 875 185	175 039 170
财务费用	−13 884 276	−17 454 686
资产减值损失	518 578	317 022
加:投资收益	293 573 534	179 088 029
其中:对联营企业和合营企业的投资收益	58 969 110	74 482 997
三、营业利润	329 212 983	303 044 053
加:营业外收入	6 579 592	19 013 298
减:营业外支出	1 010 797	818 145
其中:非流动资产处置损失	783 274	745 315
四、利润总额	334 781 778	321 239 206
减:所得税费用	48 171 850	32 691 269
五、净利润	286 609 928	288 547 937
归属于母公司所有者的净利润	280 985 039	273 195 189
少数股东损益	5 624 889	15 352 748
六、每股收益		
(一)基本每股收益	0.4658	0.4529
(二)稀释每股收益	0.4658	0.4529

二、思考与讨论的问题

1. 计算锦江股份 2009 年年初与年末的流动比率、速动比率和资产负债率,并分析公司的偿债能力。

2. 计算锦江股份 2009 年应收账款周转率、存货周转率和总资产周转率,并分析公司的营运能力。

3. 计算锦江股份 2009 年资产净利率、销售净利率和净资产收益率,并分析公司的盈利能力。

4. 通过以上的计算分析,评价该公司财务状况。

本章思考题
1. 旅游企业的财务分析主体有哪些?它们做财务分析的目的有何不同?
2. 什么是内部财务评价分析?与外部财务分析的区别?
3. 什么是比较分析法?按比较对象的形式不同如何确定?
4. 什么是比率分析法?常用的比率有几种形式?
5. 财务比率的分析标准有几种类型?它们之间有何区别?
6. 评价企业短期偿债能力的财务分析指标有哪些?分别说明它们各自的含义、优点与缺陷?
7. 评价企业长期偿债能力的财务分析指标有哪些?试分析它们各自的含义、运用及其分析评价?
8. 反映企业营运能力的财务分析指标有哪些?这些指标是如何反映企业的经营管理水平的?
9. 对企业盈利能力评价的财务指标有哪些?你认为哪个财务指标是核心指标?为什么?
10. 在应用杜邦分析法进行财务状况的综合分析时,应如何分析各因素对企业股权权益报酬率的影响程度?